国家社科基金
后期资助项目
GUOJIA SHEKE JIJIN HOUQI ZIZHU XIANGMU

新时代
反贫困思想研究

A Study on the Anti-poverty Thoughts
in the New Era

文建龙　著

社会科学文献出版社
SOCIAL SCIENCES ACADEMIC PRESS (CHINA)

国家社科基金后期资助项目
出版说明

后期资助项目是国家社科基金设立的一类重要项目，旨在鼓励广大社科研究者潜心治学，支持基础研究多出优秀成果。它是经过严格评审，从接近完成的科研成果中遴选立项的。为扩大后期资助项目的影响，更好地推动学术发展，促进成果转化，全国哲学社会科学工作办公室按照"统一设计、统一标识、统一版式、形成系列"的总体要求，组织出版国家社科基金后期资助项目成果。

全国哲学社会科学工作办公室

目　录

绪　论

一　关于本研究名称的说明

本研究标题中的"新时代反贫困思想"是一个有着特定意义的概念。准确地说，它是指习近平在改革开放时代背景下所创立形成并在中国新时代反贫困实践中不断深化发展的反贫困思想观念体系。

除了上述说明之外，本研究在正式展开之前，还需要对两个相关问题作简要说明：一是"扶贫"与"反贫困"的联系与区别的问题；二是为什么用"新时代反贫困思想研究"而不用"新时代扶贫思想研究"作为标题的问题。

习近平的反贫困系列重要论述里大量出现的是"扶贫""扶贫开发"这样的概念，用"反贫困"概念的场合并不多。据笔者查阅，2015年11月27日，习近平在中央扶贫开发工作会议上的讲话中几次提到了"反贫困"这个概念。在这次会议上，他说："反贫困是古今中外治国理政的一件大事。"[①]"从政治上说，我们党领导人民开展了大规模的反贫困工作，巩固了我们党的执政基础，巩固了中国特色社会主义制度。"[②]除了在这次会议上提到"反贫困"概念以外，习近平在公开发表的著述和讲话等文献中似乎很少使用"反贫困"这个概念。这样，可能会有人要问：为什么要用"新时代反贫困思想研究"而不用"新时代扶贫思想研究"作为本研究的名称？所以，笔者在这里还有必要将"扶贫"与"反贫困"的联系和区别讲清楚，更有必要把为什么用"新时代反贫困思想研究"作为本研究的标题这个问题说清楚。

先谈扶贫与反贫困的联系和区别。

---

① 《习近平关于全面建成小康社会论述摘编》，中央文献出版社，2016，第155页。
② 中共中央文献研究室编《十八大以来重要文献选编》（下卷），中央文献出版社，2018，第31~32页。

　　扶贫与反贫困的联系，其实并不复杂。在我国，扶贫和反贫困都属于政府和社会力量针对贫困人口和贫困地区的贫穷落后而采取的社会行为，是为了促进经济社会发展和实现全体人民的共同富裕、人的全面发展而采取的重要手段。在内容上，扶贫和反贫困没有什么区别。我国党和政府的扶贫内容与世界各地的反贫困虽然在具体做法上因为国别、地区等的不同而有不同的具体形式，但是，它们在内容上其实并无本质性的区别。从这个意义来说，扶贫的内容与反贫困的内容是一样的。可见，扶贫和反贫困的内涵是高度重合和高度一致的。这是扶贫和反贫困最核心的共同的部分，当然也是这两个概念的最重要的联系。正是因为有这种共同部分，我国学术界一般对扶贫和反贫困不做严格区分，而基本上将两者看成可以混同的学术概念。

　　至于扶贫与反贫困的区别问题，我国学术界尚无人深入探讨过。我国学术界一般对扶贫和反贫困不做严格区分，但事实上扶贫和反贫困作为两个学术概念还是有一些区别的。

　　首先，扶贫和反贫困概念的流行范围不同。扶贫这个概念是中国20世纪70年代末以来出现的特定词语，世界其他国家不用这个概念，他们往往使用"反贫困"（Anti-poverty 或 Fight Poverty）、"减贫"（Poverty Reduction 或 Poverty Alleviation）、"消除贫困"（Poverty Eradication）等说法。而"减贫""消除贫困"，其实是从属于"反贫困"的概念。在我国，"反贫困""减贫""消除贫困"这些概念都是使用的。显然，扶贫和反贫困概念的流行范围是很不一样的。"反贫困"可说是世界通行的概念，而"扶贫"则不是。

　　其次，扶贫和反贫困概念产生的时间不一样。反贫困概念在20世纪60年代即被引入贫困研究领域，而扶贫这个概念在70年代末才在中国官方文件中正式出现。据笔者研究，民政部1979年2月23日发布的《民政部转发黑龙江省民政局、肇东县民政科联合工作组关于太平公社扶贫工作的调查报告》（民发〔1979〕14号）应该是国内最早使用"扶贫"概念的国家正式文件。扶贫这个概念于80年代进入中国的学术研究领域。目前，扶贫和反贫困都是国内学术界经常使用的概念。

　　最后，扶贫和反贫困概念给人的感受和感情色彩有区别。扶贫指的是扶持、帮助贫困人口和贫困地区脱贫，标志着扶贫概念核心行动的

"扶持""帮助"两个词，都含有积极的意味。而反贫困概念中的"反"是"反对"的意思，虽然我们不能认定这里的"反对"完全具有消极的意义，但是我们完全可以确定，它的消极意味还是较为明显的。这样，扶贫和反贫困两个概念给人们的感受就很不一样。在现代汉语里，人们主张要扶持、帮助的事物往往并不意味着是坏事；但在现代汉语里，人们主张要反对的事物，往往就是不好的事情。可见，扶贫和反贫困概念给人的感情色彩也是不一样的。

接下来谈谈笔者为什么要用"新时代反贫困思想研究"作为本研究的标题。

笔者在选择本研究的标题时，也曾思考过是否用"新时代扶贫思想研究"这个名称。用"新时代扶贫思想研究"到底好不好呢？其实也没有什么不好。因为，如果把"新时代扶贫思想"界定为是对习近平扶贫系列重要论述的概括与阐释，那么，用"新时代扶贫思想研究"作为本研究的标题应该也是可以的。再者，"扶贫"这个词是目前中国社会高度认可的热词，在某种程度上甚至是中华民族扶贫济困优良传统美德在新的时代条件下的具体体现。笔者之所以没有用"新时代扶贫思想研究"而是用"新时代反贫困思想研究"作为本研究的标题，主要是基于以下几点考虑。

第一，"扶贫"一词容易让人误解。当然，对于学者和专业人士来说，扶贫是指扶持、帮助贫困人口和贫困地方发展进步、摆脱贫困落后的意思。这是没有问题的。但是，它对不少普通老百姓和外国人来说，就很容易引起误解。这是因为，这部分人一看到"扶贫"一词，脑子里往往会立即想到：扶就是"扶持"的意思，贫就是"贫困"的意思；扶贫就是"扶持、帮助贫困"的意思。诚然，我们觉得这样理解"扶贫"是很可笑的，但是汉语的多义性避免不了有人会这样机械地去理解扶贫。既然如此，自然就可以考虑不用它。

第二，对贫困这种一直困扰人类生存和发展的社会现象，笔者认为就应该旗帜鲜明地加以反对和对抗。前面已经提到，"扶贫"一词中的"扶"给人以积极的感受和积极的感情色彩，但扶贫的最终目的却是消除贫困。而且，人类社会历来都认为贫困不是什么美好的东西，而是认为它是罪恶，是人类社会千百年来孜孜以求想消灭的社会现象。因此，用"反贫困"就能很好地旗帜鲜明地表达立场。诚如前文已经提到的那样，"扶贫"一词容易让人误解——既然这样，就完全可以不用它，完全可以用"反贫困"替代它。经过反复推敲，笔者将研究的标题确定为"新时代反贫困思想研究"而不是"新时代扶贫思想研究"。

第三，中国共产党是把中国的贫困当作敌人来看待的。中国共产党指出，扶贫是为了消除贫困、实现全国人民共同富裕。其实，消除贫困、实现全国人民共同富裕也是中国共产党的终极奋斗目标的重要内容之一。因为中国共产党是肩负实现共产主义历史使命的政党；实现共产主义，就内在地包含了消除贫困、实现全国人民共同富裕这个重要内容。中国党和政府的官方文件经常用"扶贫"而比较少地用"反贫困"，自有其充分理由，这里且不去探究。但是，有一点是确定无疑的：中国共产党是把中国的贫困当作敌人看待的，中国的贫困是中国共产党自诞生以来所一直耿耿于怀、不除不快的东西。这样说，相信不会有人反对。因此，与其用包含褒义的"扶贫"，还不如用能够表明坚决态度的"反贫困"。

正是基于以上考虑，笔者最终将本研究的名称确定为《新时代反贫困思想研究》。

二 选题依据和研究目的

(一) 选题依据

选择"新时代反贫困思想研究"这个课题做研究，有以下几个重要依据。

1. 习近平有丰富的反贫困系列重要论述

从事任何一项科学研究，都必须建立在客观事实的基础之上。要研究某位政治家的某方面的思想观点，我们首先要考虑这位政治家是否有这种思想观点的相关论述。习近平有着非常丰富的反贫困论述，并且他的反贫困论述也非常深刻。

1992年7月，福建人民出版社就出版了习近平的文集《摆脱贫困》。该文集收录了习近平的讲话、文章共29篇。如果将这些讲话、文章的主旨作一个高度概括，其实就是四个字：摆脱贫困。换句话说，这本著作其实就是习近平的一部关于反贫困论述的文集。当然，习近平的反贫困论述不仅仅存在于《摆脱贫困》这部文集里。特别是2012年以来，习近平多次深入我国贫困地区进行调查研究，提出了很多有关扶贫开发方面的新观点和新思路，丰富和发展了中国特色社会主义的反贫困思想。如今，习近平反贫困系列重要论述已经成为我国全面建成小康社会和实现中华民族伟大复兴的重要指导思想中的重要组成部分。这正是笔者选择本课题作为研究的重要依据之一。

2. 新中国成立以来中国共产党一直致力于反贫困事业

新中国成立以来，中国共产党领导的社会主义建设事业虽然遭受过曲折，但党的反贫困事业却始终没有停止过。

早在新中国成立前夕，毛泽东就在党的七届二中全会上指出："从我们接管城市的第一天起，我们的眼睛就要向着这个城市的生产事业的恢复和发展。务须避免盲目地乱抓乱碰，把中心任务忘记了，以至于占领一个城市好几个月，生产建设的工作还没有上轨道，甚至许多工业陷于停顿状态，引起工人失业，工人生活降低，不满意共产党。这种状态是完全不能容许的。""只有将城市的生产恢复起来和发展起来了，将消费的城市变成生产的城市了，人民政权才能巩固起来。"城市中其他的工作"都是围绕着生产建设这一个中心工作并为这个中心工作服务的"。① 毛泽东的意图很明确：中国共产党领导的人民军队在接管了城市之后，最重要的事情就是要发展生产，以经济建设为中心。他要求"首先使工人生活有所改善，并使一般人民的生活有所改善"②，这其实就是主张消除贫困。在毛泽东看来，反贫困工作与中国共产党领导的人民政权的前途命运休戚相关。"如果我们在生产工作上无知……那我们就不能维持政权，我们就会站不住脚，我们就会要失败。"③ 可见，他是把反贫困当成事关人民政权生死存亡的大事来看待的。

新中国成立后，中国共产党在没收官僚资本的基础上迅速建立起了

① 《毛泽东选集》第4卷，人民出版社，1991，第1428页。
② 《毛泽东选集》第4卷，人民出版社，1991，第1428页。
③ 《毛泽东选集》第4卷，人民出版社，1991，第1428页。

国营经济和新的经济秩序。紧接着，中国共产党领导了土地改革和各项社会民主改革工作，全面推进恢复国民经济与各项建设事业的深入开展。1953 年，中国共产党确定了过渡时期的总路线。在过渡时期总路线的指引下，中国共产党领导全国人民对农业、手工业和资本主义工商业进行了社会主义改造，并于 1956 年基本完成了社会主义改造工作。中国共产党进行社会主义改造有多重目的。对此，毛泽东曾经有过一个说法。1953 年 12 月，他在阐述党在过渡时期总路线的实质是建立生产资料社会主义所有制经济基础之后说："我们所以必须这样做，是因为只有完成了由生产资料的私人所有制到社会主义所有制的过渡，才利于社会生产力的迅速向前发展，才利于在技术上起一个革命，把在我国绝大部分社会经济中使用简单的落后的工具农具去工作的情况，改变为使用各类机器直至最先进的机器去工作的情况。……满足人民日益增长着的需要，提高人民的生活水平，确有把握地增强国防力量，反对帝国主义的侵略，以及最后地巩固人民政权，防止反革命复辟这些目的。"① 如果将毛泽东上述论述做一个简要分析，就很清楚，中国共产党开展社会主义改造，主要目的有以下几个：一是发展社会生产力；二是借此推动技术革命，实现国家的机械化、工业化；三是满足人民日益增长的需要，提高人民的生活水平；四是巩固国防，反对帝国主义侵略；五是巩固人民政权，防止反革命复辟。在这里，毛泽东提到要"满足人民日益增长着的需要，提高人民的生活水平"，就是重要的反贫困思想。其实，中国共产党开展社会主义改造，"满足人民日益增长着的需要，提高人民的生活水平"，最终是为了实现共同富裕。关于这一点，可以从毛泽东对共同富裕的多次阐述中看出来。1953 年 12 月 16 日，中共中央发布了由毛泽东主持制定的《中国共产党中央委员会关于发展农业生产合作社的决议》。该决议提出，要"使农民能够逐步完全摆脱贫困的状况而取得共同富裕和普遍繁荣的生活"。② 这个决议中关于实现农民共同富裕的思想，代表了毛泽东本人和中国共产党的共同富裕的主张。事实上，从 1953 年 12 月到 1956 年我国社会主义改造基本完成，毛泽东就曾多次阐述过共同富裕思

---

① 《毛泽东文集》第 6 卷，人民出版社，1999，第 316 页。
② 中共中央文献研究室编《建国以来重要文献选编》第 4 册，中央文献出版社，1993，第 662 页。

想。例如，1955年7月31日，毛泽东在《关于农业合作化问题》的报告中明确指出："在逐步地实现社会主义工业化和逐步地实现对于手工业、对于资本主义工商业的社会主义改造的同时，逐步地实现对于整个农业的社会主义的改造，即实行合作化，在农村中消灭富农经济制度和个体经济制度，使全体农村人民共同富裕起来。"① 这段话明确告诉我们，社会主义改造的目的是使全体农民共同富裕起来。同年的9月和12月，毛泽东为《中国农村的社会主义高潮》写了不少按语，其中指出："要使中国富起来，需要几十年时间。"② 毛泽东这里提到的富裕，已经不单单是指农民的共同富裕了，而是全体中国人民的共同富裕。1955年10月27日，毛泽东同工商界代表谈话，鼓励工商界人士走社会主义道路。在谈及地主阶级时，他指出："他们在全国总共三千万人，以后要同大家一起共同富裕起来。"③ 显然，毛泽东此处所说的共同富裕，还包含了正在改造中的地主阶级。这也说明，他所说的共同富裕是指全体中国人民的共同富裕。毛泽东也坦率表明自己找工商界人士谈话的目的："中心的目的是要经过一批先知先觉作思想准备，要大家掌握自己的命运。""我是宣传共产主义的，要走向共产主义，就要经过几十年的努力把我们的国家建设成为真正富强的国家。"④ 毛泽东的意思很明确，要求工商界人士树立社会主义思想并坚持走社会主义道路，最后实现国家的富强和全体中国人民的共同富裕。

　　1956年9月，党的八大在北京胜利召开。由此到1966年5月"文化大革命"爆发前夕，中国进入社会主义建设全面展开和对中国建设社会主义道路的艰辛探索时期。1958年5月，党的八届二中全会根据毛泽东的倡议通过了社会主义建设总路线。刘少奇代表党中央对社会主义建设总路线的基本点进行了阐述。他认为，社会主义总路线的基本点包括："调动一切积极因素，正确处理人民内部矛盾；巩固和发展社会主义的全民所有制和集体所有制，巩固无产阶级专政和无产阶级的国际团结；在继续完成经济战线、政治战线和思想战线上的社会主义革命的同时，逐

---

① 《毛泽东文集》第6卷，人民出版社，1999，第437页。
② 《毛泽东文集》第6卷，人民出版社，1999，第447页。
③ 《毛泽东文集》第6卷，人民出版社，1999，第490页。
④ 《毛泽东文集》第6卷，人民出版社，1999，第491页。

步实现技术革命和文化革命；在重工业优先发展的条件下，工业和农业同时并举；在集中领导、全面规划、分工协作的条件下，中央工业和地方工业同时并举，大型企业和中小型企业同时并举；通过这些，尽快地把我国建成为一个具有现代工业、现代农业和现代科学文化的伟大的社会主义国家。"① 刘少奇的阐述表明，建设具有现代工业、现代农业和现代科学文化的伟大的社会主义国家是中国共产党的奋斗目标。这个目标表面上并不包含"共同富裕"这几个字，但实质上暗含了要实现国强民富、实现全国人民共同富裕的意思。从中共中央当时的一些重要文件来看，中国共产党是把创造向共产主义过渡的条件作为重要工作来抓的。例如，1958 年 8 月出台的《中共中央关于一九五九年计划和第二个五年计划问题的决定》就提出："在一九五八年到一九六二年的第二个五年计划期间，我国将提前建成为一个具有现代工业、现代农业和现代科学文化的伟大的社会主义国家，并创造向共产主义过渡的条件。"② 1958 年 8 月出台的另一个重要文件《中共中央关于在农村建立人民公社问题的决议》则指出："建设社会主义是为了过渡到共产主义积极地作好准备。"③ 1958 年 12 月，党的八届六中全会通过的《关于人民公社若干问题的决议》认为，到了将来，"所有一切人都富裕起来"。④ 由此可见，中国共产党虽然有时并没有提"共同富裕"这几个字，其实它一直是要实现共同富裕的，因为要实现共产主义，理所当然地要实现全体人民的共同富裕。诚然，中国共产党对中国社会主义道路的探索艰辛曲折、教训深刻，但是，要实现共产主义和全体人民的共同富裕这个目标一直没有改变过。

"文化大革命"期间，中国的各项建设事业受到了很大冲击。反贫困事业自然也不例外。1976 年 10 月，党中央果断结束了"文化大革

---

① 中共中央文献研究室编《建国以来重要文献选编》第 11 册，中央文献出版社，1995，第 303～304 页。

② 中共中央文献研究室编《建国以来重要文献选编》第 11 册，中央文献出版社，1995，第 427～428 页。

③ 中共中央文献研究室编《建国以来重要文献选编》第 11 册，中央文献出版社，1995，第 450 页。

④ 中共中央文献研究室编《建国以来重要文献选编》第 11 册，中央文献出版社，1995，第 612 页。

命"。1978 年底，中央工作会议和党的十一届三中全会召开，中共中央就关系党和国家前途命运的大政方针做出了正确的政治决断和战略选择，实现了新中国成立以来在我们党的历史上具有深远意义的伟大转折。① 党的十一届三中全会做出的把党和国家工作重心转移到经济建设上来、实行改革开放的历史性决策，开启了我国改革开放历史新时期。从此，中国共产党的反贫困事业得到进一步深入推进。从 1980 年起，国家设立了一系列专项资金，帮助贫困地区改变面貌。例如，1980 年设立"支援经济不发达地区发展基金"，专门用于扶持包括革命老区和民族自治县在内的贫困地区；1984 年设立革命老区、少数民族地区和边远地区贷款；1984 年设立为解决贫困地区基础设施严重不足的以工代赈资金，等等。1983 年，中央政府开始实施"三西地区"② 农业建设计划，拉开了中国区域性扶贫开发的序幕。1986 年，国家成立了专门的扶贫工作机构——国务院贫困地区经济开发领导小组及其办公室。该机构的成立，标志着中国反贫困事业进入了一个新的历史时期，也标志着中国共产党和中国政府开始有计划有组织大规模实施扶贫开发战略。1994 ~ 2000 年，《国家八七扶贫攻坚计划》开始实施。2001 ~ 2010 年，《中国农村扶贫开发纲要（2001 - 2010 年）》得到贯彻落实。2011 年，中共中央和国务院又发布了《中国农村扶贫开发纲要（2011 - 2020 年）》，明确指出制定该纲要的目的是"为进一步加快贫困地区发展，促进共同富裕，实现到二〇二〇年全面建成小康社会奋斗目标"。③ 目前，该纲要正在贯彻落实过程之中。

以上所述充分说明，新中国成立以来，中国共产党一直在致力于反贫困事业。事实上，新中国历任党和国家主要领导人在反贫困问题上，从来都是目标一致和接力奋斗着的。从毛泽东、邓小平、江泽民、胡锦涛一直到习近平，他们及其所在领导集体都毫无例外地非常重视中国的贫困问题并为消除贫困而不懈地努力奋斗。

---

① 中共中央党史研究室：《中国共产党历史》第 2 卷（下册），中共党史出版社，2011，第 1038 页。
② "三西"地区是指甘肃以定西为代表的中部干旱地区和河西走廊地区以及宁夏的西海固地区的 47 个贫困县。
③ 中共中央文献研究室编《十七大以来重要文献选编》（下卷），中央文献出版社，2013，第 355 页。

习近平的反贫困系列重要论述,不仅与新中国成立以来中国共产党的反贫困实践相联系,而且与新中国成立以来历任党和国家主要领导人的反贫困思想有着继承和发展的关系。从某种程度上可以讲,新中国成立以来历任党和国家主要领导人的反贫困思想是习近平反贫困系列重要论述的一个重要源头。

或许有人会质疑,新中国成立以来中国共产党一直致力于反贫困事业,与笔者选取"新时代反贫困思想研究"作为研究课题关联性不大。应该说,这种质疑是可以理解的。但是,如果站在中国共产党反贫困事业的角度来看,那么,新中国成立以来中国共产党一直致力于反贫困事业与新时代反贫困思想就有非常明显和非常重要的关联:如果没有新中国成立以来中国共产党一直致力于反贫困事业,就不会有习近平的反贫困系列重要论述,因而也就不会有本研究所说的新时代反贫困思想这个研究主题;新时代反贫困思想,是中国共产党反贫困思想发展演进的一个重要阶段。因此,选择"新时代反贫困思想研究"这个课题做研究,从某种程度上说也是深入认识中国共产党反贫困思想的必然要求。

(二) 研究目的

本研究的目的是:以马列主义、毛泽东思想以及中国特色社会主义理论体系为指导,在广泛阅读、认真分析和研究习近平的著述、讲话等文献材料的基础上,对新时代反贫困思想进行系统的梳理和研究,弄清其形成的社会背景,考察其理论渊源,探讨其主要内容,归纳其基本特点,阐发其时代价值。总之,要力图将新时代反贫困思想比较全面、系统、完整、准确地展现出来,为我国哲学社会科学的发展略尽绵薄之力。

三　研究现状综述

关于习近平的反贫困系列重要论述,关注最多的还是国内学界。自党的十八大以来,习近平先后提出许多重要的治国理政思想和理念,深刻影响了当今中国社会。在此方面,目前国内学界主要集中在习近平的治国理政思想和理念方面，其实这是一个涵盖面非常广阔的领域，涉及政治、经济、文化、军事、外交等各个方面。如今，围绕习近平提出的"中国梦""三个自信""三严三实""四个全面""四个自信""五大发展理念"、人类命运共同体理念、精准扶贫等，国内学界发表了大量成果。相对来说，研究习近平反贫困系列重要论述的成果要少一些。

本研究将习近平旨在使人民群众摆脱贫困（发展经济、改善民生、扶持贫困人口等）重要论述所包含的深刻思想，都称为新时代反贫困思想。党的十八大以来，国内学界对习近平有关扶贫开发、精准扶贫方面的重要论述有不少研究，这些其实也都属于对新时代反贫困思想的研究。下面就国内学界对新时代反贫困思想的研究情况进行简要梳理和评述。

目前国内学界研究新时代反贫困思想的著述主要是散见于各类报纸、期刊的论文，尚没有此类主题的专著公开出版。研究新时代反贫困思想的论文主要有以下几类主题。

（1）以习近平扶贫开发系列重要论述为主旨的研究。此类研究论文一般都发表在 2014 年以后。若对之进行简单归类，大致可以分为以下几种情况：一是对习近平关于扶贫开发重要论述的阐释性论文，刘永富、黄承伟、郑剑、宋亚平等都发表过此类论文。① 二是对习近平扶贫开发重要论述进行概括归纳的论文，熊若愚、张占斌等发表有此类论文。② 三是对习近平《摆脱贫困》一书中的扶贫开发思想的研究。《摆脱贫困》一

① 参见刘永富《打赢全面建成小康社会的扶贫攻坚战——深入学习贯彻习近平同志关于扶贫开发的重要讲话精神》，《农产品加工》2014 年第 5 期；刘永富《确保在既定时间节点打赢脱贫攻坚战——学习贯彻习近平总书记关于扶贫开发的重要论述》，《老区建设》2015 年第 21 期；刘永富《全面理解习近平总书记关于扶贫工作的重要论述》，《机关党建研究》2019 年第 5 期；黄承伟《深化创新扶贫攻坚的"省级样板"——学习贯彻习近平总书记视察贵州重要讲话精神》，《贵州民族大学学报》（哲学社会科学版）2015 年第 5 期；黄承伟《打赢脱贫攻坚战的行动指南——学习领会习近平扶贫开发战略思想》，《红旗文稿》2017 年第 16 期；黄承伟《深刻理解习近平关于脱贫攻坚最新重要论述的丰富内涵》，《老区建设》2019 年第 5 期；郑剑《坚定的人民立场　真挚的爱民情怀——学习习近平总书记关于扶贫开发工作的重要论述》，《党建》2016 年第 2 期；宋亚平《新形势下打赢脱贫攻坚战的战略指引——深入学习贯彻习近平同志关于扶贫开发的重要论述》，《中国民政》2017 年第 4 期。

② 参见熊若愚《习近平扶贫开发思想初步研究》，《新东方》2015 年第 4 期；张占斌《习近平同志扶贫开发思想探析》，《国家治理》2015 年第 36 期。

书比较集中地反映了习近平在宁德地区工作时的扶贫开发主张和思想，自2014年以来，引起了不少学者的关注，他们对本书里的扶贫开发思想进行了研究。关于这个方面，有谈学习《摆脱贫困》的体会的，如缪慈潮、张文彪、李先灵等均写有此类论文①；有专门挖掘《摆脱贫困》中的反贫困思想的，如笔者对《摆脱贫困》中的反贫困思想做了较为清晰的梳理和阐述②；也有以《摆脱贫困》为考察对象进而梳理习近平的扶贫思想的，如王洪标等。③

应该说，这些论文对习近平扶贫开发系列重要论述进行了有价值的研究和探讨。不足在于，这些论文对习近平扶贫开发系列重要论述的研究还不够深入、系统、完整。事实上，习近平扶贫开发系列重要论述是一个有着完整结构和严谨逻辑的思想体系，单篇论文往往很难准确反映其全貌。

（2）以习近平扶贫开发系列论述中的精准扶贫为主旨的研究。这类论文自2015年才开始面世，目前能检索到的期刊论文不多。这说明，以习近平的精准扶贫为主旨的研究还很薄弱。这些研究大致也可以分为几类：一是谈学习习近平关于精准扶贫论述体会的论文，何辛幸、黄承伟等写有这类论文。④ 二是对习近平精准扶贫论述进行阐释的论文，唐任伍、易棉阳、宫玉涛等写有此类论文。⑤ 三是阐释习近平精准扶贫论述的哲学底蕴、哲学意蕴或哲学内涵的论文，如邓义昌探讨了习近平精准

---

① 参见缪慈潮《指导老区脱贫致富奔小康的光辉著作——学习习近平同志〈摆脱贫困〉的几点体会》，《福建理论学习》2014年第10期；张文彪《从〈摆脱贫困〉中学习和领会习近平"行动至上"思想》，《福建论坛》（人文社会科学版）2015年第12期；李先灵《脱贫致富的政治与思想保证——学习习近平〈摆脱贫困〉的体会》，《学习月刊》2016年第4期。

② 参见文建龙、朱霞《习近平〈摆脱贫困〉的反贫困思想》，《中共云南省委党校学报》2015年第6期。

③ 参见王洪标、潘顺照《习近平扶贫思想探析——以〈摆脱贫困〉为考察对象》，《长沙理工大学学报》（社会科学版）2017年第4期。

④ 参见何辛幸《创新机制　精准扶贫　加快脱贫致富步伐——学习习近平总书记广西代表团审议时重要讲话精神的思考》，《广西经济》2015年第4期；黄承伟《深化精准扶贫的路径选择——学习贯彻习近平总书记近期关于脱贫攻坚的重要论述》，《南京农业大学学报》（社会科学版）2017年第4期。

⑤ 参见唐任伍《习近平精准扶贫思想阐释》，《人民论坛》2015年第30期；易棉阳《论习近平的精准扶贫战略思想》，《贵州社会科学》2016年第5期；宫玉涛、常良宇《习近平精准扶贫思想初探》，《实事求是》2017年第3期。

扶贫论述的哲学意蕴，孙晓阳探讨了习近平精准扶贫论述的哲学内涵，赖风探讨了习近平精准扶贫论述的哲学意蕴。① 四是探讨习近平精准扶贫论述对某些贫困地区脱贫实践影响的研究，陈驰、苗军的硕士学位论文即属于此类论文。②

以习近平的精准扶贫论述为主旨的研究成果不多。从总体上看，这类论文对习近平精准扶贫论述的研究缺乏深度，其中有的论文对习近平的精准扶贫论述的概括和阐述还有值得商榷之处。目前尚无人探讨习近平的精准扶贫论述与他过去的扶贫主张之间的逻辑联系。

（3）以习近平的民生主张为主旨的研究。反贫困问题事关民生问题，在很大程度上反贫困问题其实就是民生问题。民生概念有广义和狭义之分。广义的民生概念涉及经济、政治、文化、社会等领域，凡是与改善国计民生有关的问题都可看成民生问题。狭义的民生概念主要是从社会层面上着眼，是指民众的基本生存和生活状态，以及民众的基本发展机会、基本发展能力和基本权益保护的状况等。显然，无论是广义的民生还是狭义的民生，都与反贫困高度重合，因为反贫困本身就是通过改善民生来实现的。因此，研究习近平反贫困系列重要论述不能忽略习近平的民生主张。以习近平的民生主张为主旨的研究，目前尚无专著出版，发表的论文也不多。目前这方面的论文有：①以习近平的民生主张为主旨的硕士学位论文，如吕彬彬的硕士学位论文对习近平的民生建设理论与实践进行了初步研究。③ ②对习近平的民生主张进行归纳和概述的期刊论文，韩琳、刘志明、张万连等人都写有此类论文，都是有价值的研究。④ ③就习近平关于民生的一些论述谈学习体会的论文，李广斌

---

① 参见邓义昌《习近平精准扶贫思想的哲学意蕴》，《桂海论丛》2017 年第 2 期；孙晓阳《习近平精准扶贫思想的哲学内涵探讨》，《开封教育学院学报》2017 年第 3 期；赖风、朱炳元《习近平精准扶贫思想的哲学底蕴》，《阅江学刊》2017 年第 2 期。

② 参见陈驰《习近平精准扶贫思想及其在毕节试验区的实践研究》，西南大学，硕士学位论文，2016 年；苗军《习近平精准扶贫思想与南疆四地州扶贫研究》，喀什大学，硕士学位论文，2017 年。

③ 参见吕彬彬《习近平关于民生建设的理论与实践研究》，浙江工业大学，硕士学位论文，2016 年。

④ 参见韩琳《论习近平的民生观》，《大连干部学刊》2014 年第 7 期；刘志明《习近平关于保障和改善民生的思想》，《中共杭州市委党校学报》2015 年第 6 期；张万连《习近平关于改善民生战略思想论析》，《延边党校学报》2016 年第 4 期。

等写有此类论文。① ④阐述习近平生态民生思想的论文。李龙强对习近平"环境民生"的逻辑进路和现实应对进行了探讨，很有新意；张永红就习近平的生态民生思想进行了研究，颇值得重视。② 以上都属于新时代反贫困思想的研究。

综上所述，虽然国内学界是新时代反贫困思想研究的主力，但事实上成果还不是很多，尤其是有些成果缺乏学术价值分量。在所发表的有关新时代反贫困思想研究的论文中，明显存在水平参差不齐的问题，真正有分量的研究成果并不多。

四　相关概念的界定及说明

（一）关于扶贫概念的界定及说明

诚如前文所述，翻看习近平公开发表的著述、讲话等文献，我们会发现，涉及反贫困问题，习近平较多使用"减贫""摆脱贫困""脱贫""消除贫困""扶贫""扶贫开发"等概念，而"反贫困"这个概念用得不多。习近平使用最多的是"扶贫""扶贫开发"这两个概念。

扶贫，汉语字面的意思是指扶持贫困人口和贫困地区脱贫。作为现在几乎耳熟能详的词语，"扶贫"这个概念其实出现得很晚。在中国古代典籍里，我们是找不到"扶贫"这个词语的。在近现代的文献里，也没有"扶贫"这个词语。从新中国成立一直到改革开放前，汉语里也没有"扶贫"这个词语或概念。2015 年 10 月 16 日，习近平在北京举行的"2015 减贫与发展"高层论坛的主旨演讲中，多次提到"减贫""减贫目标""减贫事业"，当然也提到"扶贫"和"扶贫开发"。③ 如果我们认同"扶贫"等同于"减贫"，那么，所谓的"减贫事业"其实就是

---

① 参见李广斌《保障和改善民生是实现中国梦的基础工程——学习习近平总书记关于中国梦的重要论述》，《青海师范大学学报》（哲学社会科学版）2014 年第 2 期。

② 参见李龙强、李桂丽《习近平"环境民生"的逻辑进路和现实应对》，《毛泽东思想研究》2017 年第 3 期；张永红《习近平生态民生思想探析》，《马克思主义研究》2017 年第 3 期。

③ 详细情况请见中共中央文献研究室编《十八大以来重要文献选编》（中卷），中央文献出版社，2016，第 717～723 页。

"扶贫事业"。在新中国成立以来一直到党的十一届三中全会召开的 30 年里，在中国共产党的重要文献里，找不到"扶贫"一词。就目前所见到的国家扶贫工作文件来看，"扶贫"一词最早出现在民政部 1979 年 2 月 23 日发布的民发〔1979〕14 号文件①里。此前，党和国家重要文献里多次出现"扶持贫困户""扶持贫困地区发展"等概念。到了 20 世纪 80 年代特别是 80 年代中期国家成立专门的扶贫机构以后，"扶贫"一词开始越来越多地出现在中国共产党的重要文献里以及国内各大媒体上。现在，"扶贫"已经是一个再普通不过的流行词语了。

改革开放以来，中国共产党的相关文献里经常出现"扶贫"这个概念。但是这些文献从来就没有对"扶贫"进行具体的界定。不过，我们从中国共产党关于扶贫的相关论述以及扶贫实践等方面能够感受到扶贫的内涵和外延。据此，可以将"扶贫"界定如下：扶贫是指在党和政府领导下，充分调动社会各方面力量帮助、扶持贫困地区和贫困人口摆脱贫困的工作和实践。

谈及"扶贫"这个概念，人们很容易想到"扶贫开发"这个概念。从字面上看，这两者显然是不一样的。但是，人们在使用这两个概念时，往往不做严格区分。2007 年由中国财政经济出版社出版的《中国扶贫开发历程（1949～2005 年）》一书，是将书名中的"扶贫开发"翻译成 poverty reduction 的。这说明，该书的编者对"扶贫"和"扶贫开发"并没有做严格区分，而是将两者等同起来的。目前国内学界在对"扶贫"和"扶贫开发"两个概念的翻译上比较混乱：在将两者不做区分的情况下，"扶贫"和"扶贫开发"都被翻译成 poverty reduction；在做区分时，"扶贫"被翻译成 poverty reduction，而"扶贫开发"被翻译成 poverty reduction and development。严格依照字面上翻译，"扶贫开发"被翻译成 poverty reduction and development 是正确的。但问题是，"扶贫"一词作为崭新的词语，自出现时开始，就包含"开发"的意义在内。也就是说，自 20 世纪 70 年代末"扶贫"作为中国共产党和人民政府正式使用的词语以及事业来看待的时候，一开始它就是"开发式扶贫"。关于这

---

① 该文件全称为《民政部转发黑龙江省民政局、肇东县民政科联合工作组关于太平公社扶贫工作的调查报告》。

一点，可以从党和政府 70 年代末至今在扶贫问题上的具体做法上得到有力印证。因此，我国 70 年代末开始出现的"扶贫"与"扶贫开发"概念事实上是很难区分的。也正是基于此，本研究对"扶贫"和"扶贫开发"不做机械的字面上的区分，一般情况下都是将它们看成等同的概念。

（二）关于反贫困概念的界定及说明①

在对"反贫困"做界定之前，有必要先弄明白"贫困"的概念。

自有人类历史以来，人类社会就一直存在贫困现象。人类社会一代又一代人的接力奋斗，在很多时候就是围绕着贫困开展的。贫困作为一种社会现象古来就有，但是对贫困问题展开相对规范的科学研究，一般认为是从英国学者布什、朗特里那里开始的。如果从英国学者布什、朗特里那里算起，对贫困问题的研究已有 100 余年历史。这相对于贫困现象的历史来说就太微不足道了。对于贫困是什么，人们能比较容易地根据缺吃少穿、营养不良、没有足够收入等现象来做出感性判断。但是，真正给贫困以准确、科学的定义，其实并不容易。学者们对贫困的理解也不尽相同。甚至有的学者对贫困概念的科学含义的可知性都表示了怀疑。例如，美国经济学家萨缪尔森就认为："贫困是一个非常难以捉摸的概念。""贫困一词对不同的人意味着不同的事情。"② 但是，不管怎样，关于什么是贫困，学者们还是不断探索、试图给出自己的回答。100 多年来，学者们不断对"贫困"做出各种界定，其中，朗特里、汤森、奥本海默、阿玛蒂亚·森等关于贫困的说法经常被人提到。世界银行 1981 年指出：当某些人、某些家庭或某些群体没有足够的资源去获取他们那个社会公认的，一般都能享受到的饮食、生活条件、舒适和参加某些活动的机会，就是处于贫困状态。1990 年世界银行将"贫困"界定为缺少达到最低生活水准的能力。我国学者对贫困也有不少界定。例如，童星、林闽钢就认为："贫困是经济、社会文化落后的总称，是由低收入造成的缺乏生活必需的基本物质和服务以及没有发展机会和手段这样一种生活

---

① 该部分文字主要来自文建龙《权利贫困论》，安徽人民出版社，2010，第 34~40 页。
② 〔美〕保罗·A. 萨缪尔森、威廉·诺德豪斯：《经济学（第 14 版）》（上册），胡代光译，北京经济学院出版社，1995，第 658 页。

状况。"① 当然还有其他的界定，这里不再一一列举。

人们对贫困概念的界定是随着人们对贫困的认识不断加深而呈现出动态的特征。所以，贫困的概念有一个演进过程。大致上，我们可以将贫困概念的演进分为三个阶段：20 世纪 70 年代以前、20 世纪 70 ～ 90 年代、20 世纪 90 年代至今。

在 20 世纪 70 年代以前，人们大致上从经济层面来定义贫困，即用家庭收入或支出作为度量贫困的核心指标，故这种贫困通常也被称为收入贫困。

20 世纪 70 ～ 90 年代，阿玛蒂亚·森首次使用权利方法来看待贫困与饥荒的产生问题。该方法强调不同阶层的人对粮食的支配和控制能力，这种能力表现为社会权利关系，而权利关系又决定于法律、经济政治等。权利体制的不合理甚至失败就会导致贫困和饥荒的产生。他认为，在私有制的市场经济中，人们具有各种权利，包括以贸易为基础的权利、以生产为基础的权利、劳动的权利、继承及转移的权利等。而饥饿的直接原因则是个人交换权利下降或恶化。交换权利的恶化可能是由于一般食物供给减少之外的原因造成的，如个人在社会经济等级结构中的地位以及该经济中的生产方式。② 此后，阿玛蒂亚·森进一步提出了能力贫困（capability poverty）的概念，认为要用一个人的能力，即一个人所拥有的、享受自己有理由珍视的那种生活的实质自由来判断其个人处境。③ 根据他的理论，贫困不仅仅是收入的低下，更是能力的被剥夺。对基本能力的剥夺表现为过早死亡、严重的营养不良、慢性流行病、大量的文盲以及其他方面的失败。④ 在他看来，影响一个人的能力剥夺的因素有收入水平、公共政策、社会制度的安排、经济的不平等（不同于收入的不平等的是，还包括失业、缺乏医疗教育条件等内容）和民主的程度，等等。在对贫困的认识方面，阿玛蒂亚·森是有贡献的，他将贫困的概念从收入贫困扩展到了能力贫困，将对贫困的解释从经济因素扩展到了

---

① 童星、林闽钢：《我国农村贫困标准线研究》，《中国社会科学》1993 年第 3 期。

② 参见〔印度〕阿玛蒂亚·森《贫困与饥荒——论权利和剥夺》，王宇、王文玉译，商务印书馆，2001，第 6～10 页。

③ 〔印度〕阿玛蒂亚·森：《以自由看待发展》，任赜、于真译，中国人民大学出版社，2002，第 85 页。

④ 〔印度〕阿玛蒂亚·森：《以自由看待发展》，任赜、于真译，中国人民大学出版社，2002，第 15 页。

政治、法律、文化、制度等层面。

20世纪90年代以来，学者们更注重从穷人的角度来看待贫困现象和贫困问题。这样，他们将脆弱性、无话语权、无权无势以及社会排挤引入对贫困问题的研究，将贫困的概念又扩展到权利贫困，认为贫困不仅仅是收入和支出水平低下，也是人的发展能力低下，它不仅包括教育、健康和营养等诸多方面的机会缺乏，而且贫困还包括脆弱性、无话语权和无权无势等。穷人不仅在物质上受到剥夺，还受到国家和社会制度的剥夺。他们缺乏法律的保护、不受尊重、被禁止利用新的经济机会。①

2002年，美国华裔学者洪朝辉对社会权利贫困进行了深入探讨。②他认为，社会权利贫困的概念得益于三大与贫困有关的理论：社会剥夺和社会排斥理论、能力理论以及一些经典的公民权利理论。洪朝辉认为，社会权利是经济待遇的根本，也是政治民主的起点。2004年，洪朝辉在一篇研究中国问题的文章中指出：从美国的历史经验来看，民众的贫困一般可以分为物质贫困、能力贫困、权利贫困和动机贫困四大类。物质贫困是指狭义的贫困，其主要特征是温饱得不到保障；能力贫困是由于文化、教育、技能的不足而导致谋生、求职能力的缺乏，并由此出现经济贫困，属于想工作但没有能力工作所造成的贫困；权利贫困是指制度层面对部分人群的政治、经济、社会和文化权利的限制和歧视所导致的生活贫困，属于想工作能工作但没有权利和机会工作所导致的贫困；动机贫困的主要表现是依赖福利、懒于工作，属于有工作能工作但不愿工作所导致的一种贫困。③洪朝辉对社会权利贫困的论述，对于我们深入认识贫困有着积极的意义。

综合上述所列观点可以知道，贫困是一个涉及人的生存和发展的，涵盖政治、经济、文化、社会等诸多领域的综合性特征很强的概念。笔者认为，可以这样对贫困概念做一个界定：贫困是指人们在经济、

---

① 参见世界银行《2000～2001年世界发展报告——与贫困作斗争》，中国财政经济出版社，2001，第20页。

② 参见洪朝辉《论社会权利的"贫困"》，〔美〕《当代中国研究》2002年第4期。

③ 参见洪朝辉《论中国农民土地财产权利的贫困》，〔美〕《当代中国研究》2004年第1期。

政治、文化、社会等诸多领域被排斥而呈现出的脆弱性的、艰难的生活状态，它既包括经济上的脆弱（如收入不足）而导致的缺吃少穿，也包括人们在经济、政治、文化、社会等诸多领域中缺乏相应的机会和应变能力、缺乏对相应权利的享有等而导致的生存和发展的困难状态。单纯从某一个方面或几个方面而不是从人的生存和发展的角度动态地将人置于所有社会领域做比较性的全面考察来界定贫困的概念，都是有缺陷的。

界定了贫困的概念，在此基础上界定反贫困的概念就容易了。到底什么是反贫困呢？反贫困就是政府或组织采取措施缓解和消除人们在经济、政治、文化、社会等诸多领域中缺乏相应机会和应变能力、缺乏对相应权利的享有等而导致的生存和发展困难状态的实践活动。

鉴于学术界还很少有像笔者这样界定贫困和反贫困的概念，在这里，笔者还要慎重地做两点说明。

第一，笔者对贫困和反贫困概念的界定是有科学依据的。笔者是在深入考察贫困概念历史演进的基础上，认为界定贫困的概念不能仅仅局限于经济收入方面，而应该把导致人们生存和发展的各方面的社会因素和个人因素都纳入进来才是全面的、科学的。事实上，学术界越来越倾向于不再仅仅从经济收入的角度来看待贫困和贫困现象了，而是从多个角度、多个方面、多个领域来看待贫困和贫困现象。关于这一点，我们从学术界仍在探讨的一些关于贫困的概念上也可以看出端倪。例如，学术界经常探讨的有经济贫困（物质贫困、收入贫困）、教育贫困、科技贫困、数字贫困、信息贫困、精神贫困、权利贫困等概念，从这些概念我们可以感受到学术界对贫困认识的不断深入。因此，笔者对贫困和反贫困的概念的界定是有坚实的科学依据的。

第二，笔者所界定的贫困和反贫困概念，可以看成广义的贫困和反贫困。所谓广义，顾名思义即范围较宽的定义。著名经济学家、诺贝尔经济学奖获得者保罗·A.萨缪尔森认为"贫困是一个非常难以捉摸的概念"，这说明传统意义上的贫困概念其实是有缺陷的和难以服众的，同时也启发我们：从更宽泛的意义上看待贫困和反贫困，可能更科学和更符合人们的认识水平。因此，从方法论角度来看，笔者所界定的贫困和反贫困概念可能更科学。

第一章　新时代反贫困思想形成的社会背景

新时代反贫困思想是由习近平反贫困系列重要论述所包含的一些理论观点组成的。辩证唯物主义认为，任何理论观点的形成都不是偶然的，而是社会物质生活条件的反映。也就是说，任何理论观点都离不开特定的社会物质生活条件，并且是由这些社会物质生活条件产生或引申出来的。新时代反贫困思想也是特定的社会物质生活条件的产物，它的形成有着特定的社会历史背景。

一　国内社会现实背景

习近平反贫困系列重要论述的形成与新中国成立以来所面临的国内社会现实状况有关。关于新中国成立以来的国内社会现实状况，可以从不同的角度进行描述。但是不管怎么描述，都绕不开中国一直为贫穷落后所困扰的严酷的社会现实。国内贫困落后的状况时刻刺激着广大人民群众，促使他们迫切要求过上吃穿不愁的富足生活；也强烈刺激着党和国家的历任领导人，他们强烈希望尽快实现中华民族的伟大复兴，使全体中国人民都过上共同富裕的幸福生活。习近平反贫困系列重要论述的形成，与国内这种社会现实背景也是密切相关的。

（一）国内贫困状况和人民群众的诉求

经过 28 年艰苦卓绝的不懈奋斗，中国共产党终于在 1949 年 10 月 1 日向全世界宣告中华人民共和国成立。从此，长期受帝国主义、封建主义和官僚资本主义三座大山残酷压迫的中国劳动人民翻身得解放，取得了当家做主的政治地位。

但是，中国共产党从国民党手里接过来的是一个烂摊子。新中国成立前夕，中国的经济状况非常糟糕：工农业生产十分落后，生产资料和生活用品十分匮乏，人民生活极为困苦。

　　新中国成立后，劳动人民当家做主，他们迫切要求过上富足的生活。关于此，中国共产党的领导人是了然于心的。正如刘少奇在1950年所指出的那样："直到现在，中国劳动人民的生活水平和世界许多先进国家比较起来，还是很低的。""他们迫切地需要提高生活水平，过富裕的和有文化的生活。这是全国最大多数人民最大的要求和希望，也是中国共产党和人民政府力求实现的最基本的任务。"① 刘少奇的这种认识反映了当时党和人民政府的共同心声。中国共产党顺应人民群众的迫切诉求，从新中国成立时起，就积极开展反贫困实践活动。面对当时国内贫困落后的现实国情和错综复杂的国际环境，中国共产党和中央人民政府选择了优先发展重工业的战略，希望以此为依托迅速建立起比较完整的现代化工业体系和强大的国防工业体系，尽快将中国建设成为社会主义现代化强国。经过多年的艰苦努力，中国共产党领导社会主义革命和建设事业取得了伟大成就，"从根本上改变了中国人民的前途命运，为当代中国发展进步奠定了坚实基础"②。概括地说，这些伟大成就包括：彻底结束了旧中国长期分裂的局面，实现了祖国大陆的高度统一；建立起了人民民主专政的国家政权，使中国人民能自己主宰自己的命运；建立起了社会主义制度，实现了中国历史上最广泛最深刻的社会变革；实现和巩固了全国各族人民的大团结，极大地增强了中华民族的凝聚力；初步建立起了独立的比较完整的国民经济体系，改变了旧中国"一穷二白"的落后面貌；不断发展社会主义文化，使人民群众的思想道德素质和科学文化素质有了显著提高；建立起了巩固的国防；国际地位显著提高，为世界和平与进步事业做出了重要贡献；党的领导不断巩固和加强，党的组织日益发展壮大。③ 当然，就反贫困实践来说，主要体现在经济成就方面。"从经济发展的速度来看，从1952年到1978年，工农业总产值平均年增长率为8.2%，其中工业总产值平均年增长率为11.4%。"④ 中国人民生活水平因此得到了逐步提高。美国历史学家莫里斯·迈斯纳指出："毛泽

---

① 《刘少奇选集》（下卷），人民出版社，1985，第1页。
② 中共中央党史研究室：《中国共产党历史》第2卷下册，中共党史出版社，2011，第1062页。
③ 中共中央党史研究室：《中国共产党历史》第2卷下册，中共党史出版社，2011，第1063~1064页。
④ 沙健孙：《毛泽东与新中国建设的历史性巨大成就》，《高校理论战线》2009年第6期。

东时代是中国现代工业革命时期这一结论是不可避免的。曾经长期被轻蔑为'东亚病夫'的中国 20 世纪 50 年代初期以小于比利时工业规模的工业开始，在毛泽东时代结束时，却以世界上六个最大工业国之一的姿态出现了。"中国的国民收入在 1952～1978 年"增加了 4 倍，即从 1952 年的 600 亿元增加到 1978 年的 3000 亿元，而工业在增加的国民收入中所占的比例最大"。"在毛泽东时代的最后 20 年间（这是毛泽东的后继者们评价不高的一个时期），而且连'大跃进'的经济灾难也估计在内，中国的国民收入在 1957 年至 1975 年期间翻了一番多——人均增加 63%。""毛泽东的经济记录无论在许多方面有多大的缺点，仍然是中国奠定现代工业化基础时代的记录。实际上，这一记录优越于德国、日本和俄国工业化的可比阶段。"[1] 经济上的成就为中国政府改善人民生活创造了有利条件。毛泽东时代"大量增加了教育设施和受教育的机会，扫除了大量的文盲，并且建立了比较完整的保障制度，这些都是前所未有的……中国人的平均寿命几乎翻了一番（从 1949 年以前的 35 岁增加到 20 世纪 70 年代中叶的 65 岁），这一事实提供了引人注目的统计数据，证明共产党人的那场革命给绝大多数中国人民带来了物质利益和社会利益"。[2] 这说明，在毛泽东领导时期，中国共产党的反贫困实践是有很大成绩的。但是，由于中国共产党优先发展重工业，在一定程度上确实也影响了国家农业的发展和人民生活的改善，以至于到 20 世纪 70 年代末，国家尚有 2.5 亿贫困人口。[3]

　　党的十一届三中全会后，为了使中国社会摆脱贫困，进而实现中国的繁荣富强和中华民族的伟大复兴，中国共产党实行改革开放政策。中国的改革最初从农村开始。中国农村经济改革政策的实施以及区域性扶

---

[1] 〔美〕莫里斯·迈斯纳：《毛泽东的中国及其发展》，张瑛等译，社会科学文献出版社，1992，第 486 页。

[2] 〔美〕莫里斯·迈斯纳：《毛泽东的中国及其发展》，张瑛等译，社会科学文献出版社，1992，第 488～489 页。

[3] 在世界银行 1988 年完成的《中国的贫困问题与世界银行的策略》研究报告中说，中国贫困人口到 1979 年还占农村人口的 27%，即有 2.4 亿人；在《中国 90 年代扶贫战略》中，世界银行修正了前面的说法，说 1979 年中国有 2.65 亿贫困人口。中国国家统计局在《关于中国农村贫困状况的评估和监测》报告中，将 1978 年的贫困线定为 100 元，由此估计出 1978 年贫困发生率为 30.7%，贫困人口规模为 2.5 亿人。

贫开发政策的实施，使农村贫困状况迅速发生了变化。有学者在谈及中国扶贫开发历程时这样说："按照世界银行的贫困线标准衡量，1978～1985 年，贫困发生率从 33.0% 下降到 11.9%。贫困人口由 2.6 亿下降到0.96 亿，下降幅度为 63%。"① 1986 年 5 月 16 日，国家成立国务院贫困地区经济开发领导小组（1993 年 12 月 28 日改名为国务院扶贫开发领导小组），下设办公室，负责办理扶贫的日常工作。从此时开始，中国政府在全国范围内开展有计划、有组织和大规模的开发式扶贫工作，中国的扶贫事业也因此进入了一个新的历史时期。1994 年，中国政府实施《国家八七扶贫攻坚计划》，2001 年实施《中国农村扶贫开发纲要（2001－2010 年）》，2011 年实施《中国农村扶贫开发纲要（2011－2020 年）》。目前，中国的扶贫开发事业正在深入开展，并不断取得新的成就。但是，即使是在今天，中国社会的贫困问题还是没有得到完全解决。国家统计局 2017 年 2 月 28 日发布的《中华人民共和国 2016 年国民经济和社会发展统计公报》指出："按照每人每年 2300 元（2010 年不变价）的农村贫困标准计算，2016 年农村贫困人口 4335 万人。"② 也就是说，截至 2016年底，中国农村的贫困人口尚有 4335 万人。虽然，按照中国 13 多亿的人口基数来算，目前农村贫困人口占总人口的比例并不算高，但是，谁都不能否认的事实是，4335 万人这个规模，超过了世界上不少国家总人口的规模。所以，贫困问题在当今中国其实还是一个很严重的问题。

综上所述，自新中国成立以来，中国共产党一直在努力从事反贫困事业，且成绩斐然。但是，时至今日仍然存在庞大的贫困人口，这是毋庸置疑的客观事实。自新中国成立以来，当家做主的人民群众一直渴望过上美满的幸福生活，实现共同富裕，但时至今日这个愿望还没有实现。

（二）党中央三代领导集体振兴中华的强烈愿望与反贫困实践

习近平反贫困系列重要论述的形成，也离不开党中央三代领导集体振兴中华的强烈愿望与反贫困实践这个现实社会背景。以毛泽东为核心的第一代中央领导集体、以邓小平为核心的第二代中央领导集体以及以

---

① 张磊主编《中国扶贫开发历程（1949－2005 年）》，中国财政经济出版社，2007，第43 页。
② 《中华人民共和国 2016 年国民经济和社会发展统计公报》，《人民日报》2017 年 3 月 1 日。

江泽民为核心的第三代中央领导集体都有着振兴中华的强烈愿望，并为此不懈地努力奋斗。他们为振兴中华所做出的努力是多方面的，内容也是极为丰富的。其中一个重要内容就是反贫困，目的是要实现中国全体人民的共同富裕。为了振兴中华，他们接力奋斗；他们振兴中华的强烈愿望和反贫困实践，激励和影响着当时和后来的人们。

新中国成立后，以毛泽东为核心的中央领导集体在深刻把握中国国情的基础上，开始了追赶世界发达国家的历史进程。1957 年 3 月 12 日，毛泽东在中国共产党全国宣传工作会议上表示："我们一定会建设一个具有现代工业、现代农业和现代科学文化的社会主义国家。"[①] 1959 年底至 1960 年初，毛泽东在读苏联《政治经济学教科书》的谈话中表示："建设社会主义，原来要求是工业现代化，农业现代化，科学文化现代化，现在要加上国防现代化。"[②] 可见，毛泽东在 20 世纪 50 年代末就已经有了要把我国建设成为工业现代化、农业现代化、科学文化现代化和国防现代化的想法。这种想法真实反映了毛泽东不甘于国家贫困落后、积极追赶世界发达国家的强烈愿望。

事实上正是如此。毛泽东主张追赶世界发达国家的意愿是非常明确和无比强烈的。他多次提到要赶超世界发达国家。1955 年 3 月，他提出："我们现在是处在新的历史时期。一个六万万人口的东方国家举行社会主义革命，要在这个国家里改变历史方向和国家面貌，要在大约三个五年计划期间内使国家基本上工业化，并且要对农业、手工业和资本主义工商业完成社会主义改造，要在大约几十年内追上或赶过世界上最强大的资本主义国家。"[③] 在这里，毛泽东明确主张"要在大约几十年内追上或赶过世界上最强大的资本主义国家"。要知道，新中国刚成立时，中国的国民生产总值和其他许多方面，与世界上其他国家相比，基本上都是处在世界后列的。要求中国在几十年内赶上世界最强大的资本主义国家，这谈何容易？但是，在 20 世纪 50 年代后半期，在赶超世界发达资本主义国家这个问题上，毛泽东将赶超的时间表一改再改，不是把时间改长了，而是恰恰相反，把时间改短了。如果说在 1955 年 3 月毛泽东要

---

① 《毛泽东文集》第 7 卷，人民出版社，1999，第 268 页。
② 《毛泽东文集》第 8 卷，人民出版社，1999，第 116 页。
③ 《毛泽东文集》第 6 卷，人民出版社，1999，第 392 页。

求中国在几十年内赶过世界上最强大的资本主义国家——这里的"几十年内"还有很大弹性或伸缩性的话，那么随着时间的推移，毛泽东在追赶世界发达国家问题上的时间设定则越来越不含糊。1956 年 11 月，毛泽东在《纪念孙中山先生》一文中说："再过四十五年，就是二千零一年，也就是进到二十一世纪的时候，中国的面目更要大变。中国将变为一个强大的社会主义工业国。中国应当这样。"① 从 1955 年 3 月到 1956 年 11 月，时间也就一年半多一点，但毛泽东在追赶世界发达国家的时间表已经由"几十年内"变成了 45 年。他把时间说得这么肯定，反映出他在追赶西方发达资本主义国家问题上的愿望之强烈。但是仅仅过了一年，到 1957 年 11 月 18 日，毛泽东又在莫斯科共产党和工人党代表会议上说："在十五年后，在我们阵营中间，苏联超过美国，中国超过英国。"② 诚然，毛泽东在讲苏联超过美国和中国超过英国的时候，前面还有一些话讲到钢产量的问题，说中国再过 15 年，钢产量可能是 4000 万吨，就已经超过英国了。据此，我们很多人往往会认为毛泽东讲 15 年后中国超过英国，仅仅是指钢产量。实际上，毛泽东讲的不仅仅是指钢产量在 15 年后超过英国，也指国家在综合国力方面超过英国。这是因为，毛泽东指出："归根结底，我们要争取十五年和平。到那个时候，我们就无敌于天下了，没有人敢同我们打了，世界也就可以得到持久和平了。"③ 显然，这里的"无敌于天下"，肯定不只是指钢产量超过英国；毛泽东讲 15 年后中国超过英国，应该是指中国的综合实力全面超过英国。到此为止，毛泽东在追赶西方发达资本主义国家问题上，时间表又有了大幅度调整。以毛泽东为核心的中央领导集体为什么会这样？为什么要这样？要完全准确地回答这两个问题，显然有难度。但是，有一点是可以肯定的：这是作为党中央第一代领导核心的毛泽东蕴藏在心底的那种早日复兴中华民族、早日使中国强大起来的异常强烈的愿望使然。在 20 世纪 50 年代中后期，毛泽东反复提到要赶超世界发达国家，这种情况所反映的，既是他本人的强国富民迫切愿望的具体体现，也是当时他所在的党中央领导集体强烈愿望的具体体现。上述所列毛泽东关于赶超发达资本主义国

---

① 《毛泽东文集》第 7 卷，人民出版社，1999，第 156 页。
② 《毛泽东文集》第 7 卷，人民出版社，1999，第 326 页。
③ 《毛泽东文集》第 7 卷，人民出版社，1999，第 326 页。

家的各种论述，虽然说法不一样，但目标却是一样的，那就是要赶超世界发达国家，最主要的是指要赶英超美。因为当时美国和英国是最发达的资本主义国家。从毛泽东关于赶超世界发达国家的论述来看，他的那种赶超世界上最先进的资本主义国家的愿望、情怀，无疑都是非常明确和非常强烈的。为了赶超发达资本主义国家，毛泽东领导中国人民战天斗地，在反贫困方面取得了不俗的成就。

改革开放后，以邓小平为核心的第二代中央领导集体带领全国人民继续追赶世界发达资本主义国家。1979 年 11 月 26 日，邓小平提出："社会主义也可以搞市场经济。"① 1984 年 6 月 30 日，他又指出："社会主义的优越性归根到底要体现在它的生产力比资本主义发展得更快一些、更高一些，并且在发展生产力的基础上不断改善人民的物质文化生活。"② 邓小平的这段话，除了告诉人们要专注于发展社会生产力之外，还强调发展速度问题。他的真实意图是，搞社会主义，就必须赶超资本主义国家，唯有这样，社会主义的优越性才能够真正体现出来，才有本钱去改善人民群众的生活。否则，就既不能赶超资本主义国家，也没有实力改善人民群众的生活。所以，邓小平指出："社会主义要消灭贫穷。"③ 1985 年 10 月 23 日，邓小平指出："我国当前压倒一切的任务就是一心一意地搞四化建设。我们发挥社会主义固有的特点，也采用资本主义的一些方法（是当作方法来用的），目的就是要加速发展生产力。""只有这条路才是通往富裕和繁荣之路。"④ 他所说的"加速发展生产力"，其实就是赶超发达资本主义国家的另一种表述。那么，中国应该怎么去追赶西方发达资本主义国家呢？邓小平认为应该一步一步地来。从文献来看，以邓小平为核心的第二代中央领导集体关于追赶西方发达资本主义国家的相关论述是不少的。例如，1980 年 1 月 16 日，邓小平在中央召集的干部会议上指出："我们一定要、也一定能拿今后的大量事实来证明，社会主义制度优于资本主义制度。这要表现在许多方面，但首先

---

① 《邓小平文选》第 2 卷，人民出版社，1994，第 236 页。
② 《邓小平文选》第 3 卷，人民出版社，1993，第 63 页。
③ 《邓小平文选》第 3 卷，人民出版社，1993，第 63~64 页。
④ 《邓小平文选》第 3 卷，人民出版社，1993，第 149~150 页。

要表现在经济发展的速度和效果方面。没有这一条，再吹牛也没有用。"① 邓小平的上述论述，就包含了要追赶发达资本主义国家的意思——用事实证明社会主义制度优于资本主义制度，这必须建立在追赶发达资本主义国家的基础上才能办到。怎么追赶？邓小平认为有"许多方面"的途径，但首要的是要在经济上追赶发达资本主义国家，要创造比发达资本主义国家更高的速度和实际效果——这其实就是要追赶发达资本主义国家。再如，1987 年 8 月 29 日，邓小平在会见意大利共产党人约蒂和赞盖里时说："我国经济发展分三步走，本世纪走两步，达到温饱和小康，下个世纪用三十年到五十年时间再走一步，达到中等发达国家的水平。"② 在这里，邓小平并没有提到"追赶""赶超"这类字眼，但是字里行间所透露出的精神实质，其实就是"追赶""赶超"的意思。邓小平关于追赶发达资本主义国家方面的论述还有不少，在此不再一一列举。以邓小平为核心的第二代中央领导集体在追赶发达资本主义国家这个问题上，还有着强烈的紧迫感。这从他反复谈到中国社会主义建设的教训可以看出来。1979 年 11 月 26 日，邓小平在会见美国客人和加拿大客人时说："我们发展社会生产力的进程推迟了，特别是耽误了十年。中国六十年代初期同世界上有差距，但不太大。六十年代末期到七十年代这十一二年，我们同世界的差距拉得太大了。这十多年，正是世界蓬勃发展的时期，世界经济和科技的进步，不是按年来计算，甚至于不是按月来计算，而是按天来计算。我们建国以来长期处于同世界隔绝的状态。"③ 从这段话中能够看出邓小平内心的紧迫感和危机感。显然，中国错失了世界经济和科技发展最迅速的十一二年，已经远远落后于世界；时间不等人，中国应该奋起直追，加紧追赶世界发达国家。曾经做过邓小平翻译的高志凯说，邓小平"有紧迫感和危机感"，"当时还在冷战时期，国际局面复杂，中国要从孤立的国际环境中杀出一条血路来，那就是改革开放"。④ 以邓小平为核心的第二代中央领导集体在追赶发达资本主义国

---

① 《邓小平文选》第 2 卷，人民出版社，1994，第 251 页。
② 《邓小平文选》第 3 卷，人民出版社，1993，第 251 页。
③ 《邓小平文选》第 2 卷，人民出版社，1994，第 232 页。
④ 尹洁：《翻译回忆邓小平：紧迫感危机感下选改革开放》，中国网，http://www.china.com.cn/news/2014-02/12/content_31448023.htm，最后访问日期：2019 年 2 月 12 日。

家这个问题上，不仅有着强烈的紧迫感，还采取了非常切实可行的具体行动。当然，最主要的具体行动，如果只用最简单的话来高度概括，那就是实行改革开放。正是因为实行改革开放，中国才走出了有自己特色的社会主义建设道路。20世纪80年代中期，中国共产党和中央人民政府决定成立国务院贫困地区经济开发领导小组，在全国范围内开展有组织、有计划、大规模的扶贫开发实践，这其实就是第二代中央领导集体追赶世界发达资本主义国家的一个重要举措。由此可见，以邓小平为核心的第二代中央领导集体振兴中华的愿望很强烈，反贫困实践的力度也很大。

江泽民继续带领全国各族人民追赶世界发达资本主义国家。江泽民多次谈到国际竞争给中国带来的巨大压力，表示要抓住机遇，加快发展中国。面对20世纪80年代末90年代初的东欧剧变、苏联解体，江泽民在多种场合代表党中央表达了对党、对国家和民族的深深的忧患意识。1989年6月24日，他在党的十三届四中全会上指出："国家的昌盛，人民的富裕，说到底是经济实力问题。国际间的竞争，说到底也是经济实力的竞争。"① 显然，这里所说的"国际间的竞争"意味着国与国之间的你追我赶。所以，这段话的主旨就是要发展经济，追赶发达国家，以不断增强中国的综合国力，使中国在激烈的国际竞争中形成自己的优势。1992年10月12日，江泽民在党的十四大报告中指出："我国近代的历史和当今世界的现实都清楚表明，经济落后就会非常被动，就会受制于人。"② 这就要求我国迅速赶超发达资本主义国家，不能落后，而是要加快发展，尽快使中国摆脱贫困落后状况。1993年7月5日，江泽民又指出："只有经济大大发展了，全国的经济实力和综合国力大大增强了，人民生活才能不断改善，国家才能长治久安，我们的腰杆子才能更硬，我们在国际上说话才能更有分量，我们的朋友才能更多。"③ 因此，要通过发展经济实力和综合国力追赶发达资本主义国家，只有这样，中国才有国际地位。这里所强调的追赶西方发达资本主义国家，不是单纯指只看

① 中共中央文献研究室编《十三大以来重要文献选编》（中卷），人民出版社，1991，第549页。
② 《江泽民文选》第1卷，人民出版社，2006，第224页。
③ 《江泽民文选》第1卷，人民出版社，2006，第307页。

重发展速度，而是应该坚持持续、快速、健康的发展。江泽民指出："保持国民经济持续快速健康发展，必须走既有较快速度，又有较高素质的发展路子。"[①]

以上论述表明，第三代中央领导集体也有着追赶西方发达资本主义国家的强烈愿望。同样，第三代中央领导集体在反贫困实践方面的力度也是非常大的，如《国家八七扶贫攻坚计划》的实施就是一例。该计划要求，从1994年到2000年，集中人力、物力、财力，动员社会各界力量，力争用7年左右的时间，基本解决全国农村8000万贫困人口的温饱问题。再如，贫困地区义务教育工程的实施的力度也是空前的。该工程要求国家教委和财政部从1995年起到2000年，把中央增加的普及义务教育专款和地方各级政府的配套资金结合起来，组织实施国家资助的"贫困地区义务教育工程"。该工程总投入超过100亿元，资金集中用于贫困山区、革命老区和少数民族地区，包括21个省份，覆盖《国家八七扶贫攻坚计划》中所列出的大部分贫困县，重点改善这类地区小学、初中的办学条件，推动普及义务教育的进程，改变贫困地区教育落后的面貌。此外，"青年扶贫开发志愿者行动""希望工程""光彩事业""幸福工程""博爱工程""信息扶贫致富工程""兴边富民工程"等，都是第三代中央领导集体领导开展的反贫困实践。

二　国际综合国力竞争背景

（一）新中国在国际综合国力竞争中处于不利的境地

一个国家要生存和发展，需要以综合国力作为其坚实基础，否则其生存和发展就很难健康和持续。

新中国成立后，中国在国际综合国力竞争中长期处于不利的境地。在毛泽东主政时期，中国共产党带领全国各族人民艰苦奋斗，使中国成为具有相对完整工业体系的工业大国，各方面都取得了很大进步，国家综合国力大幅上升。但是，中国在国际综合国力竞争中的劣势地位一直

---

① 中共中央文献研究室编《十五大以来重要文献选编》（上卷），人民出版社，2000，第657页。

没有得到彻底的根本性的改变。对此，毛泽东有着清醒的认识。他曾多次谈到中国一穷二白的特点。1956 年，他在《论十大关系》中说："我们一为'穷'，二为'白'。'穷'，就是没有多少工业，农业也不发达。'白'，就是一张白纸，文化水平、科学水平都不高。"① 1958 年 4 月 15 日，他又说："中国六亿人口的显著特点是一穷二白。"② 1960 年 10 月 22 日，他在同斯诺谈话时说："我们的基本情况就是一穷二白。所谓穷就是生活水平低。""所谓'白'，就是文盲还没有完全消灭，不但是识字的问题，还有提高科学水平的问题。""根本改变中国的经济面貌需要一个很长的时间。"③ 由上述毛泽东关于中国国情的表述可以看出，在毛泽东看来，中国的综合国力是很弱的。所以，他主张积极追赶西方发达资本主义国家，以摆脱中国的贫困落后面貌。以毛泽东为核心的第一代中央领导集体决定优先发展重工业，就是基于当时的现实国情和国家的综合国力在世界上缺乏竞争力的严峻现实而采取的不得已之举。1958 年发动的"大跃进"运动在很大程度上也与以毛泽东为代表的中国共产党人急于赶超西方发达资本主义国家有关。

实行改革开放后，以邓小平为核心的第二代中央领导集体对中国的综合国力保持着十分清醒的认识。邓小平认为，中国"处在社会主义的初级阶段，就是不发达的阶段"。④ 他还认为，要使中国实现四个现代化，要看到两条："一个是底子薄。""由于底子太薄，现在中国仍然是世界上很贫穷的国家之一。""第二条是人口多，耕地少。""在生产还不够发展的条件下，吃饭、教育和就业就都成为严重的问题。"⑤ 显然，在邓小平看来，中国的综合国力在世界竞争中也是没有什么优势的。因此，中国必须改变这种尴尬的处境，中国共产党有责任带领全国人民努力改善这种处境。如何改变这种不利的处境呢？邓小平认为，要改革开放，要大力发展生产力，积极追赶西方发达资本主义国家。因此，反贫困就是题中应有之义，即要通过发展社会生产力，发展经济，摆脱贫困，不

① 《毛泽东文集》第 7 卷，人民出版社，1999，第 43 ~ 44 页。
② 中共中央文献研究室编《建国以来重要文献选编》第 11 册，中央文献出版社，1995，第 274 页。
③ 《毛泽东文集》第 8 卷，人民出版社，1999，第 216 ~ 217 页。
④ 《邓小平文选》第 3 卷，人民出版社，1993，第 252 页。
⑤ 《邓小平文选》第 2 卷，人民出版社，1994，第 163 ~ 164 页。

断增强国家的经济实力和综合国力，最后赶上并超过西方发达资本主义国家。怎么追赶并超过西方发达资本主义国家呢？邓小平在 1984 年 5 月 29 日曾经谈到中国到 20 世纪末的目标及远景。他在会见巴西总统菲格雷多时指出："我们的目标是，到本世纪末人均达到八百美元。八百美元对经济发达国家来说不算什么，但对中国来说，这是雄心壮志。它意味着到本世纪末，我国的国民生产总值达到一万亿美元。到那个时候，中国就会对人类有大一点的贡献。我国是社会主义国家，国民生产总值达到一万亿美元，日子就会比较好过。更重要的是，在这样一个基础上，再发展三十年到五十年，我们就可以接近发达国家的水平。"① 邓小平的这段话为中国共产党指明了奋斗的方向和奋斗的具体步骤。1987 年 10 月 25 日，党的十三大报告向全世界庄严宣布了中国的发展步骤。该报告指出，党的十一届三中全会以后，我国经济建设的战略部署大体分三步走。"第一步，实现国民生产总值比一九八〇年翻一番，解决人民的温饱问题。这个任务已经基本实现。第二步，到本世纪末，使国民生产总值再增长一倍，人民生活达到小康水平。第三步，到下个世纪中叶，人均国民生产总值达到中等发达国家水平，人民生活比较富裕，基本实现现代化。然后，在这个基础上继续前进。"② 关于中国"三步走"的发展战略，本质上是一个追赶西方发达资本主义国家的发展战略，凝聚了中国共产党强烈的强国富民的理想抱负。

1989 年，江泽民结合新的时代形势，加深了对国家综合国力的认识。此时，中国在经济发展方面同以前相比，已经取得了巨大成就。不过，就国家的综合国力来讲，虽然也比以前要强，但是在国际竞争中仍然处于劣势。正是基于这种认识，江泽民在很多场合都谈到"国际竞争""综合国力"等问题。他要求中国抓住机遇，加快发展，用发展的办法解决中国前进过程中的问题。1992 年 10 月，他在党的十四大报告中指出："当前国际竞争的实质是以经济和科技实力为基础的综合国力较量。""我国经济能不能加快发展，不仅是重大的经济问题，而且是重大

---

① 《邓小平文选》第 3 卷，人民出版社，1993，第 57 页。
② 中共中央文献研究室编《十三大以来重要文献选编》（中卷），人民出版社，1991，第 619 页。

的政治问题。"① 1993 年 9 月 29 日，他在中南、西南十省区经济工作座谈会上再一次深刻指出："当前国际竞争的实质，是以经济和科技实力为基础的综合国力的竞争。""我们只有加快发展，才能增强国家的综合国力，才能在风云变幻的国际局势中处于主动地位，立于不败之地。"②

可见，党的第一代、第二代和第三代中央领导集体在应对国际综合国力竞争的不利处境时，都重视通过发展社会生产力、加快发展经济等手段来增强国家综合实力。而反贫困都是他们所看重的发展社会生产力、发展经济的重要举措。

（二）第三次科技革命的兴起与党中央的积极应对

20 世纪四五十年代，在中国共产党带领全国各族人民赢得民族独立和人民解放，建立起新的人民民主专政国家之际，一场以原子能、电子计算机、微电子技术、航天技术、生物工程技术等领域的重大突破为标志的新的科技革命③兴起。它是人类文明史上继蒸汽技术革命和电力技术革命之后科技领域里的又一次重大飞跃，被称为第三次科技革命。第三次科技革命不仅极大地推动了人类社会经济、政治、文化领域的变革，影响了人类生活方式和思维方式，也改变着世界格局。

世界历史证明，科技革命对世界格局影响非常大。它能够极大地推动社会生产力的进步，是一种能够极大地改变世界的巨大力量。英国与美国的崛起和称霸全球就是非常典型的例子。英国最早开始和完成工业革命，它依靠科技革命所带给它在军事科技方面的进步而打败当时的海

---

① 《江泽民文选》第 1 卷，人民出版社，2006，第 224 页。

② 《江泽民论有中国特色社会主义（专题摘编）》，中央文献出版社，2002，第 90～91 页。

③ 一般认为，迄今为止世界发生了三次科技革命。第一次科技革命又叫工业革命，是指 18 世纪 60 年代至 19 世纪 40 年代从英国发起的技术革命，这是科技发展史上的一次巨大革命，开创了以机器代替手工劳动的时代。它大大密切和加强了世界各地之间的联系，改变了世界的面貌，最终确立了资产阶级对世界的统治地位。率先完成工业革命的英国很快成为世界霸主。第二次科技革命发生于 19 世纪中叶到 20 世纪四五十年代，它以电机的发明为起点，以电力的广泛应用为标志，推动了生产技术由一般的机械化到电气化、自动化转变，大大改变了人们的生活方式和世界经济政治格局。关于第三次科技革命的起讫时间问题，学术界观点尚不统一。主要是两种观点：一种认为第三次科技革命始于第二次世界大战后初期，20 世纪 50 年代中期至 70 年代初期达到高潮，70 年代以后进入一个新阶段；另一种观点认为，第三次科技革命发生于 20 世纪 40～60 年代，70 年代以后是第四次科技革命（或新科技革命）。

上强国，进而取得世界霸主地位。紧随着英国而完成工业革命的法国、德国、美国、日本、俄国，它们与英国一起先后成为世界6个主要的资本主义强国。现在世界公认美国是世界霸主，因为美国很好地抓住了第二次科技革命的大好机遇，迅速取代英国成为第二次科技革命的领跑者。第二次科技革命最初萌芽于当时科技最发达的英国，但却是在后起的资本主义强国美国生根、开花并结出丰硕成果的。美国之所以能成为第二次科技革命的领跑者，不仅在于南北战争后美国为第二次科技革命创造了良好的政治经济条件，还在于它跳跃式地发展了自己的工业，在于它对西部边疆的开发为第二次科技革命提供了原料、资金和广阔的国内市场，在于它善于学习和引进欧洲最新科技成果并积极开展应用研究、重视尖端领域的突破，也在于它重视发展教育事业、提高人民的科学文化素质、壮大了科技队伍。美国取代英国成为世界霸主的原因是多方面的，但善于抓住科技革命的大好机遇并以此强军富民，是美国取代英国成为世界霸主的一个重要原因。事实上，随着第二次科技革命的结束，美国取代英国的霸主地位也就完成了。由此可见，科技革命与世界格局变化密切相关，与国家的前途命运密切相关。

第三次科技革命兴起于第二次世界大战后的美国。伴随着美国世界霸主地位的牢固确立以及第三次科技革命的兴起，美国在第二次世界大战后如日中天。也正因为此，美国的黑手也不断地伸向世界各地。由于掌握了原子弹等尖端科学技术，美国在处理复杂的国际关系时就使用核讹诈等伎俩。在20世纪50年代初的朝鲜战争过程中，中国就受到过来自美国的核讹诈和核威胁。美国的核讹诈和核威胁使以毛泽东为主要代表的中国共产党人备受刺激。面对第三次科技革命的兴起以及世界格局的演变，党中央及其主要领导人都深有触动，他们也不断采取措施积极应对。

1955年3月，毛泽东在中国共产党全国代表会议上指出："我们进入了这样一个时期，就是我们现在所从事的、所思考的、所钻研的，是钻社会主义工业化，钻社会主义改造，钻现代化的国防，并且开始要钻原子能这样的历史的新时期。""现在我们面临的是新问题：社会主义工业化、社会主义改造、新的国防、其他各方面的新的工作。"① 这说明，

---

① 《毛泽东文集》第6卷，人民出版社，1999，第395页。

以毛泽东为核心的第一代中央领导集体面对第三次科技革命的来临，采取了积极的应对之策。毛泽东已经意识到了我国要发展原子能技术等尖端科技，以此来巩固和加强国防力量，保障中国的社会主义建设的顺利进行。1955 年 7 月 31 日，毛泽东在《关于农业合作化问题》的报告中又指出："中国只有在社会经济制度方面彻底地完成社会主义改造，又在技术方面，在一切能够使用机器操作的部门和地方，统统使用机器操作，才能使社会经济面貌全部改观。"① 毛泽东注意到了以美国为首的西方资本主义国家的严重威胁，他主张抓紧研制尖端武器。1956 年，他在《论十大关系》中说："我们现在还没有原子弹……不但要有更多的飞机和大炮，而且还要有原子弹……可靠的办法就是把军政费用降到一个适当的比例，增加经济建设费用。只有经济建设发展得更快了，国防建设才能够有更大的进步。"② 毛泽东不仅主张要搞原子弹，还提出了怎么去搞原子弹的问题。在他看来，搞原子弹这样的尖端科技，需要有雄厚的经济基础做后盾，因此，他主张加快经济建设。1957 年 11 月 18 日，毛泽东在莫斯科共产党和工人党代表会议上的讲话中指出："现在还要估计一种情况，就是想发动战争的疯子，他们可能把原子弹、氢弹到处摔。他们摔，我们也摔，这就打得一塌糊涂，这就要损失人。问题要放在最坏的基点上来考虑。""我们中国还没有建设好，我们希望和平。"③ 从毛泽东的上述论述可以看出，他虽然早在 1946 年 8 月 6 日就提出过"一切反动派都是纸老虎"④ 的著名论断，并且认为"从长远的观点看问题，真正强大的力量不是属于反动派，而是属于人民"⑤，但他非常清楚反动派的凶残本质，也非常清楚包括帝国主义在内的一切反动派一旦发动战争，全世界和广大人民群众会遭受严重损失。毛泽东对帝国主义战争怀有深深的忧虑，他非常担心帝国主义战争又会使中国主权和根本利益遭受损害。所以，1962 年 6 月 8 日，毛泽东在听取中国人民解放军副总参谋长杨成武、南京军区司令员许世友等汇报工作时指出："在科学研究中，对

---

① 《毛泽东文集》第 6 卷，人民出版社，1999，第 438 页。
② 《毛泽东文集》第 7 卷，人民出版社，1999，第 27 页。
③ 《毛泽东文集》第 7 卷，人民出版社，1999，第 326 页。
④ 《毛泽东选集》第 4 卷，人民出版社，1991，第 1195 页。
⑤ 《毛泽东选集》第 4 卷，人民出版社，1991，第 1195 页。

尖端武器的研究试制工作，仍应抓紧进行，不能放松或下马。"① 显然，毛泽东的这种主张，不能说与第三次科技革命及其影响下的世界格局风云变幻毫无关系，在本质上就是第三次科技革命兴起及复杂多变的世界格局对中国产生影响的必然产物。

党的十一届三中全会后，以邓小平为核心的第二代中央领导集体积极推进改革开放事业。在"文化大革命"之后，面对世界新的科技形势和国际政治格局，他们倍感形势紧迫。他们在强调以经济建设为中心的同时，一刻也没有忘记要大力发展科学技术。1978 年 3 月 18 日，邓小平在全国科学大会开幕式上的讲话中提出："科学技术是生产力，这是马克思主义历来的观点。"② 1988 年 10 月 24 日，邓小平视察北京正负电子对撞机工程时说："如果六十年代以来中国没有原子弹、氢弹，没有发射卫星，中国就不能叫有重要影响的大国，就没有现在这样的国际地位。这些东西反映一个民族的能力，也是一个民族、一个国家兴旺发达的标志。"③ 可见，邓小平认为，科学技术是决定国家综合国力的关键因素，是决定国家在国际上的地位和国家前途命运的关键因素。显然，邓小平也看到了科学技术对于国家发展的巨大作用，看到了它在摆脱贫困和维护世界和平等方面的巨大作用。1986 年 10 月，邓小平指出："实现人类的希望离不开科学，第三世界摆脱贫困离不开科学，维护世界和平也离不开科学。"④ 以邓小平为核心的第二代中央领导集体高度重视科学技术，在很大程度上其实就是为了应对第三次科技革命浪潮所带来的巨大冲击。

1989 年以后，东欧剧变、苏联解体，国际共产主义运动进入低谷，国际形势对中国十分不利。以美国为首的西方发达资本主义国家期盼着中国共产党政权也像东欧各社会主义国家那样轰然倒下、改旗易帜。在这种严峻的国际形势之下，第三代中央领导集体毅然实施科教兴国战略，高度重视科学技术在建设中国特色社会主义中的巨大作用。江泽民指出："没有强大的科技实力，就没有社会主义的现代化。"⑤ 他还说："在国际

---

① 《毛泽东军事文集》第 6 卷，军事科学出版社、中央文献出版社，1993，第 392 页。
② 《邓小平文选》第 2 卷，人民出版社，1994，第 87 页。
③ 《邓小平文选》第 3 卷，人民出版社，1993，第 279 页。
④ 《邓小平文选》第 3 卷，人民出版社，1993，第 183 页。
⑤ 江泽民：《论科学技术》，中央文献出版社，2001，第 51 页。

经济竞争和国际关系中，我们既面临着西方发达国家的经济和科技优势的压力，又面临着霸权主义和强权政治的压力。""我们必须以高度的历史责任感和时代紧迫感，集中力量把经济搞上去，充分发挥科学技术的重大作用，大幅度提高我国的经济实力和综合国力，不断发展和壮大自己。"①

事实上，党的三代中央领导集体在社会主义建设中都高度重视科学技术的应用和发展，并取得了巨大成就。在以毛泽东为核心的第一代中央领导集体主政期间，我国成功地掌握了原子弹、氢弹、人造卫星等尖端科技，打破了西方国家的核垄断，为自己赢得了崇高的国际地位，也很好地维护了世界和平。在以邓小平为核心的第二代中央领导集体和以江泽民为核心的第三代中央领导集体主政期间，中国的尖端科技继续发展，同时利用科技不断推动经济社会发展与进步，使中国的综合国力不断增强。

深入考察党的三代中央领导集体应对第三次科技革命的举措，会发现他们都有一个共同点：那就是在重视科学技术的同时，他们强调加快经济建设。这里面隐含的清晰的逻辑是：要积极应对第三次科技革命，就要想方设法抓住它所带来的机遇，迎头赶上和超过西方发达资本主义国家；而要赶上和超过西方发达资本主义国家，就必须摆脱贫困，不断增强经济实力。正如江泽民所说："国际竞争，说到底也是经济实力的竞争。"②

习近平是三代中央领导集体应对第三次科技革命浪潮的见证者。三代中央领导集体为提升国家的综合国力所做出的各种重大决策，不可避免会影响习近平的从政思想和实践，当然也会影响到他的反贫困理念和实践。

毛泽东曾经深刻指出："人的正确思想，只能从社会实践中来。"③毛泽东的深刻论述向我们揭示了这样的真理：人的正确思想或理论不能凭空而来，一定会有自己的实践基础。正如马克思在《关于费尔巴哈的提纲》中所深刻指出的那样："人的思维是否具有客观的……真理性，

① 江泽民：《论科学技术》，中央文献出版社，2001，第74页。
② 《江泽民文选》第1卷，人民出版社，2006，第59页。
③ 《毛泽东文集》第8卷，人民出版社，1999，第320页。

这不是一个理论的问题，而是一个实践的问题。人应该在实践中证明自己思维的真理性。"① 马克思的意思是说，人的思维或思想是社会实践的产物，其正确与否需要用实践来检验。事实上，习近平反贫困系列重要论述形成的社会背景其实就是被我们称为新时代反贫困思想的深厚的实践基础。之所以这样说，有以下两个方面的原因。

第一，国内社会现实背景，本质上就是习近平反贫困系列重要论述形成的国内实践环境，也是新时代反贫困思想形成的国内实践环境。党中央三代领导集体振兴中华的强烈愿望与反贫困实践，则为习近平反贫困系列重要论述即新时代反贫困思想提供了丰富的理论素材和检验标准。

第二，国际综合国力竞争背景本质上就是习近平反贫困系列重要论述形成的国际实践环境，也是新时代反贫困思想形成的国际实践环境。中国是与世界相联系的，中国的发展是与世界的发展环境密切相关的。世界环境太平与否、险恶与否，直接影响中国高层的决策，从而直接影响到中国的发展。新中国成立后历任党和国家领导人都积极主动地追赶西方发达资本主义国家，渴望中国尽早摆脱贫困，也有国际环境的挤压等不利因素的深刻影响。

三　当今世界的反贫困形势

贫困是人类社会的难治之症。自有人类以来，地球上就没有消灭过贫困和贫困现象。人类的文明史，也可以说是人类的一部谋求吃饱穿暖、改变命运、求得幸福生活和享受更多生存和发展权利的历史。人类历史发展到今天，与远古茹毛饮血、生产力极其低下的时代相比无疑是相当进步了。但是，不管人类怎么进步，贫困却似一个幽灵，一直在全球四处游荡与徘徊，它"泯灭贫穷儿童的天真烂漫，毁损贫穷妇女的美丽形象，吞噬饥寒穷人的身体健康，致使无数生命沦丧"。② 贫困不仅是一个经济问题，也是引起世界各国各种矛盾乃至严重冲突的重大社会问题。2015 年 10 月 16 日，习近平在"2015 减贫与发展"高层论坛的主旨演讲

---

① 《马克思恩格斯文集》第 1 卷，人民出版社，2009，第 500 页。
② 丁声俊、王耀鹏等：《反饥饿　反贫困——全球进行时》，中国农业出版社，2012，第 1 页。

中说："消除贫困依然是当今世界面临的最大全球性挑战。"① 确实，当今世界的反贫困形势异常严峻。

(一) 贫困与饥饿困扰全球

贫困与饥饿是孪生兄弟。贫困本身就意味着缺吃少穿，就意味着饥饿、粮食匮乏。自古以来，人们在很多时候就是把贫困等同于饥饿的。这是人们对贫困的简单化看法。其实，贫困是一个非常复杂的概念和社会现象。"说它复杂，是因为直到现在为止，还没有有关贫困的含义及其衡量标准的确定，贫困话题在学者中间仍然争论不休，而且这种争论似乎越来越复杂化。"② 事实上确实如此。贫困是一种综合性极为明显的经济社会现象，它涉及的不仅仅只是人们的物质生活问题——人们物质生活资料匮乏和物质生活条件恶劣等情况，无疑就是贫困，它还涉及人们的精神生活问题——人们在精神生活方面短缺，如在文化、教育、健康等方面的权利短缺或没有出路等状况，也是贫困。贫困概念和贫困现象的复杂还在于：贫困标准是相对的和动态的。各国和各个地区的历史条件不一样，实际情况不一样，经济社会发展水平不一样，决定了它们的贫困线会不一样；同时，各国的贫困线还会经常随着经济社会的发展水平而做出适当调整，这就决定了贫困线也必然是动态的。造成贫困的原因很多，就国家和社会层面来说，国家制度设计上的缺陷、社会治理方面的欠缺以及社会风尚的丑陋等，都可能成为人们贫困的重要原因；就个人层面来说，缺乏教养、懒惰、无能、智力低下、信仰宿命论、自甘堕落等，也是人们致贫的重要原因。"贫困不仅只是经济概念，更关乎基本的公民权利、能力，其实质是一种权利和能力的贫困。""对于贫困问题，应该从经济、社会、政治、文化诸多方面来予以综合性的考察。"③

贫困是一个全球性的问题。

首先，全球都充斥着饥饿和营养不良。饥饿和营养不良人口的大量

---

① 中共中央文献研究室编《十八大以来重要文献选编》（中卷），中央文献出版社，2016，第721页。

② 丁声俊、王耀鹏等：《反饥饿　反贫困——全球进行时》，中国农业出版社，2012，第16页。

③ 丁声俊、王耀鹏等：《反饥饿　反贫困——全球进行时》，中国农业出版社，2012，第17页。

存在，就意味着贫困人口的大量存在。人类历史上留下了大量关于饥饿、饥馑、饥荒的文献记载，这些记载可谓汗牛充栋，它们有力地证明，历史上人类社会的贫困既严重又普遍。近现代以来，人类社会的生产力得到了长足进步，但是贫困问题并没有因此而很好地得到解决。在一些发展中国家和落后国家，一旦遇到天灾人祸，往往就会出现饿殍遍野的悲惨景象。据记载，在 1982～1984 年的特大旱灾期间，从南部非洲一直延伸到东非、撒哈拉沙漠近边地区，遍及 34 个国家和数以亿计的非洲人民陷入饥饿深渊，其中 24 个国家的粮荒和饥馑达到极其严重的地步。在卡那毛庄族，灾民只好吃同类以求生存；在坦桑尼亚，每天饿死 1500 名儿童。① 饥饿自然会导致人们染患疾病和营养不良。联合国粮食及农业组织（简称"联合国粮农组织"）给"饥饿"的具体定义是：每人每天摄入的热量少于 1800 千卡（1 卡 = 4.81 焦耳）、蛋白质 45 克，就会造成"饥饿"状态。这是每个人维持健康的生活与生产所需要的最低要求。② 其实，处于上述饥饿状态的人就是处于绝对贫困中的人。造成人们饥饿的根源很多，既有社会根源、经济根源，也有制度根源、自然根源等。当今世界到底有多少饥饿人口即绝对贫困人口，由于使用标准和统计口径的不一样会有不同结果，因此这是一个很难精确统计的问题。但可以肯定这个数量一定是不小的。2010 年，联合国曾经公布"多维贫困指数"，这是由牛津贫困和人类发展研究中心提出的"三维 + 10 个指标"来衡量贫困的方法。"三维"分别是指健康、教育以及生活标准；"10 个指标"包括营养、儿童死亡率、入学年限、儿童入学率、烹饪燃料、卫生间、水、电、地板以及资产等。在 10 个指标中，如果缺少 3 个以上者，就可以被列入贫困行列。按照这个标准，当年全球贫困人口超过 17 亿人。③ 2017 年，联合国发布题为《人类发展为人人》的 2016 年人类发展报告。该报告指出，过去 25 年，人类发展取得许多令人瞩目的成就，但仍有许多人被落下。几乎在每一个国家都有一些群体身处弱势，这些

---

① 参见丁声俊、王耀鹏等《反饥饿　反贫困——全球进行时》，中国农业出版社，2012，第 2 页。

② 丁声俊、王耀鹏等：《反饥饿　反贫困——全球进行时》，中国农业出版社，2012，第 4 页。

③ 参见丁声俊、王耀鹏等《反饥饿　反贫困——全球进行时》，中国农业出版社，2012，第 14～15 页。

弱势群体面临的挑战往往会相互叠加，加剧弱势情况、拉大代际差距，并使他们越来越难以跟上世界发展的脚步。其中，发达国家也需要解决贫困和社会排斥所带来的挑战。超过 3 亿相对贫困人口生活在发达国家，其中逾 1/3 为儿童。① 显然，发达国家也存在数目惊人的贫困人口。事实上，"在西方富有的国家里，同样存在饥饿问题，只不过是相对贫困。不那么严重罢了"。② 这说明，无论是发达国家还是发展中国家，贫困问题都是客观存在的。

其次，全球经常性地面临着粮食危机。民以食为天。粮食是人们第一生活必需品。一旦缺乏粮食，他们就无法生活和生存。缺乏粮食，特别是长期和大面积地缺乏粮食，那就是粮食危机，就是社会危机，就是人民群众的生存危机。古往今来，粮食问题从来就没有得到过有效和真正的解决。翻看一下人类历史就会发现，自有人类以来，饥荒一直存在。在一些特定的年份，饥荒往往是大面积地存在并肆虐，它们无情地制造着成千上万的饥民或贫困人口。进入 21 世纪以来，就科技和生产力水平来说，相较于近代、古代甚至远古的人类社会而言，人类社会无疑是大大进步了。但是，关乎人们生活和生存的粮食问题却依然是一个异常严重的问题。早在 2006 年 11 月，联合国粮农组织就宣称，全球粮价大幅上涨，已经在几个国家又引发了粮食危机；国际货币基金组织更是认为，粮价继续上涨会引发战争。联合国指出，各国要养活自己的民众，必须在 2030 年之前将粮食产量增长 50%。否则，它们将无法满足日益增长的需求。③ 这说明，粮食危机并非某一个或几个国家所面临的问题，而是全世界所有国家都面临的问题。全球经常性地面临着粮食危机，意味着全球会经常性地产生大量的饥饿人口、贫困人口。

（二）发展中国家的贫困极为普遍

在当今世界，发展中国家的贫困显得尤为突出。前文所提到的饥饿

---

① 付一鸣：《联合国发布 2016 年人类发展报告》，新华网，http://www.xinhuanet.com/2017-03/22/c_129514917.htm，最后访问日期：2019 年 3 月 22 日。

② 丁声俊、王耀鹏等：《反饥饿　反贫困——全球进行时》，中国农业出版社，2012，第 5 页。

③ 参见丁声俊、王耀鹏等《反饥饿　反贫困——全球进行时》，中国农业出版社，2012，第 38~39 页。

和营养不良虽然也是一个世界性的问题,但是这种问题的主要发生地是发展中国家。发达国家也有,但是相对而言不算严重。就贫困现象来说,发展中国家的贫困是极为普遍的。很多统计数据能够充分说明这一点。1985 年,世界银行将年人均 370 美元确定为全球居民最低生活水准——贫困线。按照这一标准,1985 年世界贫困人口为 15 亿人,占全球总人口的 31%。其中以发展中国家的贫困人口为最多,1990 年发展中国家有 12 亿人生活在此贫困线以下,占发展中国家人口的 33%。1995 年世界银行对全球绝对贫困线标准加以重新确定,即每人每天生活费在 1 美元以下者为贫困人口。按这一标准计算,1993 年全球贫困人口为 11.3 亿人,1995 年为 13 亿人。也就是说,全球有 1/5 的人口生活在贫困之中。世界银行还从贫困人口中划出更为悲惨的一部分人,他们每天的消费不足 75 美分,每年人均收入不足 275 美元——这一标准即为赤贫线。这部分人可以说是在死亡的边缘苦苦挣扎,是“极端贫困”的人。他们的贫困不只是与富人相对而言的,就是按人类发展的任何标准来说都是贫困的。疾病、死亡率高、预期寿命短、严重营养不良等与他们如影随形。据统计,1990 年全球约有 6.3 亿这样的人在为了简单的生存而苦苦挣扎,占发展中国家总人口的 18%。[①] 虽然随着时代的发展与进步,发展中国家的贫困问题有所缓解,但是并没有得到根本性的解决。有研究认为,贫困是发展中国家最大的挑战。这种挑战不仅仅是指收入贫困挑战,也包括人类的能力贫困、知识贫困、权利贫困和生态贫困等的内在的多维度、全方位的发展挑战。根据世界银行估计,按国际贫困线每人每日支出不足 1.25 美元计算,1990 年全世界约有 18 亿绝对贫困人口,2005 年减少至 14 亿人,2010 年仍有 13 亿人,绝对贫困发生率达到了 21%。据联合国开发计划署的评估,旨在 2015 年以前将全世界绝对贫困人口比例减少一半的目标已经提前 3 年实现,主要是中国、印度、巴西贫困人口大为减少所致。其中,1990～2010 年中国有惊人的减贫贡献,使 5.26 亿人口摆脱贫困,占同期世界绝对贫困人口减少数（6.95 亿人）的 75.7%。[②]

---

① 黄贵荣、刘金源:《失衡的世界——20 世纪人类的贫困现象》,重庆出版社,2000,第 3～4 页。

② 胡鞍钢主编《国情报告第十七卷·2014 年》,党建读物出版社、社会科学文献出版社,2016,第 179 页。

可见，在反贫困这个问题上，如果把中国的反贫困成就不计算在内，世界反贫困成就其实是非常有限的。这至少折射出以下几个问题：一是发展中国家的贫困问题不容易解决，二是发展中国家的贫困发生率并没有随着时代推移而明显下降，三是发展中国家是世界绝对贫困的主要发生地。这其实就说明，发展中国家的贫困是极为普遍的。就全世界绝对贫困人口的分布地区而言，主要集中在撒哈拉以南的非洲地区、南亚次大陆、中国和拉丁美洲地区。这些地区基本囊括或代表了世界绝大多数的发展中国家。

(三) 世界"富国"也存在程度不同的贫困

一般认为，世界发达国家由于其社会生产力水平高、国民生产总值巨大、教育普及率高、人均收入高、社会保障措施相对完善、人民生活水平相对较好、人均预期寿命高等而被称为世界"富国"。生活在世界"富国"的人们，受冻挨饿的现象肯定要比发展中国家少得多，这是毋庸置疑的客观事实。但是，这并不意味着这些国家不存在贫困问题。事实上，这些国家的贫困（主要是相对贫困）问题也是非常突出的。学者张维为曾经指出："从世界的角度看，各国现代化的过程中都出现过贫富差距扩大的问题，欧洲历史上的工业革命时期，也是贫富差距最大的时候，但后来通过经济发展、社会改良政策的实施、中产阶级壮大、向第三世界转嫁危机等，问题得到了缓解。"① 但是，事实上欧美发达国家（所谓的"富国"）还是存在严重的贫富差距问题——这就意味着它们一定存在严重的相对贫困问题。这种贫富差距突出反映在财富分配不均上。以号称世界第一强国、国民生产总值最大的美国为例，所存在的贫富差距现象一直以来就非常严重。早在 19 世纪，波士顿、纽约和查尔斯顿 1% 最富有的人就占有当地 40% ~ 50% 的个人财富。从 20 世纪到 21 世纪初，美国 1% 最富有人群占有的财富最低时为美国个人财富总额的 19.9%，最高时为 44.2%。1983 ~ 2007 年，美国 1% 最富有人群占有的财富维持在全美个人财富总额 30% 以上，最低时为 30.9%，最高时为 38.5%。美国的金融财富在 1983 ~ 2004 年更是大量被富人所占有。在这

---

① 张维为：《中国触动》，上海人民出版社，2012，第 157 ~ 158 页。

21 年美国经济发展所创造的新金融财富中，42% 被美国 1% 最富有的人群所占有，94% 的新金融财富落到了美国的前 20% 富有人群的口袋里。而美国 20 世纪 80 年代、90 年代和 21 世纪初所创造的巨大金融财富只有 6% 被美国后 80% 的人群所分享。加州大学圣塔克鲁兹分校经济学家丹哈夫指出，从统计数据可以看出，实际上是 10% 美国最富有的人拥有或可称为占有了美国。[①] 自 2008 年全球金融危机以来，美国的经济一直疲软而不见好转，广大劳动人民的生活受到了不同程度的冲击，他们变得更为贫困。他们与富人之间的贫富差距毫无明显改善的希望——只要贫富差距不继续增大，美国的老百姓就已经要感谢上帝了。美国虽然是世界头号经济强国，但是其国内的贫富两极分化非常严重。自 20 世纪 60 年代美国总统林登·约翰逊提出"向贫困宣战"的口号以来，美国政府采取了很多反贫困措施，但是美国的极端贫困人群的贫困程度却越来越深。《两美元一天：一无所有在美国生活》的作者凯瑟琳·艾丁（Kathryn Edin）和卢克·谢弗（Luke Shaefer）认为，美国"极端"贫困人口在 1996～2012 年大约翻了一番。[②] 这说明，在最近十几年里，美国贫困人口的贫困程度不仅没有得到实质性的缓解，反而变得更加严重了。2018 年 6 月 26 日，凤凰网发表了一篇题为《联合国称美国有 1850 万赤贫人口　美国回应称没那么多只有 25 万》的非常耐人寻味的文章。该文称：据美国媒体报道，5 月份，联合国赤贫与人权问题特别报告员菲利普·阿尔斯通（Philip Alston）发表了一份报告，称有 4000 万美国人生活在贫困之中，1850 万美国人生活在极端贫困之中。美国政府官员对此回应称，只有大约 25 万美国人处于极端贫困之中。该文引用华盛顿大学教授兰克的话说："这完全是个笑话。""说美国只有 25 万人处于极度贫困之中，这是荒谬的。"该文还引用了密歇根大学社会工作学院克里斯汀·S. 西费尔特的话说："你可以一整天都在争论，到底有多少人每天的生活费是 2 美元，而不是 4 美元。""但如果你在美国的贫困社区待上一段时间，很明显，贫困人口仍然很多，25 万人是一个低得离谱的数字。"显然，美国官方关于国家极度贫困人口数量的说法，美国民众根本不相

---

① 乔磊：《贫富游戏：美国人的财富人生》，上海人民出版社，2011，第 8 页。

② 参见〔美〕克里斯托弗·詹克斯《美国"极端贫困"人口增长迅速》，吴学丽编译，《社会科学报》2016 年 8 月 18 日。

信。在这里，我们不必纠结到底是联合国的数据准确还是美国官方的数据准确，但完全可以肯定的是，美国这个世界"富国"的贫困也是很明显的。就世界范围内的发达国家来说，欧洲和日本的贫富差距总体上似乎要好于美国。但是，它们的反贫困形势也是很不乐观的。以欧盟和日本为例。欧盟在经历6次扩大之后，各成员方之间的经济发展水平和民众生活水准存在明显差异。特别是受到全球金融危机和欧债危机冲击之后，欧盟各国的贫困状况进一步恶化。欧盟统计局2012年2月8日发表的统计数据显示，2010年，欧盟面临贫困或遭到社会排斥风险的人口数量为1.15亿人，占欧盟人口总数的23.4%。其中，保加利亚、罗马尼亚和拉脱维亚分别有高达42%、41%和38%面临贫困或遭社会排斥风险的人口。① 日本是一个曾经自称实现了"一亿总中流"② 的发达国家，但是自日本泡沫经济破灭之后，经济不景气的情况一直没有根本好转。特别是全球金融危机爆发以来，日本经济遭受重大损失，国家的人口贫困发生率连年增长，上升为发达国家中的第三位。③ 可见，所谓的世界"富国"，其实也存在程度不同的贫困，这是不争的事实。

（四）反贫困是世界各国的共同任务

从以上论述我们不难了解，贫困确实是一个非常棘手的全球性的社会问题。目前，世界各国都非常重视反贫困问题。最近几十年来，国际社会经常为消除贫困、饥饿等问题而呼吁。1979年11月举行的第20届联合国粮食及农业组织大会就确定1981年10月16日为首个"世界粮食纪念日"（简称"世界粮食日"）。此后，每年的这个日子都要为之开展隆重的纪念活动，其主题都是与消除贫困和饥饿直接相关的。例如，2000年，联合国呼吁迎接和建设"没有饥饿的千年"；2001年，联合国呼吁"消除饥饿，减少贫困"；2011年，在第30个世界粮食日到来之际，联合国呼吁"团结起来，战胜饥饿！"2018年，在第38个世界粮食

---

① 参见丁声俊、王耀鹏等《反饥饿 反贫困——全球进行时》，中国农业出版社，2012，第173页。
② 所谓"一亿总中流"，是指生活属于中等程度的国民占人口的绝大多数。
③ 参见丁声俊、王耀鹏等《反饥饿 反贫困——全球进行时》，中国农业出版社，2012，第162页。

日到来之日，联合国呼吁"努力实现零饥饿"。为唤起世界各国对全球贫困的关注，1992 年 12 月 22 日，联合国通过了 47/196 决议，决定从1993 年起，把每年的 10 月 17 日定为"国际消除贫困日"。这样做的目的在于：唤起世界各国对因制裁、各种歧视与财富集中化导致的全球贫富悬殊族群、国家与社会阶层的注意、检讨与援助，提高全球的消除贫困意识，提醒所有人持续为 2015 年实现"靠每日不到 1 美元维生的人口比例减半""挨饿的人口比例减半"这两个目标而努力奋斗。每年联合国为此纪念日订立主题。联合国为世界消除贫困日所订立的主题，都聚焦在呼吁世界各国人民积极行动起来反贫困方面。下面不妨罗列几个年度的世界消除贫困日主题作为印证。例如，2011～2015 年的世界消除贫困日的主题分别为："关注贫困，促进社会进步和发展""消除极端贫穷暴力：促进赋权，建设和平""从极端贫困人群中汲取经验和知识，共同建设一个没有歧视的世界""不丢下一个人：共同思考，共同决定，共同行动，对抗极端贫困""构建一个可持续发展的未来：一起消除贫困和歧视"。

联合国之所以这样不厌其烦地呼吁，就是因为它看到了和深刻意识到了反贫困是世界各国的共同任务。只要这个世界上存在严重的饥饿与贫困，就肯定不太平。过去，我们的世界不太平，有无数动荡和战争，很多时候就是由于饥饿与贫困所致；我们今天的世界不太平，甚至会引发所谓的粮食世界大战，也在很大程度上与饥饿和贫困密切相关。饥饿和贫困对于世界任何一个国家来说，既是经济问题，又是社会问题，还是政治问题。习近平指出："消除贫困，自古以来就是人类梦寐以求的理想，是各国人民追求幸福生活的基本权利。"① 这里包含了这样一层意思：反贫困（消除贫困）自古以来就是人类的奋斗目标或任务。值得注意的是，习近平还把消除贫困提到各国人民追求幸福生活的基本权利的高度来看待，深刻表达了反贫困对于人类社会发展和人类追求幸福生活的重大意义。诚然，饥饿和贫困也是关乎我们每个人幸福与尊严的人权问题——唯有妥善解决饥饿与贫困问题，人类社会才能有更加光明的

---

① 中共中央文献研究室编《十八大以来重要文献选编》（中卷），中央文献出版社，2016，第 717 页。

未来。

目前，世界各国都积极开展反贫困事业。特别是 2000 年 9 月联合国千年首脑会议一致通过《联合国千年宣言》以来，世界各国围绕联合国提出的到 2015 年之前将世界绝对贫困人口和饥饿人口减少一半这个"千年发展目标"，做出了各自的积极努力，特别是中国、巴西等发展中国家，在世界反贫困事业中的成就显得尤为突出。

中国是世界大家庭中的重要一员，中国是世界的中国，中国的发展与世界的发展密切相关。因此，世界反贫困形势一定会不同程度地影响到中国和中国共产党领导人。也因为如此，世界反贫困形势会对习近平反贫困系列重要论述产生影响。由此可以认定，世界反贫困形势也是新时代反贫困思想形成的一个重要背景。

第二章　新时代反贫困思想的理论渊源

辩证唯物主义认为，任何时代的思想理论都是社会历史的产物。正如恩格斯所说的那样，任何新的理论或学说，"必须首先从已有的思想材料出发，虽然它的根子深深扎在物质的经济的事实中"。① 同样，作为中国当代深刻的反贫困思想，新时代反贫困思想有其深厚的理论渊源。它既从中华优秀传统文化中的反贫困思想吸取了理论营养，还从伟大的无产阶级革命导师马克思、恩格斯、列宁那里吸取了理论营养，也从新中国历任党和国家主要领导人那里吸取了理论营养。

一　中华优秀传统文化中的反贫困思想

习近平深受中华优秀传统文化的熏陶。1989 年他在《干部的基本功——密切联系人民群众》一文中就引用了诸葛亮、司马光、顾炎武的话，并把《大学》里的"诚于中，形于外"化用为"诚于中者，形于外"②，还把张居正"致理之要，惟在于安民，安民之道，在察其疾苦"这句话化用为"治政之要在于安民，安民之道在于察其疾苦"。③ 翻看习近平的文集《摆脱贫困》和《之江新语》，会发现其中有来自中国古代典籍如《道德经》《论语》《孟子》《荀子》《礼记》《宋人轶事汇编》《申鉴》《增广昔时贤文》等以及一些古代思想家、政治家和诗人作品集中的经典话语。而古人这些经典话语正是代表了中华优秀传统文化的精华部分。基于此，习近平强调领导干部要重视和学习中华优秀传统文化，吸取其精华从而全心全意为人民服务。2013 年 3 月 1 日，习近平在中央党校建校 80 周年大会上告诫党校学员说，领导干部要学习中华优秀传统文化，要"以学益智，以学修身"，因为"学习和掌握其中的各种思想

① 《马克思恩格斯文集》第 9 卷，人民出版社，2009，第 382 页。
② 习近平：《摆脱贫困》，福建人民出版社，1992，第 13 页。
③ 习近平：《摆脱贫困》，福建人民出版社，1992，第 12 页。

精华，对树立正确的世界观、人生观、价值观很有益处"。①

中华优秀传统文化中的反贫困思想主要包括中华优秀传统文化中的福利救济思想、慈善思想以及富民思想。它们是新时代反贫困思想的重要理论渊源。

（一）中华优秀传统文化中的福利救济思想

中国古代典籍的一些记载，说明在遥远的古代，中国社会就已经有了福利救济思想与实践。比如，《礼记·礼运》里有这么一段非常有名的文字：

> 大道之行也，天下为公。选贤与能，讲信修睦，故人不独亲其亲，不独子其子，使老有所终，壮有所用，幼有所长，鳏寡孤独废疾者，皆有所养。男有分，女有归。货恶其弃于地也，不必藏于己；力恶其不出于身也，不必为己。是故谋闭而不兴，盗窃乱贼而不作，故外户而不闭，是谓大同。

这段文字概括描述了中国远古社会曾出现过"大同"之世。在这个"大同"社会里，财产公有，老人、小孩、妇女以及鳏寡孤独等弱势群体都能各得其所，得到供养。这里所反映的正是中国古代社会的福利救济思想与实践。几千年来，这种思想在中华大地上不绝如缕，深刻影响了后来的许多政治家、思想家、革命家。例如，康有为、孙中山、毛泽东等人都曾受到过这种思想的深刻影响——康有为写了《大同书》；孙中山在其革命生涯中反复提到和反复告诫自己缔造的党、党员要坚持"天下为公"；毛泽东则在新中国成立前夕明确指出，中国的前途是"经过人民共和国到达社会主义和共产主义，到达阶级的消灭和世界的大同"。② 新中国成立后，中国共产党人围绕实现共产主义社会、实现全体中国人民共同富裕的目标接力奋斗，仍然能让我们从中看到中国古代"大同"思想的影子。

中国早在夏朝、商朝时就有由官方机构组织的救灾活动。到了西周

---

① 习近平：《在中央党校建校 80 周年庆祝大会暨 2013 年春季学期开学典礼上的讲话》，人民出版社，2013，第 9 页。

② 《毛泽东选集》第 4 卷，人民出版社，1991，第 1471 页。

时期，中国已经有了敬天、明德、保民的思想。《尚书·周书·康诰》中反复提到"用保人民""用康保民""惟民其康""裕民""民宁"等理念，其实就包含了丰富的治国理政思想和福利救济思想，而这些福利救济思想，就是重要的反贫困思想。在西周以后的历朝各代，这些福利救济思想延绵不断，继西周"保民"思想之后，"惠民""养民""富民""贵民""爱民""仁民""利民"等福利救济思想如涓涓溪流延绵不绝。春秋时期的孔子主张实行惠民政策，以避免贫富不均。战国时，孟子主张施仁政，提倡统治阶级与民同乐。他认为，得民之道关键在于给人民以生活保障。西汉初年，刘邦实行的休养生息政策，其实就是以福利救济思想为基础的民生政策。西汉晚期，刘向主张缓和农民与地主之间的阶级矛盾，强调要让人民有饭吃。他在《新序·善谋第十》中援引郦食其的话说："王者以民为天，而民以食为天。"他主张分给流民土地，并给以赈济；他还主张实行"均平"政策，限制官僚、工商对农民的剥削。唐朝时，李世民主张"矜恤民困"。《贞观政要·君道》说："为君之道，必须先存百姓，若损百姓以奉其身，犹割股以啖腹，腹饱而身毙。"宋代司马光继承了中国古代的重民传统，他主张顺民心，宽政养民，藏富于民。明代东林党人提出了"恤穷民，体富民"的赋税调节政策。清代黄宗羲主张均田、减赋。实际上，中国古代持有福利思想的思想家、政治家是很多的。显然，在中华优秀传统文化里，有着丰富的福利救济思想。

中华优秀传统文化对习近平产生过重要影响。例如，习近平在福建工作时，在《干部的基本功——密切联系人民群众》中化用明朝政治家张居正关于治国理政的论述，以此要求党员干部密切联系群众，在了解人民疾苦的基础上开展惠及民生的工作。[①] 再如，他在浙江工作时，曾在《在检查节日市场供应和物价情况时的讲话》中引用明朝政治家于谦《咏煤炭》中的最后两句诗："但愿苍生俱饱暖，不辞辛苦出山林。"[②] 他引用这两句诗，就是要求各级干部抓实做细民生工作。[③] 又如，2014年1

---

① 参见人民日报评论部《习近平用典》，人民日报出版社，2015，第11页。

② 习近平：《干在实处 走在前列——推进浙江新发展的思考与实践》，中共中央党校出版社，2016，第527页。

③ 参见人民日报评论部《习近平用典》，人民日报出版社，2015，第5页。

月，习近平在党的群众路线教育实践活动第一批总结暨第二批部署会议上的讲话中，引用了清代经济学家、黄宗羲的学生万斯大《周官辨非》中的话"利民之事，丝发必兴；厉民之事，毫末必去"，要求党员干部提高思想认识，把关乎人民利益的大小事情做细到"丝发"的程度。①这说明，中华优秀传统文化中的爱民、敬民、仁民、利民等思想实实在在地影响了习近平的治国理政实践。由于中华优秀传统文化中的爱民、敬民、仁民、利民等思想本身就有着丰富的福利救济等反贫困思想内容，所以，中华优秀传统文化就成为习近平反贫困系列重要论述的一个重要理论渊源，也成为新时代反贫困思想的重要理论渊源。

（二）中华优秀传统文化中的慈善思想

在中国古代，"慈"的含义比较丰富，至少包含了以下主要意思：一是指爱。例如，东汉许慎《说文解字》说："慈，爱也。"唐朝学者孔颖达在《春秋左传正义》中说："慈谓爱之深也。"认为慈是深层次的爱。二是指爱心、怜悯之心。例如，西汉贾谊在《新书·道术》中说："恻隐怜人谓之慈。"三是指长辈对晚辈的抚爱。例如，《新书·道术》中说："亲爱利子谓之慈。"四是指子女对长辈的敬爱。例如，《国语》中说的"慈孝于父母"中的"慈"。五是指博爱。例如，佛教经典中的"慈悲""慈恩""慈航"等中的"慈"，是一种将个人、家庭之爱延展到全社会的博爱。"善"本意是"吉祥、美好"的意思，后来引申为和善、友好等诸如此类的高尚行为。②

中国古代慈善思想非常丰富，孕育出了淳朴、善良、富于爱心的中华民族精神。关于慈善思想，先秦诸子多有论及。作为中华优秀传统文化代表的儒家、道家、墨家、法家等都对慈善思想有过大量论述。虽然这些学派对慈善问题的表述各不相同，但是在救人济世、扶危济困等问题认识上却是高度一致的。中国古代慈善思想以"仁"为核心，认为慈善救助是人的生存和发展的需要，它主张从人的良心和人的依存关系出发，相互爱护，扶危济困；但它又不仅仅局限于此，还认为统治阶级行

---

① 参见人民日报评论部《习近平用典》，人民日报出版社，2015，第21页。
② 本段内容参见莫文秀、邹平、宋立英《中华慈善事业：思想、实践与演进》，人民出版社，2010，第5页。

仁政、保社稷是国家良性发展的重要举措，因此国家要采取有力措施得民养民，以求天下太平。也就是说，要得民心，要让人民获得更好的生产生活条件。这也就意味着国家要重视民生，要帮助人民群众解决实际生活问题。中国古代慈善思想在促进中华文化发展、构筑中华文化核心价值体系、形成中华民族精神的过程中起到了积极的作用。同时，它也成了中华优秀传统文化的一个重要组成部分，千百年来影响了亿万中国人民的思想意识和日常行为。

中国古代的民本思想、慈善思想在习近平的著述中多有体现。他在浙江工作时，曾经写有一篇题为《主仆关系不容颠倒》的文章，其中说："德莫高于爱民，行莫贱于害民。"① 这两句话来自《晏子春秋·内篇·问下》。习近平要求中国共产党的官员始终坚持全心全意为人民服务的根本宗旨和密切联系群众的路线，同人民群众保持鱼水关系和血肉联系，把解决民生问题放在一切工作的首位，为人民群众奉献自己的一切。② 习近平的很多文章，其实都体现了这种爱民思想，如《政声人去后，民意闲谈中》《心无百姓莫为"官"》《要拎着"乌纱帽"为民干事》《认真实施关系亿万家庭切身利益的民心工程》《更多地关爱基层》《为民办实事旨在为民》《为民办实事重在办事》《为民办实事成于务实》等。这些文章不仅很好地体现了民本思想，也折射出了爱民、利民的慈善思想。习近平的这种爱民、利民思想，其实就是中华优秀传统文化中慈善思想的生动体现。

（三）中华优秀传统文化中的富民思想

富民思想作为中华文化中影响深远的优秀传统文化之一，在中国可谓源远流长。早在先秦时代，中国的政治家、思想家们就留下了丰富的富民思想。《尚书》中就有丰富的"裕民""惠民"思想。所谓"裕民""惠民"思想，广而言之，其实都是旨在使百姓生活殷实的富民思想。到春秋战国时代，传统的裕民惠民思想逐步发展为探讨国家与广大人民之间物质财富的占有和分配关系的理论，进而形成了主张聚富于国、国

---

① 习近平：《之江新语》，浙江人民出版社，2007，第257页。
② 参见人民日报评论部《习近平用典》，人民日报出版社，2015，第15页。

富先于民富的富国思想和主张藏富于民、民富先于国富的富民思想。儒家学派创始人孔子继承了传统的裕民惠民思想，倡导富民思想，主张统治阶级应该"博施于民而能济众"①，因此他要求统治阶级轻徭薄赋，节用薄敛。他说："百姓足，君孰与不足？百姓不足，君孰与足？"② 在孔子看来，国富和民富都很重要，但是应该把国富建立在民富的基础上。孔子的这个思想对中国后世产生了深远影响。在中国历史上，尽管一直存在义利之争，但是绝对排斥义或者绝对排斥利的人其实是很少的。孟子、荀子都是富民论的积极鼓吹者。秦汉以后，儒家学者李觏、叶适、黄宗羲、唐甄等，都是主张富民论的。这说明，富民思想在中国封建社会很有生命力和市场。之所以能够这样，在于这种思想在很大程度上代表了广大劳动人民的根本利益，是一种具有先进性特质的思想主张。

中国共产党是一贯主张国富民强的，中国共产党人是富国思想和富民思想的统一论者。如果我们对习近平反贫困系列重要论述进行深入研究，就会发现，他的反贫困系列重要论述本身就是一种新时代版本的富民思想。由此来看，中华优秀传统文化应该是习近平反贫困系列重要论述的一个重要渊源，也是新时代反贫困思想的重要渊源。

二　无产阶级革命导师的反贫困思想

无产阶级革命导师马克思、恩格斯、列宁很关注社会贫困问题。他们在从事无产阶级革命实践的过程中，针对社会贫困问题有过不少深刻的论述，留下了丰富的反贫困思想。在他们那个时代，虽然还不存在"反贫困"这个学术概念，但是他们都认为贫困是绝对应该消除的社会现象，因此，他们虽然从来就没有提到"反贫困"这个概念，但是在事实上，他们确实具有深刻的反贫困思想。

（一）马克思恩格斯的反贫困思想

马克思恩格斯的反贫困思想是马克思主义的重要组成部分，主要存

---

① 《论语·雍也》。

② 《论语·颜渊》。

在于马克思主义政治经济学和科学社会主义的相关论述之中。长期以来，学术界对马克思恩格斯的反贫困思想的关注，主要集中在他们关于工人阶级贫困化的论述上。其实，工人阶级贫困化思想仅仅是马克思恩格斯反贫困思想的一个重要内容，不能代表他们的反贫困思想的全部内容。仔细梳理和认真研读马克思、恩格斯的著述就会发现，马克思、恩格斯不仅论述了资本主义社会工人阶级的贫困现象，也透过资本主义社会工人阶级贫困现象揭示了工人阶级贫困化的根源——资本主义制度。他们认为，工人阶级要摆脱贫困，就必须消灭资本主义制度，建立没有剥削、没有压迫、人人平等自由的共产主义社会。综合马克思、恩格斯关于资本主义社会工人阶级贫困问题的论述，本研究认为，马克思恩格斯反贫困思想的主要内容可以概括为三个主要方面。

1. 工人阶级的贫困是资本主义社会的不治之症

马克思、恩格斯通过对资本主义社会的深入研究，认为工人阶级的贫困是资本主义社会的必然产物。换句话说，工人阶级的贫困是资本主义社会的不治之症。对此，他们以大量的事实和充分的论据证明了自己的观点。

（1）资本主义制度下工人阶级的贫困触目惊心。马克思、恩格斯在指导无产阶级革命运动过程中，都非常关注工人的生活状况。他们发现，资本主义制度下工人阶级的贫困是触目惊心的。资本主义制度下工人阶级的贫困既表现在缺乏必要的维持生命正常活动的食物方面，也表现在他们恶劣的住宅条件方面，还表现在他们衣衫褴褛方面。

第一，工人阶级的贫困表现为缺乏必要的维持生命正常活动的食物。所谓缺乏必要的维持生命正常活动的食物，也就意味着经常处于饥饿状态。早在19世纪40年代，为了启发工人阶级参加革命斗争，恩格斯对英国工人阶级生活状况进行了深入调查①，并于1844～1845年写成了

---

① 恩格斯在《英国工人阶级状况》一书的序言中说："通过亲身观察和亲自交往来直接了解英国的无产阶级，了解他们的愿望、他们的痛苦和欢乐，同时又以必要的可靠材料补充自己的观察。这本书里所叙述的，就是我看到、听到和读到的。"这说明，恩格斯对英国工人阶级的调查是严肃认真的。恩格斯还说："我要毫不迟疑地向英国资产阶级挑战：让他们根据像我所引用的这样可靠的证据，指出哪怕是一件多少能影响到我的整个观点的不确切的事实吧。"这说明，恩格斯对自己调查所得出的结论是充满自信的。参见《马克思恩格斯文集》第1卷，人民出版社，2009，第385页；《马克思恩格斯全集》第2卷，人民出版社，1957，第279页。

《英国工人阶级状况》一书。在该书里，他用大量篇幅对英国工人阶级的生活状况做了客观描述。为了全面说明英国工人阶级状况，恩格斯非常深入地考察了他们的住宅、衣服和食物。[①] 在恩格斯看来，食物、衣服和住宅能够充分反映人们的贫困程度。关于英国工人阶级的食物（饮食）状况，恩格斯说："工人所得到的都是有产阶级认为太坏的东西。""工人买的土豆多半都是质量很差的。""干酪是质量很坏的陈货，猪板油是发臭的，肉又瘦，又陈，又硬，都是老畜的肉，甚至常常是病畜或死畜的肉，往往已经半腐烂了。"[②] 这说明，英国工人阶级所吃的食物是没有质量的、对身体严重有害的。也就是说，工人阶级缺乏必要的维持生命正常活动的食物。恩格斯还说，对于那些工资少而家庭成员多的人，即使有工作也会经常挨饿："这些工资少的工人，数目是很大的……只能吃到为了免于饿死所必需的那一点点。"[③] 恩格斯的这些描述，揭示了英国工人阶级在缺乏必要的维持生命正常活动的食物的情况下，只有两个结果：一是饥饿，二是死亡。英国工人阶级的这种悲惨结局是彼此关联的：由于缺乏必要的维持生命正常活动的食物，他们往往处于饥饿的境地，而饥饿又往往导致他们过早地死亡——有的纯粹因为饥饿导致身体各种机能衰退而死，有的因为是受不了饥饿的折磨自杀而死。恩格斯指出："许多穷人都以自杀来摆脱贫困，因为他们找不到别的出路。"恩格斯根据自己的亲身调查，认为工人阶级的状况甚至还比不上奴隶，因为"奴隶的生存至少会因为他主人的私利而得到保证，农奴也还有一块用来养活他的土地"。[④] 值得指出的是，英国算是当时世界上经济最发达的国家，它国内的工人阶级的生活状况都尚且如此，其他国家工人阶级的处境自然就可想而知了。

第二，工人阶级的贫困表现为住宅条件十分恶劣。在谈到住宅时[⑤]，

---

① 恩格斯在《英国工人阶级状况》一书中先考察工人的住宅条件，再考察工人的衣服和食物状况。中国人认为民以食为天，把吃饭看成最重要的事情。因此本研究将吃（食物状况）放在前面，接着谈穿（衣服情况）和住（住宅条件）的情况。

② 《马克思恩格斯全集》第2卷，人民出版社，1957，第351页。

③ 《马克思恩格斯全集》第2卷，人民出版社，1957，第356页。

④ 《马克思恩格斯全集》第2卷，人民出版社，1957，第401页。

⑤ 恩格斯在《英国工人阶级状况》中有关工人阶级住宅状况的描述很多，本研究只摘取几例用以说明问题。

恩格斯说，英国"每一个大城市都有一个或几个挤满了工人阶级的贫民窟"。① 这里的街道肮脏、坑坑洼洼，"到处是垃圾，没有排水沟，也没有污水沟，有的只是臭气熏天的死水洼"。② 恩格斯挑出当时伦敦"著名的'乌鸦窝'圣詹尔士"做了深入调查。在描述了这个地方的街道狭窄、肮脏和破旧后，他说："住在这里的是穷人中最穷的人，是工资最低的工人，掺杂着小偷、骗子和娼妓制度的牺牲者。"③ 在恩格斯的调查里，类似这样的贫民窟还有很多。例如，恩格斯提到韦斯明斯特的圣约翰教区和圣玛格丽特教区，在1840年，"这些家庭中有四分之三只有一个房间"。在汉诺威的贵族教区圣乔治，"有三分之二以上的家庭每一家不超过一个房间"。④ 恩格斯还说："伦敦有5万人每天早晨醒来不知道下一夜将在什么地方度过。"⑤ 恩格斯也考察了都柏林，说都柏林这个城市本身"是美丽如画的"，"但同时都柏林的穷人区却可以归入世界上最可怕最丑恶的穷人区之列"。⑥ 事实上，上述这种住宅状况还不是最恶劣的。在恩格斯的调查中，还有与鸡、狗、马等家畜睡在一块儿的悲惨情况。恩格斯在《英国工人阶级状况》中谈到了一个爱丁堡的穷人家庭，这一家人"晚上，鸡宿在床柱上，狗，甚至马也和人挤在一间屋子里面，因而这些住房自然极其肮脏和恶臭，而且各种各样的虫子都在里面繁殖起来"。⑦ 以上所引用的，仅仅是恩格斯关于工人阶级住宅状况的调查情况中很少的一部分，不过，它们能够充分说明工人阶级的贫困状况。

第三，工人阶级的贫困表现为衣衫褴褛。一个人的贫困程度，可以从他（她）的吃、住情况反映出来，也可以通过他（她）的穿着情况反映出来。恩格斯在考察工人阶级的状况时，也将他们的衣着作为一个重要方面来考察。恩格斯经过对工人阶级进行深入调查之后，发现他们穿得很差。他说："绝大多数工人都穿得很坏。"⑧ "很多很多工人，特别是

---

① 《马克思恩格斯全集》第2卷，人民出版社，1957，第306页。
② 《马克思恩格斯全集》第2卷，人民出版社，1957，第307页。
③ 《马克思恩格斯全集》第2卷，人民出版社，1957，第308页。
④ 《马克思恩格斯全集》第2卷，人民出版社，1957，第308~309页。
⑤ 《马克思恩格斯全集》第2卷，人民出版社，1957，第311页。
⑥ 《马克思恩格斯全集》第2卷，人民出版社，1957，第313页。
⑦ 《马克思恩格斯全集》第2卷，人民出版社，1957，第315~316页。
⑧ 《马克思恩格斯全集》第2卷，人民出版社，1957，第349页。

爱尔兰人，他们的衣服简直就是一些破布。"① 关于英国工人阶级的穿着，相对于他们的饮食状况和住宅条件，恩格斯的描述相对少一些。尽管如此，人们还是能从他对英国工人阶级的穿着的描述中感受到他们严重的贫困程度。

马克思对资本主义社会的贫困问题也非常关注。1864 年 9 月，马克思在国际工人协会成立宣言中指出："工人群众的贫困在 1848 年到 1864 年间没有减轻，这是不容争辩的事实。"② 他在《资本论》中考察了资本的积累过程，指出了资本主义积累和工人贫困的带有普遍性的现象："资本主义的积累越迅速，工人的居住状况就越悲惨。"③ 工人的居住状况差，反映的是工人的收入水平低，即反映的是工人的贫困程度严重。

（2）资本主义制度无法解决工人阶级的贫困问题。马克思、恩格斯通过对资本主义社会进行深入考察和研究，认为：在资本主义制度下，工人阶级的贫困问题无法得到有效解决。马克思、恩格斯的这种观点是建立在他们对资本主义社会的科学研究基础之上的。他们之所以这样认为，在于他们看到了在资本主义制度下的两个关键性问题。

第一，产业后备军是资本主义生产的必要条件。这里所说的产业后备军，指的是资本主义社会中的超过资本需要的相对多余的劳动人口，即相对过剩人口。在资本主义初期，资本有机构成变化比较慢，但是，随着资本的不断积累，资本家对劳动力的需要就会增加，甚至还有可能引起工资的某种程度的提高。此时不太容易发生明显的"过剩人口"。可是，在资本主义生产方式确立下来之后，资本的有机构成会随着资本积累而不断提高。这样，可变资本同不变资本比较起来会相对减少。一方面，随着资本积累技术的不断进步，如生产资料的改良、新式机器设备的广泛使用等，使得追加资本所吸收的劳动者愈来愈少；另一方面，新技术的采用，又不断地把在业劳动者排挤出在业劳动者队伍，使得在业劳动者队伍越来越精干，越来越高效，这样就形成超过资本积累所需要的相对过剩的劳动人口，即产业后备军。可见，相对过剩人口是资本主义制度的产物，同时又成为资本主义生产方式存在的必要条件。它便

---

① 《马克思恩格斯全集》第 2 卷，人民出版社，1957，第 350 页。
② 《马克思恩格斯选集》第 2 卷，人民出版社，1995，第 598 页。
③ 《马克思恩格斯文集》第 5 卷，人民出版社，2009，第 757 页。

于资本家在生产高涨时期很容易得到追加的劳动力，同时也有利于资本家在这个时候有底气压低工资，加紧剥削工人。因此，维持一定数量的产业后备军对于资本家来说，就显得非常重要了：只要进行资本主义生产，就必须维持一定数量的产业后备军。这些产业后备军，事实上就是社会的失业人员。在资本主义社会，一个人一旦失业，就意味着他（她）的收入减少和陷入贫困境地。

第二，周期性经济危机经常给工人阶级带来更严重的贫困。在资本主义社会，周期性的经济危机经常发生。自 1825 年英国爆发经济危机以来，资本主义世界一直没有摆脱过这种危机。资本主义经济危机的根本原因在于资本主义制度本身，在于生产的社会化与资本主义私人占有形式之间的矛盾。在生产资料私有制的情况下，资本家生产的目的是生产并占有剩余价值。资本主义基本矛盾的重要表现之一，就是单个企业生产的有组织性同整个生产的无政府状态之间的矛盾。这种情况会造成社会再生产过程中比例关系的失调，特别是生产与需要之间的比例关系的失调。严重比例失调是引起资本主义经济危机的一个重要原因。资本主义基本矛盾的另一个重要表现，就是资本主义生产能力的巨大增长同劳动群众有支付能力的需求相对缩小之间的矛盾，即生产与市场需求之间的矛盾或生产与消费之间的矛盾。在追逐高额利润的驱使下，所有资本家都拼命发展生产，加强对工人的剥削，结果是劳动者有支付能力的需求落后于整个社会生产的增长，商品卖不出去，造成生产的相对过剩。这是引起经济危机的最根本的原因。经济危机对社会危害很大。在经济危机发生时，商品滞销，利润减少，生产急剧下降，失业大量增加，企业开工不足并大批倒闭，生产力和产品遭到严重的破坏和损失，社会经济陷入瘫痪、混乱和倒退状态。资本主义经济危机表明，资本主义社会生产力和生产关系之间存在不可克服的矛盾。经济危机是资本主义矛盾激化的产物，反过来它又促进资本主义基本矛盾在起伏波动中继续向前发展。但是，只要是资本主义制度存在，不管用什么办法去调节和制约这一矛盾，经济危机终究是不可避免的。周期性的经济危机对于本来就处于贫困状态的工人阶级来说，无异于雪上加霜。在马克思、恩格斯看来，工人阶级的贫困是资本主义制度的产物，只要资本主义制度存在，工人阶级的贫困就无法避免。

2. 工人阶级贫困的根源是资本主义剥削制度

马克思、恩格斯不仅描述了资本主义社会工人阶级贫困的现象，也探讨了工人阶级贫困的原因。他们认为，工人阶级贫困的根源在于资本主义剥削制度。

（1）资本主义私有制是资本主义剥削的必要条件。资本主义私有制是以资本家占有生产资料和剥削雇佣劳动为基础的社会制度。它是资本主义剥削的必要条件。资本主义剥削需要一些前提条件。这些前提条件包括：劳动力的买和卖，即劳动力要成为商品。劳动力成为商品有两个条件：一是劳动者本身有人身自由；二是劳动者没有生产资料和生活资料，只有劳动力可以出卖。而这两个条件，在奴隶社会和封建社会，都是不具备的。只有在资本主义社会，才具备这两个条件。资本家购买了工人的劳动力和生产资料后，就迫使工人为他劳动，把工人劳动力的使用价值充分发挥出来。于是，资本主义的劳动过程就此开始了，这样也就开始了资本家剥削工人的过程。由于工人的劳动力是卖给资本家的，因此他们的劳动力的使用权属于资本家所有，同时，工人作为劳动力要在资本家的指挥和监督之下为资本家劳动，劳动中生产什么、生产多少和怎样生产，都必须听资本家的。而工人的劳动成果则完全为资本家所有。在资本主义劳动过程中，工人生产出具有使用价值的商品，这样就使得工人在生产商品的过程中不仅生产了商品的使用价值，还创造了新的价值。这个新的价值一定大于劳动力本身的价值，它包括劳动力本身的价值，也包括剩余价值。因此，资本主义生产过程是一个价值增殖的过程。这种价值增殖正是资本家生产的目的和动机。资本家剥削工人创造的剩余价值，所凭借的就是占有了生产资料，掌握了一定量的货币，即资本家凭借资本来剥削工人所创造的剩余价值。事实上，生产资料和货币本身并不总是资本，因为资本并不是一切社会所共有的东西。生产资料是任何社会生产过程中都必不可少的物质要素，但只有到了资本主义社会生产关系条件下当它充当了剥削工人阶级的手段时，它才成为资本；货币在资本主义社会之前就有，但只有到了资本主义社会并且它被用来作为剥削工人的手段时，才成为资本。资本就是资本家用来剥削工人而带来剩余价值的价值。生产资料和货币只有在资本主义生产关系下才成为资本，掌握生产资料和货币的人只有在资本主义生产关系下把它们用于剥削工人创造的剩余价值时，才成为资本家。所以，离开了资本主义私有制，其实就不存在资本主义生产关系，就不存在资本主义剥削。

（2）资本主义社会的资本积累过程是工人阶级贫困化的过程。资本主义社会的资本积累涉及资本主义再生产的问题。分析资本主义再生产的过程，可以揭示资本积累的实质。要了解资本积累，首先必须了解资本主义的扩大再生产。资本主义扩大再生产的基础是资本主义的简单再生产。一般来讲，简单再生产在资本主义社会里是极为罕见的。作为资本的化身，资本家无不唯利是图。所以，他们都会不断地进行扩大再生产，以获得更多的剩余价值。正因为如此，资本主义生产的特征不是简单再生产，而是扩大再生产。资本主义的扩大再生产，是依靠资本积累，增加投资，扩大生产规模连续进行的生产。而资本积累，就是资本家把从工人那里榨取的剩余价值拿出一部分追加投资，即把剩余价值转化为资本。剩余价值是资本积累的源泉，资本积累又是资本主义扩大再生产的源泉。在资本主义制度下，资本家利用自己占有生产资料这一优势，强迫工人为他生产商品。从表面来看，工人的劳动是有偿劳动，因为资本家是支付工人工资的。但是，资本家支付给工人的工资仅仅是维持工人生活需要的那部分价值，这部分价值要少于工人所创造的价值。资本家将剥削来的剩余价值中的一部分作为追加投资，于是就开始了扩大再生产。随着扩大再生产的进行，资本家从工人那里赚取的剩余价值也就越多，于是他就又可以继续追加投资，继续进行扩大再生产。如此循环往复，他的资本积累会越来越多，他的再生产规模相应也越来越大。在这个过程中，剩余价值不断转化为不变资本和可变资本，不断转化为生产资料和劳动力。随着科学技术的进步及其广泛使用，生产效率成倍增长，原本很多人才能胜任的工作就变成只需要很少的人就可以胜任。在这种情况下，虽然生产规模在扩大，生产效率在增长，但是生产对于工人的需求速度相对来说反而变慢了。因为，对资本家来说，生产效率越高越好，人力成本（工资）越低越好——这样才能赚取更多的剩余价值。与此同时，相对剩余人口则越来越多，他们因为失业而变得越来越贫穷。因此，资本积累是资本家财富的积累过程，也是工人阶级贫困的积累过程，即工人阶级贫困化的过程。

（3）工人阶级贫困化是资本主义剥削制度的产物。资本主义剥削制度不是从来就有的，只是当资本主义生产方式形成和发展到一定程度后才形成的。资本主义剥削制度涵盖了资本主义经济制度、政治制度和意识形态等主要方面。但是，其中最具有决定意义的则是资本主义经济制度，它是资本主义其他制度的基础。资本主义剥削制度源于资本主义生产方式的形成和发展，而资本主义生产方式的形成是有条件的：一是要有一批失去生产资料并且有一定人身自由的劳动者，二是在少数人手中积累了相当的货币财富，即积累了能够组织资本主义生产所必需的资本。当资本主义生产方式发展到一定程度时，新兴的资产阶级要求摧毁封建制度、建立和巩固有利于资本主义生产方式的资本主义制度。资本主义制度一旦建立，也就意味着资本主义的经济制度、政治制度和意识形态都建立起来了。资本主义制度建立起来，资本家占有制也随之建立起来。资本家占有制是资本主义生产关系的核心，决定着资本主义生产、分配、交换和消费的社会性质。[①] 资本主义经济制度是以资本家占有制为基础、以商品生产的绝对统治为内容、以剩余价值生产为根本目的的一种剥削制度。它一旦形成，也就意味着工人阶级贫困化的开始和深化。因为，它一形成，资本家和工人的雇佣劳动关系就形成了，资本主义扩大再生产和资本积累就开始了，而资本主义扩大再生产和资本积累就必然导致工人阶级的贫困化。为了让资本主义经济制度能够正常运行，资产阶级还建立起了为了巩固资本主义经济制度的政治制度和意识形态。资本主义政治制度的本质是资产阶级专政，它从产生那一天开始，就是为维护和巩固资本主义经济基础和经济制度服务的。资本主义意识形态是资本主义社会上层建筑的重要组成部分，是反映资产阶级政治经济要求的占统治地位的思想体系，包括资产阶级的政治法律思想、经济思想、世界观、人生观、价值观、宗教思想等各种思想观念，它的目的是从思想上维护资本主义剥削制度。由此可见，工人阶级贫困化是资本主义经济制度造成的并在资本主义政治制度和意识形态维护下的产物。

3. 消除工人阶级贫困的根本途径是消灭资本主义私有制，实现共产主义

马克思、恩格斯认为，工人阶级贫困的根源在于资本主义私有制。

---

① 顾雪生等主编《资本主义概论》，上海翻译出版公司，1991，第29页。

因此，要消除工人阶级贫困，就必须消灭资本主义私有制、实现共产主义。在他们看来，消灭资本主义私有制意义重大：消灭资本主义私有制不仅是工人阶级解放的条件，还是共产主义者和广大劳动人民的共同要求。不仅如此，他们还认为，资本主义制度本身已经为工人阶级消灭私有制创造了前提条件。

（1）消灭私有制是工人阶级解放的重要条件。马克思、恩格斯认为："共产主义的特征并不是要废除一般的所有制，而是要废除资产阶级的所有制。"① 马克思、恩格斯的意思是，工人阶级要获得解放，就必须消灭资产阶级私有制。只要资产阶级私有制仍然存在，也就意味着资本主义生产方式仍然存在；只要资本主义生产方式仍然存在，也就意味着资本主义扩大再生产和资本积累仍然存在；资本主义扩大再生产和资本积累仍然存在，也就意味着工人阶级贫困化仍然存在；只要工人阶级贫困化仍然存在，也就意味着工人阶级没有解放。因此，工人阶级解放与否，需要看资本主义私有制是否已经被消灭。但是，也并不是消灭了资本主义私有制，就说明工人阶级已经完全解放了。消灭资本主义私有制仅仅是工人阶级解放的一个重要条件。按照马克思主义的观点，工人阶级在推翻资产阶级统治、废除资本主义私有制后，要建立无产阶级专政的人民政权，要建立社会主义公有制，并在此基础上大力发展社会生产力，大力发展社会主义文化教育事业，不断提高人们的文化科技水平和道德素质，为最终过渡到共产主义创造高度发达的物质条件和精神条件，等等。

（2）消灭私有制是共产主义者和广大劳动人民的共同要求。自有人类历史以来，人们一直渴望过上没有压迫、没有剥削、人人自由平等的美好生活。这种美好生活的制度基础只能是生产资料公有制。共产主义者主张消灭生产资料私有制，建立一个没有阶级制度、没有阶级剥削和阶级压迫，实现人类自我解放的社会。他们坚定不移地为了自己的崇高理想而奋斗。共产主义者的奋斗目标，实质上也是广大劳动人民的共同要求。所以，马克思、恩格斯认为，工人阶级只有解放全人类，最后才能解放自己。共产主义者没有自己的私利，他们的希望和追求就是广大

---

① 《马克思恩格斯文集》第 2 卷，人民出版社，2009，第 45 页。

劳动人民的希望和追求。

不仅如此，马克思、恩格斯还从理论上阐明：要消除工人阶级的贫困，只有实现共产主义。马克思、恩格斯从分析资本主义社会商品生产、资产阶级对生产资料的垄断、资本主义社会雇佣劳动制度等方面剖析资本主义生产关系，深刻阐述了资本家剥削工人阶级的秘密，揭示了资本主义社会生产社会化与资本主义生产资料私人占有之间的矛盾这个基本矛盾。这个基本矛盾在消费上的表现是生产无限扩大的趋势与劳动人民购买力相对缩小的矛盾，在生产上的表现是个别企业中生产的有组织性与整个社会生产的无政府状态的矛盾，在阶级关系上的表现是资产阶级与无产阶级的矛盾。由于资本主义基本矛盾是资本主义社会不可克服的矛盾，因此，当资本主义发展到一定程度时，就必然爆发生产过剩的经济危机。经济危机是资本主义社会的不治之症。危机一来，生产下降，工人大量失业，使社会生产力遭到严重破坏。这种情况客观上要求生产资料公有制代替资本主义生产资料私有制。所以，共产主义代替资本主义是社会发展的必然趋势。马克思、恩格斯认为，只有实现共产主义，工人阶级的贫困问题才能够得到彻底解决。

（3）资本主义制度为消灭私有制创造了前提。资本主义制度是以商品生产和生产资料私有制为基础的制度，是商品生产为生产的普遍形式和劳动力具有商品形式为其本质特征的制度，是同以往历史相比最发达的生产组织，也是社会生产过程的最后一种对抗形式。资本主义制度造成了工人阶级和资产阶级的对立：它通过资本主义生产方式残酷榨取工人创造的剩余价值，并在这个过程中使广大工人阶级陷入相对贫困化和绝对贫困化的境地，给工人阶级带来了无尽的灾难；不仅如此，它还在"现代的"基础上恢复了一切旧灾难。马克思、恩格斯认为，在资本主义制度下，社会化生产和资本主义占有之间的矛盾表现为无产阶级和资产阶级的对立，这种对立表明，资本主义必然趋于灭亡。

综观马克思恩格斯反贫困思想的主要内容可以发现，他们的反贫困思想是一个庞大而深邃的思想体系。他们深刻阐明了工人阶级的贫困是资本主义社会的不治之症，深刻揭示了工人阶级贫困的根源是资本主义剥削制度，也深刻指出了消除工人阶级贫困的根本途径是消灭资本主义私有制、实现共产主义。

（二）列宁的反贫困思想

列宁在领导俄国革命过程中，非常关注俄国的贫困问题，也非常关注整个资本主义世界无产阶级的贫困问题。他在自己的论文、演说、书信等材料里多次论及无产阶级和劳动人民的贫困问题，也有着丰富的反贫困思想。他的反贫困思想主要有以下几方面的内容。

1. 俄国的人民贫穷化是客观存在的社会现实

当时俄国民粹派中有一种流行的观点认为，由于人民大众日益贫穷，市场有完全停闭的趋势，资本主义不可能充分发展，由此得出结论说，资本主义在俄国没有根基。针对此，列宁在《论所谓市场问题》中详尽地描述了社会分工使自然经济转变为商品经济，进而转变为资本主义经济的过程，并且说明了这一经济演进过程同市场的关系，指出："市场不过是商品经济中社会分工的表现，因而它也和分工一样能够无止境地发展。"① "伴随资本主义的发展而来的，是'人民'的'贫穷化'……和市场的扩大。"② 列宁在对俄国市场问题进行深入考察和研究后认为："无论资本主义的发展或人民的贫穷化都不是偶然的。"③ 也就是说，列宁认为，俄国资本主义的发展和人民的贫穷化是必然的。

2. 工人阶级的贫困化是资本主义社会的必然产物

1912 年，针对资产阶级改良主义者以及社会民主党内部的某些机会主义者否认马克思主义关于工人阶级贫困化理论的做法，列宁写了《资本主义社会的贫困化》一文，批驳了他们的谬论。当时的资产阶级改良主义者以及社会民主党内部的某些机会主义者认为："资本主义社会没有发生群众的贫困化。所谓'贫困化的理论'是不正确的：群众的物质福利虽然增长很慢，但是在增长着；有产者同无产者之间的鸿沟不是在加深，而是在缩小。"④ 列宁以工人生活状况远好于俄国的德国为例，指出："根据资产阶级社会政治家从官方得来的材料，德国工人的工资，在

---

① 《列宁专题文集　论资本主义》，人民出版社，2009，第 288 页。
② 《列宁全集》第 1 卷，人民出版社，2013，第 78 页。
③ 《列宁全集》第 1 卷，人民出版社，2013，第 86 页。
④ 《列宁全集》第 22 卷，人民出版社，2017，第 239 页。

最近 30 年中平均增加了 25%。而在同一时期，生活费用至少上涨了
40%!!"① 列宁从绝对和相对两种视角审视了工人阶级的生活状况，深
刻揭示了资本主义社会工人阶级贫困化现象。他说："食品、衣服、燃料
和住房的费用都涨了。工人的贫困化是绝对的，就是说，他们确实愈来
愈穷……吃得更差，更吃不饱。"② 这种情况表明，工人的工资低于自身
劳动力的价值，这是绝对贫困化的一个重要标志。列宁不仅从绝对的角
度来看待资本主义社会的贫困化，也从相对的角度来看待之。他紧接着
又说，"工人的相对贫困化，即他们在社会收入中所得份额的减少更为明
显。工人在财富迅速增长的资本主义社会中的比重愈来愈小，因为百万
富翁的财富增加得愈来愈快了。"③ 最后，列宁总结全文说："资本主义
社会的财富以难于置信的速度增长着，与此同时工人群众却日益贫困
化。"④ 从《资本主义社会的贫困化》中可以看出，列宁"工人的贫困化
是绝对的"这个论断，既是对当时德国工人群众悲惨生活的高度概括，
又是对资本主义一切发展时期和一切资本主义国家里无产阶级悲惨命运
的真实写照。仔细研读列宁关于资本主义社会贫困化的论述，可以感知
列宁所要表达的真实思想：只要资本主义制度存在，那么无论从相对角
度还是从绝对角度来看，工人阶级贫困化都必然会存在。也就是说，工
人阶级的贫困化是资本主义社会的必然产物。

3. 少数"工人贵族"的出现并未改变整个工人阶级的贫困地位

列宁对马克思、恩格斯的贫困化理论有深入了解。早在 1899 年，列
宁就要求把马克思在《资本论》第 1 卷中的"贫困、压迫、奴役、屈
辱、剥削的程度不断加深"⑤ 写入俄国社会民主党的纲领。这说明，列
宁认为在制定无产阶级政党的纲领时要阐明马克思恩格斯贫困化理论的

---

① 《列宁全集》第 22 卷，人民出版社，2017，第 239 页。
② 《列宁全集》第 22 卷，人民出版社，2017，第 239 页。
③ 《列宁全集》第 22 卷，人民出版社，2017，第 240 页。
④ 《列宁全集》第 22 卷，人民出版社，2017，第 240 页。
⑤ 参见《列宁全集》第 4 卷，人民出版社，2013，第 190～191 页。马克思的那句原话的
完整表述是："随着那些掠夺和垄断这一转化过程的全部利益的资本巨头不断减少，贫
困、压迫、奴役、退化和剥削的程度不断加深，而日益壮大的、由资本主义生产过程
本身的机构所训练、联合和组织起来的工人阶级的反抗也不断增长。"（《马克思恩格斯
全集》第 23 卷，人民出版社，1972，第 831 页）

基本观点。不仅如此，他在领导俄国革命和世界无产阶级革命运动过程中，在帝国主义和无产阶级革命时代新的历史条件下发展了马克思、恩格斯的贫困化理论。这种发展表现之一在于：列宁阐明了 19 世纪末 20世纪初以来一些主要资本主义国家出现的少数"工人贵族"的问题。应该说，"工人贵族"问题并非列宁的新发现，马克思、恩格斯在世时就已经对之有深切关注，但是列宁在关注"工人贵族"问题的基础上，对之进行了系统而深刻的研究，形成了自己的深刻见解。列宁阐明了帝国主义时代少数"工人贵族"出现的必然性，指出："引起工人运动参加者彼此分歧的一个非常重要的原因，就是统治阶级特别是资产阶级的策略的改变。"[1] "一部分工人，一部分工人代表，有时被表面上的让步所欺骗。"[2] 列宁还揭示了"工人贵族"产生的经济条件。他认为，因为垄断提供超额利润，"资本家可以拿出一部分（甚至是不小的一部分！）来收买本国工人，建立某种同盟"。[3] 但是，不管资产阶级如何费尽心机，笼络、收买工人中的动摇分子，少数"工人贵族"的出现并未改变也改变不了整个工人阶级的贫困地位。因为，工人阶级的贫困地位是由资本主义制度造成的。列宁认为，正是资本主义这种不合理的社会制度使得"托拉斯、金融寡头和物价高涨等等虽然提供了收买一小撮上层分子的可能性，但是，对无产阶级和半无产阶级群众的打击、压迫、摧残和折磨却愈来愈厉害"。[4] 也就是说，在帝国主义时代，资本家对工人阶级的压迫、剥削和摧残显得更残酷。因此，整个工人阶级的贫困地位不可能得到根本性的改变。

4. 建立社会主义制度是消灭人民贫穷的唯一办法

列宁作为继马克思、恩格斯之后又一位全世界无产阶级革命的伟大导师，他研究俄国社会乃至整个资本主义社会、殖民地半殖民地社会的贫困问题，不仅仅只给无产阶级劳动人民的贫困一个科学的解释，他的根本目的在于：他要寻找消除贫困问题的有效办法。在列宁看来，要消灭劳动人民的贫困，只有彻底改变资本主义这个不合理的世界。列宁曾

---

① 《列宁全集》第 20 卷，人民出版社，2017，第 68 页。
② 《列宁全集》第 20 卷，人民出版社，2017，第 69 页。
③ 《列宁全集》第 28 卷，人民出版社，2017，第 79 页。
④ 《列宁全集》第 28 卷，人民出版社，2017，第 80 页。

多次深刻地论述了这个问题。早在 1893 年，列宁就在《农民生活中新的经济变动》《论所谓市场问题》中对俄国农民和工人的贫困问题给予了密切关注，并深刻分析了造成他们贫困的原因。1903 年，列宁在《告贫困农民》中指出："要消灭人民的贫穷，唯一的办法就是彻底改变全国的现存制度，建立社会主义制度。"① 在这里，他也像马克思、恩格斯那样，将人民的贫穷归结为不合理的资本主义制度。他的逻辑是，既然是不合理的资本主义制度造成了人民的贫穷，那么就应该用合理的社会制度——社会主义制度来取代资本主义制度，即推翻资本主义制度，建立社会主义制度。他甚至认为，世界上的贫困是与剥削紧密联系、互为因果的：有贫困，就意味着有盘剥；有盘剥，就意味着有贫困。所以，列宁强调："只要世上还有贫困，我们就不可能摆脱一切盘剥；而只要土地和工厂还在资产阶级手里，只要金钱还是世上的支配力量，只要社会主义社会还没有实现，我们就不能摆脱贫困。"② 1906 年，列宁在《土地问题和争取自由的斗争》一文中驳斥了俄国小市民社会主义者希望在保留土地私有制基础上消灭贫富之间差距的幻想："事实上，按小业主所希望的那样做是消灭不了贫困和贫穷的……只有建立起大规模的社会化的计划经济，一切土地、工厂、工具都转归工人阶级所有，才可能消灭一切剥削。"③ 这说明，列宁认为只有社会主义才能使劳动人民摆脱贫穷。

三　新中国党和国家主要领导人的反贫困思想

马克思、恩格斯、列宁的反贫困思想对中国共产党领导人有着深刻的影响。他们的反贫困思想中所包含的关于建立社会主义公有制、坚持用发展社会生产力解决社会贫困等方面问题的思想，为新中国历任党和国家领导人所接受并被付诸实践。习近平的反贫困系列重要论述在大的原则、方向上显然也受到了马克思、恩格斯、列宁反贫困思想的影响。党的十八大以来，习近平反复告诫全党不走资本主义邪路，就是认为资本主义制度解决不了中国问题，当然也解决不了中国社会

① 《列宁全集》第 7 卷，人民出版社，2013，第 122 ~ 123 页。
② 《列宁全集》第 7 卷，人民出版社，2013，第 160 页。
③ 《列宁全集》第 13 卷，人民出版社，2017，第 124 页。

的贫困问题。他强调："深入推进扶贫开发，帮助困难群众特别是革命老区、贫困山区困难群众早日脱贫致富，到二〇二〇年稳定实现扶贫对象不愁吃、不愁穿，保障其义务教育、基本医疗、住房，是中央确定的目标。我们要加大投入力度，把集中连片特殊困难地区作为主战场，把稳定解决扶贫对象温饱、尽快实现脱贫致富作为首要任务，坚持政府主导，坚持统筹发展，注重增强扶贫对象和贫困地区自我发展能力，注重解决制约发展的突出问题，努力推动贫困地区经济社会加快发展。"[①] 这其实就是强调要注重发展社会生产力以解决贫困问题。习近平的这些论述和思想观点，可以看成以马克思、恩格斯、列宁为代表的马克思主义经典作家的反贫困思想在中国具体实践中运用的产物。不仅如此，毛泽东、邓小平、江泽民、胡锦涛这些历任党和国家主要领导人的反贫困思想，也深刻影响了习近平，也是习近平反贫困系列重要论述的重要理论来源。

（一）毛泽东的反贫困思想

早在青年时期，毛泽东就高度关注中国社会的贫困问题。在他的早期文稿里，就有关于贫困问题的论述。例如，1919 年 7 月他在《〈湘江评论〉创刊宣言》一文中就指出："世界什么问题最大？吃饭问题最大。"[②] 所谓吃饭问题，其实就是贫困问题中最核心的问题。这充分说明，毛泽东当时已经在思考中国社会所面临的严重贫困问题。1921 年，毛泽东和陈独秀、李大钊等早期马克思主义者缔造了中国共产党，使中国革命的面目为之一新。此后，贯穿毛泽东一生中最重要的事情莫过于民族振兴、国家富强、人民幸福等诸如此类的崇高事业。无论是参加国民革命运动还是开辟井冈山革命根据地，也无论是在延安时期还是在新中国成立之初，他其实都没有忽视中国的贫困问题。可以说，中国的贫困问题，从来就没有离开过毛泽东的宏大视野。新中国成立后，毛泽东作为党中央第一代领导集体核心，带领全国各族人民为建设一个繁荣富强的社会主义国家而不懈努力。在这个过程中，他对中国如何摆脱贫困

---

① 习近平：《做焦裕禄式的县委书记》，中央文献出版社，2015，第 16 页。
② 《毛泽东早期文稿》，湖南人民出版社，2008，第 270 页。

有过大量而深刻的论述，留下了丰富的反贫困思想。

毛泽东的反贫困思想内容非常丰富，概括地说主要包括以下几个方面。

1. 不摆脱贫困落后将会被开除球籍

这是毛泽东思想中极具个性特色的反贫困思想。1956 年 8 月 30 日，毛泽东在中国共产党第八次全国人民代表大会预备会议上做了题为《增强党的团结，继承党的传统》的讲话。在这个讲话中，毛泽东论述了"球籍"问题。他说："六亿人口的国家，在地球上只有一个，就是我们。过去人家看我们不起是有理由的。因为你没有什么贡献。"[①] 毛泽东还将中国与美国进行比较，认为中国同美国比，"人口比它多几倍，资源也丰富，气候条件跟它差不多，赶上是可能的。应不应该赶上呢？完全应该"。"假如我们再有五十年、六十年，就完全应该赶过它。这是一种责任。你有那么多人，你有那么一块大地方，资源那么丰富，又听说搞了社会主义，据说是有优越性，结果你搞了五六十年还不能超过美国，你像个什么样子呢？那就要从地球上开除你的球籍！所以，超过美国，不仅有可能，而且完全有必要，完全应该。如果不是这样，那我们中华民族就对不起全世界各民族，我们对人类的贡献就不大。"[②] 在这里，毛泽东是在谈中国的"球籍"问题，其实更是在谈中国的发展问题，更确切地说，是在谈中国如何摆脱贫困落后、如何赶超发达资本主义国家的问题。毛泽东的这种思想，既可以被看成关于发展中国的战略目标和战略思想，又可以被认定为毛泽东重要的反贫困思想。毛泽东的这些话，至少包含了这几层意思：一是中国有责任摆脱贫困落后，有责任超过美国；二是中国如果贫穷落后，就会被看不起，这种情况与中国作为大国的地位很不相称；三是中国要做到对人类的贡献更大一些，否则就要被开除球籍。毛泽东关于不摆脱贫困落后将会被开除球籍的思想，对后来的党中央领导集体产生了重要影响——继毛泽东之后的党中央领导集体在建设和发展中国问题上都有着强烈的紧迫感和深深的忧患意识，这正是毛泽东的这种思想在他们身上产生影响的一个明显的表现。以邓小平为例，他是党中央第一代领导核心的重要成员，是党中央第二代领导集

---

① 《毛泽东文集》第 7 卷，人民出版社，1999，第 88 页。
② 《毛泽东文集》第 7 卷，人民出版社，1999，第 89 页。

体的核心，他非常明显地受到了毛泽东关于不摆脱贫困落后将会被开除球籍的思想的影响。在这方面，可以从他所说的话中得到印证。1979 年 12 月 6 日，邓小平会见日本首相大平正芳时说："四个现代化这个目标是毛主席、周总理在世时确定的。所谓四个现代化，就是要改变中国贫穷落后的面貌，不但使人民生活水平逐步有所提高，也要使中国在国际事务中能够恢复符合自己情况的地位，对人类作出比较多一点的贡献。落后是要受人欺负的。"① 如果我们把邓小平的这段话与毛泽东在 1956 年 8 月 30 日所说的一些话进行比较就会发现，两者的主旨是高度一致的。显然，毛泽东当年的说法和所表达的意思，邓小平用自己的话语做了继承性的表达。为什么这样说呢？因为邓小平所说的"对人类作出比较多一点的贡献"与毛泽东当年所说的中国如果不超过美国、不摆脱贫困，对人类的贡献就不大，其实是一个意思，两者可谓异曲同工；邓小平所说的"落后是要受人欺负的"，与毛泽东当年所说的"人家看我们不起"其实也是一个意思——"人家看我们不起"，其实就是"人家欺负我们"的意思。

2. 坚持通过走社会主义道路来摆脱贫困

毛泽东在青少年时期就已经树立了救国救民的伟大抱负。早在 1912 年 6 月，毛泽东就写了一篇题为《商鞅徙木立信论》，文中感慨中国数千年民智不开而导致国家沦亡的悲惨境地，字里行间洋溢着毛泽东的忧国之思。1915 年 9 月，毛泽东在致萧子升的信中表示自己不想继续在学校读书了，而要"效康氏、梁任公之所为"。② 在这里，毛泽东坦言他要效法康有为、梁启超，投入改造中国的伟大事业之中。显然，此时的毛泽东是希望通过走改良之路来拯救中国的。1917 年 8 月 23 日，毛泽东在致黎锦熙的信中，表达了他对当时的北洋政府改造社会不得要领的强烈不满。他说："欲动天下者，当动天下之心，而不徒在显见之迹。动其心者，当具有大本大源。今日变法，俱从枝节入手，如议会、宪法、总统、内阁、军事、实业、教育，一切皆枝节也。枝节亦不可少，惟此等枝节，必有本源。""夫以与本源背道而驰者而以之为临民制治之具，几何不谬

---

① 《邓小平文选》第 2 卷，人民出版社，1994，第 237 页。
② 《毛泽东早期文稿》，湖南人民出版社，2008，第 20 页。

种流传，陷一世一国于败亡哉？而岂有毫末之富强幸福可言哉？夫本源者，宇宙之真理。""今吾以大本大源为号召，天下之心其有不动者乎？天下之心皆动，天下之事有不能为者乎？天下之事可为，国家有不富强幸福者乎？"① 毛泽东的这些论述，非常明确地告诉世人：改造社会不能只抓枝节，而应该抓大本大源；只有抓住了大本大源，才可使国家富强幸福。那么，毛泽东这里所说的"大本大源"到底是指什么呢？是指从根本上改变中国不合理的社会制度。这才是他所认为的能动天下之心的大本大源。而其他如议会、宪法、总统、内阁、军事、实业、教育等，都只是枝节问题。在毛泽东眼里，当时的中国当权者们在改造中国社会问题上不得要领。毛泽东认为，要使国家富强幸福，贫困问题则是一个绕不开的、必须解决的问题，否则国家富强幸福就无从谈起。在上述论述里，毛泽东没有明确指出要解决贫困问题或要反贫困，但事实上，他的救国愿望中内在地包含了某些反贫困的思想内容。五四运动前后，毛泽东接触了马克思主义，很快成为一名坚定的马克思主义者。1936 年，毛泽东在同斯诺的谈话中说，到 1920 年夏天，他"已经成为一个马克思主义者了"，而且从此"也认为自己是一个马克思主义者了"。② 这说明，从 1920 年夏天开始，毛泽东就认定，要拯救中国，就必须走社会主义道路。在毛泽东心目中，走社会主义道路就是改造中国的所谓大本大源。显然，毛泽东的这种思想内在地包含了反贫困思想。

事实上，毛泽东不仅认为拯救中国必须走社会主义道路，他还认为中国摆脱贫困也必须走社会主义道路。早在 1940 年，毛泽东就揭示了中国社会摆脱贫困、求得发展的必由之路。这条路就是社会主义道路。他说："只有进到社会主义时代才是真正幸福的时代。"③ 他所说的"真正幸福的时代"，统而言之，就是广大劳动人民当家做主的时代，就是消灭了阶级剥削和压迫，人人过上富足生活，享有充分权利和自由的美好时代。1949 年 6 月 30 日，他在《论人民民主专政》中指出中国的前途："经过人民共和国到达社会主义和共产主义，到达阶级的消灭和世界的大

---

① 《毛泽东早期文稿》，湖南人民出版社，2008，第 73 页。
② 〔美〕埃德加·斯诺：《西行漫记》，董乐山译，生活·读书·新知三联书店，1979，第 131 页。
③ 《毛泽东选集》第 2 卷，人民出版社，1991，第 683 页。

同。"① 毛泽东指出的这个前途，也就是中国摆脱贫困的正确道路和方向。如果说，在新中国成立之前，毛泽东的主要精力没有放在思考如何使中国摆脱贫困这个问题上的话，那么新中国成立之后，他确实花了不少心思有针对性地仔细思考了这个问题。新中国成立后，毛泽东多次强调中国要发展只能走社会主义道路，理由是："资本主义道路，也可增产，但时间要长，而且是痛苦的道路。"② 毛泽东所说的资本主义道路是"痛苦的道路"，具体是指走资本主义道路不能让广大劳动人民当家做主，解决不了人民群众的贫困问题，不能使人民群众摆脱受压迫、受剥削的悲惨境地。在毛泽东看来，只有社会主义才能解决上述问题。所以他说："社会主义是中国的唯一的出路。"③ 在毛泽东看来，反贫困是摆脱贫困的重要手段，同时反贫困也必须坚持走社会主义道路，这个大方向必须坚持。这里还应该强调的是，毛泽东主张反贫困必须走社会主义道路，其实还包含了反贫困必须坚持中国共产党领导的意思。因为在中国，坚持走社会主义道路和坚持中国共产党的领导是不可分离的。

3. 反贫困的首要问题是解决吃饭问题

吃饭问题反映的是人们的贫困问题，它在人类的生存和发展中占有着极为重要的地位。古人说：民以食为天。一旦有人连吃饭都成了问题，那么这个人往往就处在绝对贫困状态。通常我们所见到的所谓"吃不饱、穿不暖"的情况，往往就属于绝对贫困状态。因此，在某种程度上，可以把能否吃饱饭作为衡量是否处于绝对贫困的关键指标。毕竟，吃饭是人们的第一需要，是人们生存的头等大事。如前文所述，毛泽东早在青年时期就已经深刻地认识到吃饭问题的重要性了，他把吃饭问题看成世界最大的问题。④ 1934年1月27日，毛泽东在江西瑞金召开的第二次全国工农兵代表大会上指出："我们要胜利，一定还要做很多的工作。""总之，一切群众的实际生活问题，都是我们应当注意的问题。"⑤ 在这里，毛泽东把反贫困问题与中国革命事业紧密联系起来，认为中国革命

① 《毛泽东选集》第4卷，人民出版社，1991，第1471页。
② 《毛泽东文集》第6卷，人民出版社，1999，第299页。
③ 《毛泽东文集》第7卷，人民出版社，1999，第267页。
④ 参见《毛泽东早期文稿》，湖南人民出版社，2008，第270页。
⑤ 《毛泽东选集》第1卷，人民出版社，1991，第136~137页。

要取得胜利，不切实解决好广大农民和工人的贫困问题，是不行的。由此来看，在毛泽东那里，贫困问题还是事关中国革命胜利与否的一个关键因素。这充分说明，毛泽东从青年时期起就已经形成了自己的某些反贫困思想，并且在革命实践中丰富和发展着他的反贫困思想。

新中国成立后，毛泽东作为拥有数亿人口大国的领袖，肩负着巩固新生人民政权和改变中国"一穷二白"落后面貌的历史重任。1949 年 10 月 24 日，毛泽东在同绥远负责人的谈话中指出："一切都是为了人民的利益。"① 他要求绥远负责人同投诚并参加和平解放的旧军队处理好关系，并且表示："特务也要给饭吃。"② 他还指出："国民党的一千万党、政、军人员我们也要包起来……使所有的人都有出路。"③ 毛泽东这里所说的"要包起来"，是指既要解决国民党遗留下来的 1000 万党、政、军旧人员的吃饭问题，还要解决他们的就业问题。毛泽东的意思很明确：不管有多困难，党和人民政府要把所有人的吃饭、就业等基本问题管理起来并且管理好。可见，在新中国成立之初，中国共产党和人民政府在自身财政异常紧张的情况下，都高度关注着旧政府、旧军队人员的吃饭和就业问题。毛泽东把吃饭问题与巩固新生的人民政权紧密联系起来，充分体现了他作为一个伟大政治家所具有的远见卓识。1957 年 1 月 27 日，毛泽东在省市自治区党委书记会议上指出："对那些全家没有人就业的，还要救济，总以不饿死人为原则。"④ 他要求各地党政负责同志从当时 6 亿人口的社会现实出发，统筹兼顾，适当安排，解决好贫困人口的吃饭问题。1959 年 4 月 29 日，他在《党内通信》中同"省级、地级、县级、社级、队级、小队级的同志们"⑤ 谈了包产、密植、节约粮食、播种面积要多、机械化、讲真话等 6 个问题，其中说节约粮食问题"要十分抓紧"，他还强调说："吃饭是第一件大事。"⑥ 可见，在毛泽东那里，反贫困的首要问题就是解决人民最基本的吃饭问题。

---

① 《毛泽东文集》第 6 卷，人民出版社，1999，第 10 页。
② 《毛泽东文集》第 6 卷，人民出版社，1999，第 13 页。
③ 《毛泽东文集》第 6 卷，人民出版社，1999，第 14 页。
④ 《毛泽东文集》第 7 卷，人民出版社，1999，第 187 页。
⑤ 《毛泽东文集》第 8 卷，人民出版社，1999，第 48 页。
⑥ 《毛泽东文集》第 8 卷，人民出版社，1999，第 49 页。

4. 反贫困的根本手段和途径是解放和发展生产力

马克思、恩格斯非常重视发展生产力。他们对生产力的要素和种类、生产力和社会、生产力的发展等有过大量深刻的论述。在他们那里，生产力的发展是社会的共产主义改造的物质条件。由于共产主义社会是财富充分涌流、实行按需分配的社会，所以它是消灭了贫困现象的富足的、美好的社会。因此，在马克思、恩格斯的思想里，其实隐含了这样的观念：发展生产力是消除贫困的物质条件。马克思、恩格斯在《德意志意识形态》里论及共产主义物质前提时指出："生产力的这种发展之所以是绝对必需的实际前提，还因为如果没有这种发展，那就只会有贫穷、极端贫困的普遍化。"[1] 后来，他们又在《共产党宣言》里强调："工人革命的第一步就是无产阶级变成为统治阶级，争得民主"，然后运用自己的政治统治，"把一切生产工具集中在国家手里"，并"尽可能更快地增加生产力的总量"。[2] 显然，在马克思、恩格斯看来，发展生产力是建设共产主义的重要条件，当然也是人们摆脱贫困的重要条件。

马克思、恩格斯重视发展生产力的思想深刻影响了后来的马克思主义者。在发展生产力问题上，毛泽东与马克思、恩格斯的论述一脉相承，并且在一定程度上发展了马克思、恩格斯有关发展生产力的思想。例如，1945 年毛泽东在《论联合政府》中提出了衡量政党的政策及其实践的生产力标准。他深刻地指出："中国一切政党的政策及其实践在中国人民中所表现的作用的好坏、大小，归根到底，看它对于中国人民的生产力的发展是否有帮助及其帮助之大小，看它是束缚生产力的，还是解放生产力的。"[3] 这其实就是对马克思、恩格斯生产力思想的发展。事实上，在此之前，毛泽东就主张通过发展生产力来摆脱中国贫穷落后的面貌。1944 年 5 月，毛泽东在《共产党是要努力于中国的工业化的》一文中指出："中国落后的原因，主要的是没有新式工业……因此，消灭这种落后，是我们全民族的任务。老百姓拥护共产党，是因为我们代表了民族与人民的要求。但是，如果我们不能解决经济问题，如果我们不能建立

---

① 《马克思恩格斯文集》第 1 卷，人民出版社，2009，第 538 页。
② 《马克思恩格斯全集》第 4 卷，人民出版社，1958，第 489 页。
③ 《毛泽东选集》第 3 卷，人民出版社，1991，第 1079 页。

新式工业,如果我们不能发展生产力,老百姓就不一定拥护我们。"① 在这里,毛泽东的逻辑思路是:不发展生产力,中国就不会有工业现代化;没有工业现代化,就解决不了中国的经济问题;解决不了经济问题就意味着贫穷落后,中国共产党就会因此失去老百姓的拥护和支持。因此,在毛泽东眼里,发展生产力是事关中国和中国共产党前途命运的大事。新中国成立时,党和人民政府从国民党手中接过的是一副烂摊子。当时亟须解决的就是吃饭问题和贫困问题。为此,毛泽东反复强调,要把工作重心转移到经济建设上来,大力发展经济。1949 年 12 月 5 日,毛泽东代表军委发出的《军委关于一九五〇年军队参加生产建设工作的指示》指出:"我人民解放军不仅是一支国防军,而且是一支生产军,借以协同全国人民克服长期战争所遗留下来的困难,加速新民主主义的经济建设。"② 1952 年 2 月 1 日,在中国人民志愿军与朝鲜人民军挫败了美帝国主义的侵略之后,毛泽东发出《军委关于部队集体转业的命令》,指出:"中国民族和人民要彻底解放,必须实现国家工业化。"③ 这些主张其实就是发展生产力、应对当时经济困难的举措。可见,毛泽东把发展生产力看成使中国摆脱贫困落后面貌的重要举措。到了 1956 年 1 月,毛泽东开始从社会主义革命目的的高度来看待生产力问题。他在《人民日报》发表了《社会主义革命的目的是解放生产力》一文,结合我国的经济建设、政治形势阐述了自己的观点。他强调:"社会主义革命的目的是为了解放生产力。"④ 同年 4 月 25 日,毛泽东在中共中央政治局扩大会议上发表了《论十大关系》的讲话,认为我国进行社会主义建设,必须处理好10 个方面的关系:重工业和轻工业、农业的关系,沿海工业和内地工业的关系,经济建设和国防建设的关系,国家、生产单位和生产者个人的关系,中央和地方的关系,汉族和少数民族的关系,党和非党的关系,革命和反革命的关系,是非关系,中国和外国的关系。他还指出:"我们一定要努力把党内党外、国内国外的一切积极的因素,直接的、间接的

① 《毛泽东文集》第 3 卷,人民出版社,1996,第 146～147 页。
② 《毛泽东文集》第 6 卷,人民出版社,1999,第 27 页。
③ 《毛泽东文集》第 6 卷,人民出版社,1999,第 223 页。
④ 《毛泽东文集》第 7 卷,人民出版社,1999,第 1 页。

积极因素，全部调动起来，把我国建设成为一个强大的社会主义国家。"① 毛泽东所说的处理好十大关系，把党内外、国内外一切积极因素调动起来，其根本目的就是发展生产力。1957 年 2 月 27 日，毛泽东在最高国务会议第十一次（扩大）会议上又深刻指出："我们的根本任务已经由解放生产力变为在新的生产关系下面保护和发展生产力。"② 在毛泽东那里，主张发展生产力是为了建设社会主义强国，这是没有疑义的。其实，毛泽东主张发展生产力，也是为了改变中国"一穷二白"的落后面貌。在毛泽东思想里，建设社会主义强国和改变中国"一穷二白"的落后面貌这两者是有机统一的。因此，毛泽东关于解放和发展生产力的思想也是他的反贫困思想。

5. 反贫困的关键是解决"三农"问题

首先要说明的是，在毛泽东生活的那个时代，尚无"三农"概念的说法。但是，"三农"和"三农"问题事实上在中国几千年的历史长河里是一直存在的。直到今天，"三农"问题依然是我国需要努力去认真解决的问题。鉴于毛泽东终生都关注中国的农民、农村和农业的发展问题并且对之有过大量论述，本研究在论述毛泽东的反贫困思想时使用"三农"这个概念。

毛泽东非常重视农民和农村问题。早在 1927 年，毛泽东就在《湖南农民运动考察报告》中阐述了中国农民问题。他看到了中国农民在封建压迫下的悲惨处境，指出："农民极为贫困。"③ 他提出："国民革命需要一个大的农村变动。"④ 毛泽东的意思是，农民贫困等问题需要通过将农民组织起来、建立农村政权开展革命来求得解决。到延安时期，毛泽东对中国农民问题有了更为深入的认识。1940 年 1 月，毛泽东在《新民主主义论》中说："中国有百分之八十的人口是农民……因此农民问题，就成了中国革命的基本问题。"⑤ 1945 年 4 月 24 日，毛泽东在《论联合政府》中一再强调农民问题在中国的重要性。他说农民是"中国工人的

---

① 《毛泽东文集》第 7 卷，人民出版社，1999，第 44 页。
② 《毛泽东文集》第 7 卷，人民出版社，1999，第 218 页。
③ 《毛泽东选集》第 1 卷，人民出版社，1991，第 38 页。
④ 《毛泽东选集》第 1 卷，人民出版社，1991，第 16 页。
⑤ 《毛泽东选集》第 2 卷，人民出版社，1991，第 692 页。

前身""中国工业市场的主体""中国军队的来源""现阶段中国民主政治的主要力量""现阶段中国文化运动的主要对象"。① 从上述这几个关于中国农民的表述中,我们不难看出中国农民在毛泽东心目中的重要位置。从毛泽东关于农民问题的论述来看,他是把中国革命问题高度概括并归结为农民问题的。他最主要的依据是农民在中国总人口中的比例。在他看来,农民问题如果解决不了,也就意味着中国问题没有解决。应该说,中国农民问题是多方面的,但是最为根本的问题是他们的贫困问题。解决中国农民问题实质上可以概括为解决他们的贫困问题。在民主革命时期,农民问题是中国革命的基本问题。在社会主义建设时期,农民、农村、农业问题即"三农"问题则是中国社会主义建设过程中的基本问题。毛泽东认为,中国社会贫穷的关键在于农业太落后,没有实现工业化。因此,他提出要实现农业现代化。早在新中国成立前夕,毛泽东就在《论人民民主专政》中指出:"没有农业社会化,就没有全部的巩固的社会主义。"② 毛泽东这里所说的"农业社会化",其实就是指农业现代化。1957 年 1 月 27 日,他在省市自治区党委书记会议上的讲话中强调:"农业关系国计民生极大。"③ 所谓粮食问题,其实就是吃饭问题、贫困问题。毛泽东还提出和分析了农业的六个大的作用。他说:"首先,农业关系到五亿农村人口的吃饭问题,吃肉吃油问题,以及其他日用的非商品性农产品问题。""第二,农业也关系到城市和工矿区人口的吃饭问题。""第三,农业是轻工业原料的主要来源,农村是轻工业的重要市场。""第四,农村又是重工业的重要市场。""第五,现在出口物资主要是农产品。""第六,农业是积累的重要来源。"④ 他还告诫说:"不抓粮食,总有一天要天下大乱。"⑤ 在这里,毛泽东是将粮食问题(其实就是贫困问题)提高到国计民生和社会稳定的战略高度来看的。1957 年 2 月,毛泽东发表了著名的《关于正确处理人民内部矛盾的问题》,文中指出:"我国有五亿多农业人口,农民的情况如何,对于我国经济的发展

---

① 《毛泽东选集》第 3 卷,人民出版社,1991,第 1077~1078 页。
② 《毛泽东选集》第 4 卷,人民出版社,1991,第 1477 页。
③ 《毛泽东文集》第 7 卷,人民出版社,1999,第 199 页。
④ 《毛泽东文集》第 7 卷,人民出版社,1999,第 199 页。
⑤ 《毛泽东选集》第 7 卷,人民出版社,1999,第 199 页。

和政权的巩固，关系极大。"① 可见，毛泽东高度重视"三农"问题。他从中国国情出发，十分重视农业在国民经济中的地位和作用。在他看来，"三农"问题解决了，中国的贫困问题也就解决了，中国的其他问题也会因为农民贫困问题的解决而得到相应的解决。因此，在毛泽东那里，反贫困的关键实质上是解决"三农"问题。

6. 反贫困的战略目标是实现中国人民的共同富裕

早在1921年7月，中国共产党第一个纲领就为自己规定了奋斗目标："消灭社会的阶级区分……消灭资本家私有制，没收机器、土地、厂房和半成品等生产资料，归社会公有。"② 可见，中国共产党从诞生时起，就是把消灭私有制、消灭阶级、实现共产主义社会作为目标的。也就是说，中国共产党自诞生时起，就有实现人民共同富裕的价值追求。因为，共产主义社会本身就是全体人民共同富裕的社会。毛泽东作为中国共产党的主要缔造者之一，对于党的奋斗目标和价值追求肯定是了然于心的。1945年6月11日，党的七大通过的《中国共产党章程》在其"总纲"部分明确指出：中国共产党的"最终目的，是在中国实现共产主义制度"。③

毛泽东指出，实现共产主义和全国人民共同富裕是他和中国共产党开展革命的最终目标。事实上，实现共同富裕，也是毛泽东反贫困思想的一个重要组成部分。新中国成立后，毛泽东领导党和人民政府针对中国"一穷二白"的落后面貌，开展了中国社会主义革命和建设事业，这内在地就包含新中国的反贫困实践。1953年12月16日，中共中央发布了由毛泽东主持制定的《中国共产党中央委员会关于发展农业生产合作社的决议》。该决议提出，要"使农民能够逐步完全摆脱贫困的状况而取得共同富裕和普遍繁荣的生活"。④ 据公开出版的党和国家重要文献来看，这是新中国首次在自己的文件里正式提到"共同富裕"这个概念。

---

① 《毛泽东文集》第7卷，人民出版社，1991，第219页。
② 中共中央文献研究室编《建党以来重要文献选编（1921~1949）》第1册，中央文献出版社，2011，第1页。
③ 中共中央文献研究室编《建党以来重要文献选编（1921~1949）》第22册，中央文献出版社，2011，第533页。
④ 中共中央文献研究室编《建国以来重要文献选编》第4册，中央文献出版社，1993，第662页。

虽然"共同富裕"这个概念此时才正式提出，但是实现共同富裕这个目标对于中国共产党来说从来就不是什么新问题。早在中国共产党刚成立时，它就表达了这个意思。毛泽东此时在自己主持制定的文件中明确提出"共同富裕"，有力地说明了毛泽东和党中央没忘初心。1955年，毛泽东又在《关于农业合作化问题》的报告中明确指出：要"使全体农村人民共同富裕起来"。① 这里要特别说明的是，毛泽东在提到实现共同富裕的时候，很多时候指的是实现农民的共同富裕，如在《中国共产党中央委员会关于发展农业生产合作社的决议》《关于农业合作化问题》中，指的就是实现农民的共同富裕。这很可能与他对"三农"问题的看法有关。诚如前文所述，毛泽东认为反贫困的关键是解决"三农"问题，只要"三农"问题解决了，中国的贫困问题就不是问题。因为中国的农村人口占了中国总人口的80%以上，中国的其他人口如工人、知识分子等，他们的生活状况总体上肯定要好过中国农民，因此，中国农民的贫困事实上完全可以代表中国社会的贫困。不过，毛泽东在提到要实现共同富裕时，也不完全是指实现农民的共同富裕。例如，1955年10月27日毛泽东在同工商业者代表谈话时要求工商业者掌握自己的命运。在这次谈话中，毛泽东还谈到了地主，并说："他们在全国总共三千万人，以后要同大家一起共同富裕起来。"② 他还说："资本家如果将来饿肚子，这个制度就不好。"③ 显然，毛泽东在这里谈将来实现共同富裕，就包括曾经的地主阶级和现在的民族资本家阶级。当然，在毛泽东那里，地主、资本家都应该经过改造成为自食其力的劳动者。这就说明，毛泽东所说的实现共同富裕，是实现全体中国人民的共同富裕。这里要强调一下的是，毛泽东虽然提到过要实现农民的共同富裕，也提到实现包括曾经的地主和民族资本家在内的全体人民的共同富裕，但最能代表毛泽东本意的，应该是后者。依据上述论述，我们认为，实现全体人民的共同富裕是毛泽东反贫困思想中的战略目标。

毛泽东的反贫困思想直接影响了后来中国历任党和国家领导人，使他们的反贫困思想中或多或少都有着毛泽东反贫困思想的影子，如共同

---

① 《毛泽东文集》第6卷，人民出版社，1999，第437页。
② 《毛泽东文集》第6卷，人民出版社，1999，第490页。
③ 《毛泽东文集》第6卷，人民出版社，1999，第490页。

富裕思想、发展生产力的思想等。毛泽东以后的党和国家领导人都多次强调共同富裕，并将实现共同富裕作为党和国家的长期和最根本的奋斗目标。

（二）邓小平的反贫困思想

党的十一届三中全会后，邓小平大力推动中国的改革开放事业，针对中国的贫穷落后以及如何摆脱贫穷落后的面貌，有过很多深刻的论述。他的这些论述，是他丰富的反贫困思想的具体体现。邓小平的反贫困思想是围绕他的共同富裕思想展开的。其主要内容包括以下几个方面。

1. 社会主义必须摆脱贫穷

马克思主义经典作家认为，社会主义社会是共产主义社会的第一阶段，是比资本主义社会更优越的社会。在该社会里，实行生产资料公有制，社会生产力得到长足发展，实行无产阶级专政，劳动成果归全体人民所有，实行按劳分配原则，消灭了人剥削人、人压迫人的不平等制度和现象，使全体劳动者当家作主，真正成了经济、政治、文化生活的主人，能有机会真正参与社会生产和社会管理。在这个社会里，"无产阶级本身以及制约着它的对立面——私有财产都会消失"。[1] 显然，在马克思、恩格斯那里，这样的社会是不应该贫穷的。列宁曾经指出："在共产主义第一阶段还不能做到公平和平等，因为富裕的程度还会不同。""但是人剥削人已经不可能了，因为已经不能把工厂、机器、土地等生产资料攫为私有了。"[2] 列宁的这段话首先肯定了共产主义第一阶段即社会主义社会是富裕的，只是还存在富裕程度不同的问题。社会主义不应该贫穷，这本来是一个常识性的问题。党的十一届三中全会后，邓小平针对人们对社会主义的错误认识，多次阐述了社会主义必须摆脱贫穷的问题。1979 年 7 月 29 日，邓小平深刻指出："社会主义如果老是穷的，它就站不住。"[3] 言下之意，社会主义应该是富裕的，否则，它就有问题，甚至不能叫社会主义。1979 年 11 月 26 日，邓小平在会见外宾时说："当然我们不要资本主义，但是我们也不要贫穷的社会主义，我们要发达的、

---

① 《马克思恩格斯文集》第 1 卷，人民出版社，2009，第 261 页。
② 《列宁专题文集　论社会主义》，人民出版社，2009，第 33 页。
③ 《邓小平文选》第 2 卷，人民出版社，1994，第 191 页。

生产力发展的、使国家富强的社会主义。"① 在这里，邓小平所要表达的意思还是同上面的一样：社会主义应该是富裕的，应该是生产力高度发达的。1984 年 6 月 30 日，他在会见日本客人时指出："社会主义要消灭贫穷。"② 此后，他在不同场合用不同的表述多次表达了这层意思。例如，1987 年 10 月 13 日，他会见匈牙利社会主义工人党总书记卡达尔时说："共产主义能够是贫穷的吗？"③ 言下之意，共产主义应该是富裕的。再如，1988 年 5 月 18 日，他在会见莫桑比克总统希萨诺时说："要了解什么叫社会主义，贫穷绝不是社会主义。"④ 1992 年初，邓小平在南方谈话中把共同富裕当成社会主义本质特征来看待。这充分说明，在邓小平理论中，社会主义必须是富裕的，必须要摆脱贫穷。社会主义必须摆脱贫穷，可以看成邓小平反贫困思想的前提理论。

2. 中国反贫困的目标是实现共同富裕

党的十一届三中全会后，邓小平多次提到"共同富裕"这个概念，并对之进行过深刻论述，他关于共同富裕的论述在中国社会影响很大。

1978 年 12 月 13 日，邓小平说："我认为要允许一部分地区、一部分企业、一部分工人农民，由于辛勤努力成绩大而收入先多一些，生活先好起来。一部分人生活先好起来，就必然产生极大的示范力量，影响左邻右舍，带动其他地区、其他单位的人们向他们学习。"⑤ 在这次会上，邓小平虽然没有提到"共同富裕"这几个字，但是所表达的中心思想就是共同富裕。可见，在邓小平心里，使全国人民共同富裕起来是中国的一个奋斗目标。1979 年 11 月 26 日，邓小平在会见美国和加拿大客人时说："社会主义特征是搞集体富裕。"⑥ 这里的"集体富裕"和他后来所说的"共同富裕"其实是一个意思，不存在任何质的区别。1985 年 3 月 7 日，邓小平又说："社会主义的目的就是要全国人民共同富裕，不是两极分化。"⑦ 在 1992 年的南方谈话中，邓小平进一步将最终达到共

---

① 《邓小平文选》第 2 卷，人民出版社，1994，第 231 页。
② 《邓小平文选》第 3 卷，人民出版社，1993，第 63 ~ 64 页。
③ 《邓小平文选》第 3 卷，人民出版社，1993，第 254 页。
④ 《邓小平文选》第 3 卷，人民出版社，1993，第 261 页。
⑤ 《邓小平文选》第 2 卷，人民出版社，1994，第 152 页。
⑥ 《邓小平文选》第 2 卷，人民出版社，1994，第 236 页。
⑦ 《邓小平文选》第 3 卷，人民出版社，1993，第 110 ~ 111 页。

同富裕纳入社会主义的本质属性之中。翻看邓小平的著述，我们会发现邓小平经常性地、不厌其烦地谈共同富裕问题。邓小平之所以反复提起并论述共同富裕，因为这是他的追求，也是中国共产党的追求。这种倡导共同富裕，强调党和国家要带领全国人民实现共同富裕的主张，正是邓小平反贫困思想中的一个重要内容。

3. 部分先富是达到共同富裕的必要途径

邓小平对如何实现共同富裕有过深入思考。在中国，人口多、底子薄、耕地少、社会生产力水平低，这是长期以来中国社会的基本现实情况。在这样的国度里实现全体人民共同富裕，不是短时期内可以做到的，只能在大力发展社会生产力的基础上逐步改善人民的生活，允许一部分人先富起来，然后，由这部分先富起来的人带动其他人，最后实现全体人民的共同富裕。在邓小平看来，部分先富是达到全体人民共同富裕的必要途径。他认为，允许一部分人通过诚实劳动先富裕起来，这样能够对其他人产生示范力量，从而带动其他人逐步富裕起来。关于此，邓小平曾经多次进行过论述。从邓小平公开发表的著述来看，他最早是在1978年12月13日就提出了部分先富带动他人最终实现共同富裕的问题。当时，邓小平在中共中央经济工作会议上说："在经济政策上，我认为要允许一部分地区、一部分企业、一部分工人农民，由于辛勤努力成绩大而收入先多一些，生活先好起来。一部分人生活先好起来，就必然产生极大的示范力量，影响左邻右舍，带动其他地区、其他单位的人们向他们学习。这样，就会使整个国民经济不断地波浪式地向前发展，使全国各族人民都能比较快地富裕起来。"[①] 此后，他又在不同场合多次表达过这种观点。1983年1月12日，邓小平指出："农村、城市都要允许一部分人先富裕起来。""一部分人先富裕起来，一部分地区先富裕起来，是大家都拥护的新办法，新办法比老办法好。"[②] 邓小平这里所说的"新办法"，指的是不搞平均主义，而是鼓励一部分人、一部分地区通过辛勤劳动先富裕起来的办法；"老办法"指的是过去长期实行的平均主义的做法。1984年2月24日，邓小平说："要让一部分地方先富裕起来，搞平

---

① 《邓小平文选》第2卷，人民出版社，1994，第152页。
② 《邓小平文选》第3卷，人民出版社，1993，第23页。

均主义不行。这是个大政策。"① 1985 年 9 月 23 日，邓小平在党的全国代表会议上指出："鼓励一部分地区、一部分人先富裕起来，也正是为了带动越来越多的人富裕起来，达到共同富裕的目的。"② 此后，邓小平还多次论述了先富和共同富裕的问题。当然，他每次在谈及这个问题时，表述都不完全相同，但其主旨从来就没有改变过。而且，他在论述这个问题时，逻辑思路也都是一样的：部分先富是手段，共同富裕是目的。

4. 农民富裕是实现共同富裕的关键

在农民这个问题上，邓小平的看法与毛泽东有着惊人的相似之处。最根本的一点，就是他们都认为农民问题是中国社会非常重要的问题，农民富裕不富裕直接关系到中国经济社会发展的大局。邓小平把农村经济的发展、农民生活水平的提高和中国经济的发展、中国摆脱贫困紧密结合起来。1984 年 6 月 30 日，他在会见日本客人时谈到了中国走什么道路的问题以及中国改革开放的一些情况。他说："从中国的实际出发，我们首先解决农村问题。"为什么要这样做呢？邓小平的明确回答是，因为"中国有百分之八十的人口住在农村，中国稳定不稳定首先要看这百分之八十稳定不稳定。城市搞得再漂亮，没有农村这一稳定的基础是不行的"。③ 在他的思想中，农村的发展是与中国经济的发展紧密联系的。1984 年 10 月 6 日，他在会见中外经济合作问题讨论会全体中外代表时强调："中国经济能不能发展，首先要看农村能不能发展，农民生活是不是好起来。"④ 显然，在邓小平看来，农村的发展情况和农民生活情况是中国经济发展的重要指征。不仅如此，他还把中国农民的贫困问题与中国的脱贫问题紧密联系起来。1987 年 6 月 12 日，他在会见南斯拉夫客人时深刻指出："农民没有摆脱贫困，就是我国没有摆脱贫困。"⑤ 可见，在邓小平理论中，农民富裕是中国实现共同富裕的关键。

5. 高度发达的生产力是实现共同富裕的物质基础

马克思主义认为，生产力是社会发展的最根本的决定因素。党的十

---

① 《邓小平文选》第 3 卷，人民出版社，1993，第 52 页。
② 《邓小平文选》第 3 卷，人民出版社，1993，第 142 页。
③ 《邓小平文选》第 3 卷，人民出版社，1993，第 65 页。
④ 《邓小平文选》第 3 卷，人民出版社，1993，第 77～78 页。
⑤ 《邓小平文选》第 3 卷，人民出版社，1993，第 237 页。

一届三中全会后，邓小平非常重视发展生产力。他说："我们革命的目的就是解放生产力，发展生产力。离开了生产力的发展、国家的富强、人民生活的改善，革命就是空的。"[1] 从邓小平的这段话可以看出，他不仅把发展生产力当成革命的目的，而且把发展生产力同国家的富强、人民生活的改善紧密地联系起来。显然，在实现共同富裕问题上，邓小平也主张大力发展生产力。他指出："坚持社会主义的发展方向，就要肯定社会主义的根本任务是发展生产力，逐步摆脱贫穷，使国家富强起来，使人民生活得到改善。"[2] 邓小平反复强调，社会主义的根本任务是发展生产力。他经常告诫全党，要以经济建设为中心，一心一意搞四个现代化。邓小平还进一步把生产力发展的快慢与是否坚持社会主义联系起来。他说："要摆脱贫穷，就要找出一条比较快的发展道路。贫穷不是社会主义，发展太慢也不是社会主义。"[3] 为了发展高度发达的生产力，邓小平要求全党抓住机遇，"发展自己，关键是发展经济"。[4] 他说："马克思主义的基本原则就是要发展生产力。"[5] 为了让中国共产党和人民政府大力发展生产力，他还创造性地提出了"科学技术是第一生产力"[6] 的光辉论断。他说："实现人类的希望离不开科学，第三世界摆脱贫困离不开科学，维护世界和平也离不开科学。"[7] 为了让中国尽早摆脱贫穷，邓小平在发展生产力问题上，提出了著名的判断工作是非得失的根本标准："社会主义经济政策对不对，归根到底要看生产力是否发展，人民收入是否增加。这是压倒一切的标准。"[8] 1992 年初，他在著名的南方谈话里，把判断工作是非得失的根本标准概括为"是否有利于发展社会主义社会的生产力，是否有利于增强社会主义国家的综合国力，是否有利于提高人民的生活水平"。[9] 邓小平之所以如此重视和强调发展生产力，在于他深

---

[1] 《邓小平文选》第 2 卷，人民出版社，1994，第 231 页。

[2] 《邓小平文选》第 3 卷，人民出版社，1993，第 264~265 页。

[3] 《邓小平文选》第 3 卷，人民出版社，1993，第 255 页。

[4] 《邓小平文选》第 3 卷，人民出版社，1993，第 375 页。

[5] 《邓小平文选》第 3 卷，人民出版社，1993，第 116 页。

[6] 《邓小平文选》第 3 卷，人民出版社，1993，第 274 页。

[7] 《邓小平文选》第 3 卷，人民出版社，1993，第 183 页。

[8] 《邓小平文选》第 2 卷，人民出版社，1994，第 314 页。

[9] 《邓小平文选》第 3 卷，人民出版社，1993，第 372 页。

刻把握了马克思主义基本原理和社会主义的建设规律，也在于他看到了社会主义建设和实现共同富裕的关键问题。在邓小平看来，没有较快的和高度发达的生产力，要实现共同富裕是根本不可能的。

6. 中国摆脱贫困落后应实施"三步走"战略

"三步走"是邓小平为中国社会主义现代化建设提出的发展战略目标，同时也是他针对中国社会贫困落后的现实国情而提出的脱贫步骤。1987年4月30日，邓小平在会见西班牙工人社会党副总书记、政府副首相格拉时指出："从十一届三中全会开始，我们制定了一系列新的方针政策，实践证明这些方针政策是正确的。但毕竟我们只是开步走。我们原定的目标是，第一步在八十年代翻一番。以一九八○年为基数，当时国民生产总值人均只有二百五十美元，翻一番，达到五百美元。第二步是到本世纪末，再翻一番，人均达到一千美元。实现这个目标意味着我们进入小康社会，把贫困的中国变成小康的中国。那时国民生产总值超过一万亿美元，虽然人均数还很低，但是国家的力量有很大增加。我们制定的目标更重要的还是第三步，在下世纪用三十年到五十年再翻两番，大体上达到人均四千美元。做到这一步，中国就达到中等发达的水平。"① 从邓小平的上述论述可以看出，这是他关于中国发展战略步骤的论述，明确指出了中国发展的三个步骤。这也是邓小平坚持实事求是，从中国的现实国情出发，为中国的发展所提出的发展战略目标。他所提出的这个三步走的战略目标，从人民生活水平不断提高的角度来描述三步走的战略目标的发展和实现过程，这其实也是一个中国逐步摆脱贫困、走向富裕的发展过程。可见，在邓小平那里，中国要摆脱贫困落后，需要实施"三步走"的发展战略。这个"三步走"发展战略为中国人民勾画了一条清晰的前进路径：贫穷落后的社会→小康社会→中等发达的社会。邓小平的主张告诉我们，在中国摆脱贫困落后后，需要一步一步地去接力奋斗。这是一个需要艰苦奋斗的长期过程。所以，他在谈到中国发展战略目标的发展状况时还说："现在我们可以说，第一步的原定目标可以提前在今年或者明年完成。这并不意味着第二步就很容易。看起来，第二步的目标也能完成，但第三步比前两步要困难得多。已经过去的八

---

① 《邓小平文选》第3卷，人民出版社，1993，第226页。

年多证明，我们走的路是对的。但要证明社会主义真正优越于资本主义，要看第三步，现在还吹不起这个牛。我们还需要五六十年的艰苦努力。那时，我这样的人就不在了，但相信我们现在的娃娃会完成这个任务。"① 从这里我们可以看出，邓小平其实为中国勾画了未来五六十年的奋斗目标。毋庸置疑，这是一个关于中国如何摆脱贫困、走向富裕以及实现共同富裕的历史过程。由此我们可以认定，邓小平关于中国摆脱贫困落后应实施"三步走"战略的思想，也是他反贫困思想的重要内容之一。

7. 坚持四项基本原则是实现共同富裕的政治保证

在邓小平的思想体系里，一个非常重要的方面就是关于中国社会主义建设政治保证的理论。这个理论就是，在社会主义建设事业中，要始终坚持四项基本原则。四项基本原则是邓小平1979年3月30日在党的理论工作务虚会上提出的重要思想。邓小平认为，坚持四项基本原则是我国的立国之本，是我们事业健康发展的根本前提和根本保证。之所以说坚持四项基本原则是我国的立国之本，邓小平的理由是，①坚持四项基本原则"是实现四个现代化的根本前提"。邓小平认为，不坚持四项基本原则，中国社会主义会走邪路，实现四个现代化也毫无现实可能性。因此他说："必须在思想政治上坚持四项基本原则。"② ②社会主义道路规定了我国立国的政治方向。邓小平认为："只有社会主义才能救中国，这是中国人民从五四运动到现在六十年来的切身体验中得出的不可动摇的历史结论。"③ ③人民民主专政是我国立国的根本政治制度。邓小平认为："没有无产阶级专政，我们就不可能保卫从而也不可能建设社会主义。"④ ④中国共产党的领导是我国立国的领导力量。邓小平说：在中国，"除了中国共产党，根本不存在另外一个像列宁所说的联系广大劳动群众的党"。⑤ 言下之意，在中国，我国立国的领导力量只能是中国共产党，而不可能是别的什么政党。邓小平认为："只有社会主义制度才能从根本上解决摆脱贫穷的问题。""而要建设社会主义，没有共产党的领导

---

① 《邓小平文选》第3卷，人民出版社，1993，第226~227页。
② 《邓小平文选》第2卷，人民出版社，1994，第164页。
③ 《邓小平文选》第2卷，人民出版社，1994，第166页。
④ 《邓小平文选》第2卷，人民出版社，1994，第169页。
⑤ 《邓小平文选》第2卷，人民出版社，1994，第170页。

是不可能的。"① 在邓小平看来,实现共同富裕需要安定团结的政治局面,而"要争取一个安定团结的政治局面,没有人民民主专政不行"。② 同时,邓小平还认为,中国坚持社会主义道路,马列主义、毛泽东思想不能丢。他指出:"毛泽东思想这个旗帜丢不得。丢掉了这个旗帜,实际上就否定了我们党的光辉历史。"③ 综上所述,我们可以看到,在邓小平那里,坚持四项基本原则是实现中国人民共同富裕的政治保证。这里也要指出的是,由于坚持四项基本原则本身就包含着坚持中国共产党的领导,因此,在邓小平看来,在中国实现共同富裕也必须坚持中国共产党的领导。

(三) 江泽民的反贫困思想

江泽民非常关注贫困问题。例如,1987 年 1 月,他就发现上海的不少民生问题,并表示要认真解决好。他说:"上海职工住房条件很差,人均居住面积在三平方米以下或三代同堂、两对夫妻共居一室等各类困难户有四十六万九千户(其中特困户约八万户),占全市一百九十七万户的百分之二十三点八,此外,还有临时过渡户约五万户。"④ 这些住房困难户,其实就是贫困户。江泽民表示:人民政府就是要"为人民扎扎实实办事情"。⑤ 江泽民大力推动我国的扶贫开发工作,使我国的扶贫开发工作的重点开始由采取单一的扶贫手段转向采取综合性的扶贫开发举措。他发表了不少关于扶贫开发、摆脱贫困等反贫困方面的论述,为我们留下了丰富的反贫困思想。

1. 解决好"三农"问题是治国安邦的一条基本经验

江泽民很重视"三农"问题。他把"三农"问题提高到治国安邦的战略高度来看待,就"三农"问题做过深刻论述。1992 年 12 月 25 日,江泽民在武汉主持召开安徽、江西、河南、湖北、湖南、四川 6 省农业和农村工作座谈会时就我国的农业、农村和农民问题发表了重要讲话。

① 《邓小平文选》第 3 卷,人民出版社,1993,第 208 页。
② 《邓小平文选》第 3 卷,人民出版社,1993,第 195 页。
③ 《邓小平文选》第 2 卷,人民出版社,1994,第 298 页。
④ 《江泽民文选》第 1 卷,人民出版社,2006,第 12 ~ 13 页。
⑤ 《江泽民文选》第 1 卷,人民出版社,2006,第 18 页。

他指出:"农业是国民经济的基础,农村稳定是整个社会稳定的基础,农民问题始终是我国革命、建设、改革的根本问题。""农业不断发展,农民积极性高涨,大家都有饭吃,国家和社会的事情就好办多了。这是我们治国安邦的一条基本经验。"① 基于此,他要求各地干部做好以下几个方面的重要工作:牢固树立农业是基础的思想,切实加强农业和农村工作;切实保护农民利益,调动农民生产积极性;积极发展社会主义市场经济,不断增强宏观调控能力;加强和改进党对农村工作的领导,推动农村全面发展。② 把解决好"三农"问题看成治国安邦的一条基本经验,这是江泽民整个反贫困思想的基础。

2. 扶贫开发对中国具有重要意义

江泽民就扶贫开发对中国的重要意义从几个主要方面进行了深刻阐述。

第一,扶贫开发与中国共产党的根本宗旨和社会主义的性质紧密相连。江泽民从中国共产党的根本宗旨和社会主义的性质出发,阐述了党和人民政府必须高度重视扶贫开发,必须认真搞好扶贫开发,必须通过搞扶贫开发,使中国的贫困人口和贫困地区尽快脱贫,最终实现全体人民的共同富裕。他说:"我们党的宗旨是全心全意为人民服务。我们搞社会主义,是要解放和发展生产力,消灭剥削和贫穷,最终实现全体人民共同富裕。"③ 他指出:"鼓励一部分地区、一部分人先富起来,先富带动和帮助未富,最终实现共同富裕,是我们既定的政策。"④ 而实现共同富裕,也是党的根本宗旨的要求,因为党的根本宗旨是党的一切活动的主要目的和意图,即党的一切活动的根本出发点和目的,这是党全部政策的出发点和归宿,也是各级党组织和全体党员一切言论和行为所要遵循的基本准则。江泽民认为,在中国搞扶贫开发也"是我们党的宗旨和社会主义的性质决定的"。⑤ 从理论上说,社会主义社会是一种以群体利益为目标,以按劳动分配为根本的非个人获利模式,以是否对社会发展有利作为衡量标准的社会。但是,从现实的角度来看,我国还存在大量

---

① 《江泽民文选》第1卷,人民出版社,2006,第258页。
② 参见《江泽民文选》第1卷,人民出版社,2006,第258~276页。
③ 《江泽民文选》第1卷,人民出版社,2006,第548~549页。
④ 《江泽民文选》第1卷,人民出版社,2006,第549页。
⑤ 《江泽民文选》第1卷,人民出版社,2006,第548页。

的贫困人口，还有着比较明显的贫富差别。这就充分说明，中国要搞社会主义，就必须解放和发展生产力，走共同富裕之路。从这个意义上看，中国的扶贫开发就应该而且必然是社会主义建设的产物。江泽民从中国共产党的根本宗旨和社会主义性质的高度看待扶贫开发，反映了他对扶贫开发意义的深刻认识。

　　第二，扶贫开发事关中国改革、发展、稳定的大局。在江泽民眼中，农村的扶贫开发工作对于中国的进一步发展非常重要，它关乎着中国的改革、发展和稳定的大局并且是由维护改革、发展、稳定的大局决定的。他说："在一些贫困地区，由于群众生活非常困苦，潜伏着不少不稳定因素。如果社会秩序稳不住，就谈不上改革和发展。"① 在这里，江泽民表达得很清楚：扶贫开发工作做不好，中国的改革、发展、稳定大局是没有保障的。早在 1994 年 5 月 5 日，江泽民在上海考察工作时就谈到，要把握好改革、发展和稳定的关系。他说："改革是动力，发展是目标，稳定是前提。没有改革，我们就不可能走出一条建设有中国特色社会主义的正确道路，我们的事业就不可能顺利前进；没有发展，我们就不可能实现现代化，也就不可能保持党和国家长治久安；没有稳定，改革和发展都无从进行。"② 可见，江泽民深刻认识到了改革、发展和稳定之间相互依存、相互制约的辩证关系。坚持把发展作为主题，正确处理好改革、发展、稳定之间的辩证关系，是党和人民政府处理一切问题的根本原则。在当代中国，发展是硬道理，这是在处理改革、发展、稳定三者相互关系问题时首先要树立的观念；发展的一个主要内容是经济发展，经济发展了，人民生活条件和生活状况改善了，才能更好地推进各项改革事业；改革是为了更好地发展，各项事业都发展好了，国家和社会稳定的大局就有了。中国的扶贫开发本身就是一项针对贫困地区和贫困人口发展的事业，它呼唤改革，它也呼唤稳定的社会环境，也只有这样，它才会得到顺利开展和推进。

　　第三，扶贫开发是社会主义制度优越性的体现。从理论上说，社会主义社会作为共产主义的第一阶段或初级阶段，是为克服资本主义的弊

---

① 《江泽民文选》第 1 卷，人民出版社，2006，第 550 页。
② 《江泽民文选》第 1 卷，人民出版社，2006，第 365 页。

端而产生的崭新的社会制度。我国社会主义制度的优越性体现在：其一，随着社会主义制度的建立，人民群众受压迫受剥削的社会地位得到了彻底改变，他们翻身得解放，成了国家的主人，充分享有管理国家、社会事务的权力以及各种民主权利。其二，我国社会主义主要是在公有制基础上发展生产力，从根本上解决了生产的社会化与生产资料私人占有之间的矛盾，从而为生产力的发展开辟了广阔前景。其三，我国社会主义提倡按劳分配为主体的分配原则，鼓励诚实劳动和勤劳致富，不断扩大社会福利，努力实现社会公平正义，避免两极分化。其四，我国努力建设社会主义民主法治，坚持依法治国与以德治国相结合，不断推进国家的物质文明、精神文明、政治文明、社会文明、生态文明建设，建设成果归广大人民群众享有。其五，我国社会主义提倡自力更生，艰苦奋斗，对内实行改革，对外扩大开放，通过充分利用自身资源和国际有利因素，不断完善和发展自己。其六，实现共同富裕，是社会主义的本质规定。因此，社会主义社会要从根本上消灭贫穷落后、实现全体人民共同富裕。这就必然要求社会主义社会的执政党及其政府把扶贫开发任务自觉地担负起来并努力完成它。所以，江泽民说："我们党和国家开展扶贫开发，努力解决贫困人口的生产生活问题，是我国社会主义制度优越性的一个重要体现。"[①] 他的这个说法，显然是有着扎实的理论依据的。

第四，扶贫开发是推进我国人权事业发展的重要举措。关于人权，世界各地存在不同看法，不仅中西方的看法不一样，就连欧美国家内部，它们对人权的看法也很不一样。基于这种情况，我们认为需要先给"人权"一个明确的界定。否则，要谈论人权就很容易招致非议。我们认为，人权是指一定社会或国家中受到认可和保障的每个人实际拥有和应当拥有的权利的最一般的形式，特别是基本权利。此处"受到认可和保障"主要是指受到法律的认可和保障；"每个人"是指国家的每个公民或社会一切成员；"实际拥有和应当拥有"是指人权作为"权利的最一般的形式"包括实然权利和应然权利；"权利的最一般的形式"指人权是每个人实际拥有或应当拥有权利的最普遍的概括，即泛指凡人实际拥有或

---

① 《江泽民文选》第 3 卷，人民出版社，2006，第 248 页。

应该享受的一切权利;"基本权利"指作为其他权利基础的权利。① 按享受权利的主体进行划分,人权包括个人人权和集体人权。按照权利的内容来划分,人权包括公民、政治权利和经济、社会、文化权利。在当今世界,维护和保障人权是一项基本道义原则。由于中国是一个曾经长期遭受外国侵略、掠夺和压迫的发展中国家,因此,争取生存权和发展权历史地成为中国人民长期以来最迫切的要求。江泽民担任中共中央总书记期间,中国政府继续坚定不移地坚持推行以经济建设为中心,实行改革开放,在发展经济的基础上不断改善人民的生存权和发展权,取得了举世瞩目的成就。开展扶贫开发,就是要解决中国贫困人口基本的生存问题和发展问题,也就是生存权和发展权的问题。江泽民指出:"组织扶贫开发,解决几亿人的温饱问题,说明我们党和国家高度重视推进中国人民的人权事业,为保障人民的生存权和发展权这一最基本、最重要的人权,进行了锲而不舍的努力。"② 他这段话其实隐含了这样一层意思,即扶贫开发是推进我国人权事业发展的重要举措。因为,中国党和政府组织扶贫开发,目的就是保障人民的生存权和发展权。反过来说,为了保障人民的生存权和发展权,中国党和人民政府采取了扶贫开发的措施——显然,这层意思与"扶贫开发是推进我国人权事业发展的重要举措"本质上是一样的。

3. 扶贫开发应坚持科技先行、可持续发展和因地制宜的原则

在如何进行扶贫开发问题上,江泽民结合中国的国情和发展要求提出了几个重要原则。

第一,坚持科技先行的原则。江泽民非常重视科技进步。他指出:"我们要坚持把科学技术放在优先发展的战略地位,坚持依靠科技进步来提高经济效益和社会效益。"③ 他还说:"经济建设必须坚定地依靠科技进步,才能蓬勃而持续地发展。""科技工作必须更加自觉地面向经济建设,把促进经济发展作为中心任务和首要目标。"④ 扶贫开发工作,也是国家经济建设工作的重要组成部分。江泽民认为,要搞好扶贫开发,就

---

① 郑杭生主编《人权新论》,中国青年出版社,1993,第2页。
② 《江泽民文选》第3卷,人民出版社,2006,第248页。
③ 江泽民:《论科学技术》,中央文献出版社,2001,第3页。
④ 江泽民:《论科学技术》,中央文献出版社,2001,第52页。

应该走科技先行的路子。他指出："贫困地区经济落后的一个重要原因是科技落后，生产经营粗放。""因此，贫困地区要下功夫抓好技术推广工作。"① 也就是说，贫困地区要脱贫，科学技术要先行。

第二，坚持可持续发展的原则。可持续发展，是一种关于自然、科技、经济、社会协调发展的理论和战略。我国在现代化建设过程中，紧随世界前进步伐，将可持续发展作为国家战略付诸实施。江泽民指出："在现代化建设中，必须把实现可持续发展作为一个重大战略。"② 此后，江泽民反复强调实施可持续发展战略的重要性。他认为，扶贫开发是惠及我国广大贫困人口的民生事业，不能只顾眼前利益，而应该着眼长远利益，为子孙后代造福。2001 年 5 月 25 日，江泽民指出："要努力改善贫困地区的生产条件、生活条件和生态条件，提高群众的科技文化素质，充分利用当地自然资源和劳动力资源，发挥比较优势，促进生产发展，促进群众生活改善，并逐步增强自我积累和自我发展的能力。"③ 在这里，他提到了改善生态条件，这其实就是要求扶贫开发工作走可持续发展之路。

第三，坚持因地制宜的原则。所谓因地制宜，是指根据各地的具体情况，制定适宜的办法。因地制宜作为一种工作方法，体现了实事求是的原则。我们党历来讲究实事求是。坚持实事求是，也是中国共产党长期以来形成的优良传统和工作作风。江泽民认为，在我国搞扶贫开发，也应该坚持从实际出发，实事求是，因地制宜。他说："想问题、办事情，不能搞好高骛远的理想化，而要实事求是、脚踏实地地前进。"④ 他这里所强调的，其实就是坚持因地制宜。

4. 扶贫开发要有好的工作思路和方法

在我国，扶贫开发工作虽然从属于经济建设工作，但是它却是一项相对独立而又庞大的系统工程。要做好这件事，需要有好的工作思路和方法。在如何进行扶贫开发工作这个问题上，江泽民提出了一些行之有效的思路和方法。

第一，继续通过改革推进贫困地区的发展。江泽民非常重视改革在中

---

① 《江泽民文选》第 1 卷，人民出版社，2006，第 554 页。
② 《江泽民文选》第 1 卷，人民出版社，2006，第 463 页。
③ 《江泽民文选》第 3 卷，人民出版社，2006，第 251 页。
④ 《江泽民文选》第 2 卷，人民出版社，2006，第 96 页。

国经济社会发展中的巨大作用。1995 年 9 月 28 日，他在党的十四届五中全会上指出："改革是经济社会发展的强大动力，是为了进一步解放和发展生产力。十七年经济建设的巨大成就是在改革中实现的。实现未来十五年的奋斗目标，关键仍在于深化改革。改革是社会主义制度的自我完善和发展。它的决定性作用不仅在于解决当前经济社会发展中的一些重大问题，推进社会生产力的解放和发展，还要为下世纪我国经济持续发展和国家长治久安打下坚实的基础。"① 在这里，江泽民向我们揭示了这样一个道理：中国经济社会的发展进步要靠改革，解决中国经济社会中的一些重大问题要靠改革，国家的可持续发展和长治久安，还是要靠改革。在我国的扶贫开发工作上，江泽民也是改革的思路。2001 年 5 月 25 日，他又指出："扶贫开发工作取得的成就，是我们坚持贯彻邓小平理论、不断深化改革的结果。"② 也就是说，没有改革，我国的扶贫开发成绩就不会有现在这么大，所以他主张扶贫开发"要继续坚持通过改革推进发展的路子"③，要通过改革，充分调动农民的积极性、主动性和创造性。

第二，继续发扬艰苦奋斗的创业精神。艰苦奋斗是中国共产党在长期的革命、建设实践中所形成的优良传统和作风，也是中国共产党的政治本色。毛泽东一贯倡导艰苦奋斗的革命精神和优良作风，无论是在新民主主义革命时期还是在社会主义革命和建设时期，他都反复强调要艰苦奋斗。1929 年 12 月，毛泽东提出了党员应和民众艰苦斗争的观点。1945 年，他在《论联合政府》中说，艰苦奋斗"是中国解放区的特色之一"。④ 新中国成立前夕，他在党的七届二中全会上要求全党继续保持艰苦奋斗的作风。新中国成立后，他又多次强调要继续发扬艰苦奋斗的革命精神和工作作风。在改革开放新的历史条件下，江泽民反复强调要保持和发扬艰苦奋斗的精神。1997 年 1 月 29 日，他在中共中央纪律检查委员会第八次全体会议上说："我国人口多、底子薄，人均资源少，综合国力还不强，在前进道路上面临不少困难和新的问题，而且还面临发达国家经济、科技占优势的压力。我们要实现社会主义现代化，赶上发达国

---

① 《江泽民文选》第 1 卷，人民出版社，2006，第 461 页。
② 《江泽民文选》第 3 卷，人民出版社，2006，第 250 页。
③ 《江泽民文选》第 3 卷，人民出版社，2006，第 250 页。
④ 《毛泽东选集》第 3 卷，人民出版社，1991，第 1048 页。

家的水平，必须艰苦奋斗几十年乃至更长时间。现在，全国还有五千八百万农村人口没有解决温饱问题，要保证全国农村贫困人口稳定地脱贫致富，任务十分艰巨；还有相当一部分国有企业生产经营困难，经济效益不好，全国大概有几百万职工不能按时足额领到工资，下岗待业人员增多。面对这些情况，我们各级领导机关、领导同志和广大干部更应该自觉发扬艰苦奋斗、勤俭节约的精神，没有任何理由铺张浪费、挥霍国家和人民的钱财。"① 2001 年 5 月 25 日，他在中央扶贫开发工作会议上指出："自力更生、艰苦奋斗，是我们党的优良传统和政治本色，也是我们克服困难、开创事业的重要法宝。完成新阶段扶贫开发的任务，必须继续坚持贯彻这一方针。贫困地区的干部群众有没有改天换地、战胜贫穷的艰苦奋斗的雄心壮志，有没有不等不靠、积极进取的自力更生的顽强意志，决定着脱贫致富的进程和成效。"② 在这里，江泽民把发扬艰苦奋斗的创业精神看成广大贫困人口脱贫致富的强大动力。他的意思是，贫困地区的干部群众要把发扬艰苦奋斗这样的行之有效的方法好好地用起来。2003 年 3 月 6 日，江泽民参加上海代表团的全体会议，与代表们一起审议政府工作报告时强调指出："发展是硬道理，用发展的办法解决前进中的问题，这是我们党通过长期实践总结出来的一条重要经验。尽管天下还不太平，但国际大的格局没有改变。在这个背景下，我们必须紧紧抓住机遇，始终坚持与时俱进，始终坚持艰苦奋斗，集中精力办好自己的事情，把经济建设搞上去，把综合国力搞上去。这对于实现全面建设小康社会的宏伟目标，实现中华民族的伟大复兴，具有重大意义。"③ 在扶贫开发问题上，江泽民也坚持艰苦奋斗的观点。他说，我们建设有中国特色的社会主义，"必须大力弘扬党的艰苦奋斗的优良传统"。④ 在这里，他仍然要求各级干部继续发扬艰苦奋斗的创业精神，扎扎实实抓好扶贫开发工作。在江泽民看来，继续发扬艰苦奋斗的创业精神，是中国贫困地区干部群众搞好扶贫开发工作的重要思路和方法。

---

① 《江泽民文选》第 1 卷，人民出版社，2006，第 617～618 页。

② 《江泽民文选》第 3 卷，人民出版社，2006，第 251 页。

③ 《江泽民在参加上海代表团审议时指出：始终坚持与时俱进　始终坚持艰苦奋斗　把经济建设搞上去　把综合国力搞上去》，人民网，http://www.people.com.cn/GB/paper39/8636/809276.html，最后访问日期：2019 年 9 月 10 日。

④ 江泽民：《论党的建设》，中央文献出版社，2001，第 237 页。

　　第三，贯彻发展是硬道理的重要思想。1992 年初，邓小平在南方谈话中提出"发展才是硬道理"①的著名论断，强调了发展在中国特色社会主义建设中的重要性。江泽民在带领全国各族人民开展社会主义建设的过程中，发展了邓小平理论中关于发展的地位的思想。2000 年 10 月 11 日，江泽民在《发展要有新思路》中提出："发展是硬道理，这是我们必须始终坚持的一个战略思想。"②江泽民把发展置于国家战略的高度来突出强调，反映了他对发展问题的深刻认识。在扶贫开发问题上，江泽民也反复强调发展的重要性。他说："解决中国的所有问题，最根本的要靠发展。解决贫困地区的问题，最根本的也要靠发展。""坚持贯彻发展是硬道理的思想，最重要的就是要不断增强贫困地区自我发展的能力。这是开发式扶贫的真谛所在。"③

　　第四，动员全社会为扶贫开发共同努力。江泽民对中国社会的贫困问题有清醒、深刻和全面的认识：要在 20 世纪末基本解决贫困人口温饱问题，任务非常艰巨；处在深山区、石山区、荒漠区、高寒山区、黄土高原区、地方病高发区和水库移民区的人们的脱贫问题，"是扶贫工作中难啃的硬骨头"④；要解决中国社会的贫困问题，单靠某一支力量是远远不够的，而是需要全体中国人民的共同努力。事实上，要求全党、全社会动员起来，加大扶贫开发力度，这是江泽民在扶贫开发问题上一贯强调的做法。1996 年 9 月 23 日，江泽民指出："广泛动员全社会力量参与扶贫，是扶贫工作的一个重要方针。"⑤

　　第五，继续搞好东西部地区的扶贫协作。早在 1979 年，中共中央就决定，组织内地 6 个省、市对口支援边境地区和少数民族地区。1983 年，国务院批转《关于经济发达省、市同少数民族地区对口支援和经济技术协作工作座谈会纪要》，决定由国家经委牵头，组织经济发达省、市同少数民族地区开展对口支援和经济技术协作。1987 ~ 1991 年，国家每年从扶贫贷款中划出 1.5 亿元，用于东部与西部加工大联合的合作项目。

---

① 《邓小平文选》第 3 卷，人民出版社，1993，第 377 页。
② 《江泽民文选》第 3 卷，人民出版社，2006，第 118 页。
③ 《江泽民文选》第 3 卷，人民出版社，2006，第 251 ~ 252 页。
④ 《江泽民文选》第 1 卷，人民出版社，2006，第 548 页。
⑤ 《江泽民文选》第 1 卷，人民出版社，2006，第 555 页。

1994 年 4 月,《国家八七扶贫攻坚计划(1994—2000 年)》提出了经济发达省市对口扶持西部贫困省区的帮扶任务和政策,指定由国务院扶贫开发领导小组组织实施。1996 年 7 月,国务院办公厅转发了《国务院扶贫开发领导小组关于组织经济较发达地区与经济欠发达地区开展扶贫协作的报告》,对协作的内容、政策和组织领导等问题做出了具体规定,确定北京帮扶内蒙古,天津帮扶甘肃,上海帮扶云南,广东帮扶广西,江苏帮扶陕西,浙江帮扶四川,山东帮扶新疆,辽宁帮扶青海,福建帮扶宁夏,大连、青岛、深圳、宁波帮扶贵州。东西部协作扶贫取得了突出的成绩。江泽民指出,东部 13 个省市对口帮扶西部 10 个省区的扶贫协作工作,取得了很大成绩。"要进一步扩大规模、提高水平……要按照优势互补、互惠互利、长期合作、共同发展的原则,继续开展多层次、多渠道、多形式的经济技术合作。"①

第六,继续加强对扶贫开发的领导以及组织落实工作。江泽民非常重视党的领导在中国特色社会主义建设事业中的不可替代的巨大作用。他指出:"历史和现实反复证明,要走社会主义道路,就不能没有共产党领导。"② 在扶贫开发问题上,江泽民强调党的领导和组织落实工作,他要求各级党政一把手组织指挥本地的扶贫工作,要求各级党政机关组织干部到贫困村去具体做帮扶工作,要求把扶贫攻坚的任务和措施具体落实到贫困村和贫困户。他说:"要坚持实行扶贫工作责任制,党政第一把手负总责,一级抓一级,层层抓落实。""必须把扶贫资金落实到贫困村、贫困户,减少一切可能消耗扶贫资金的中间环节。"③ 显然,江泽民在扶贫开发问题上强调要坚持党的领导。由此来看,坚持党的领导是江泽民反贫困思想的一个重要方面。

(四) 胡锦涛的反贫困思想

胡锦涛非常关注贫困问题。早在担任贵州省委书记时,他就曾经倡导建立了毕节扶贫开发生态建设试验区。面对贵州省与全国特别是东部地区的差距越来越大的现实,他深刻思考贵州省贫困的原因,认为"一

---

① 《江泽民文选》第 3 卷,人民出版社,2006,第 253 页。
② 《江泽民文选》第 1 卷,人民出版社,2006,第 92 页。
③ 《江泽民文选》第 3 卷,人民出版社,2006,第 254 页。

个贫困，一个生态恶化"是严重困扰贵州省经济社会发展的"两大突出问题"。① 他高度重视粮食问题和扶贫工作。1988 年 8 月 22 日，胡锦涛在中共贵州省第六次代表大会上的报告中指出："粮食问题是制约贵州经济发展的一个突出问题，随着人口增加、人均耕地面积减少，粮食短缺矛盾将更加尖锐，对此决不能掉以轻心。"② 他主张为贫困地区的发展创造良好的环境，鼓励科研单位和科技人员到贫困地区服务，鼓励先进地区及企业到贫困地区办企业、搞开发，并对它们提供优惠。他重视贫困地区交通、能源、市场等基础设施建设，为贫困地区摆脱贫困打下良好基础。由此可以看出，在贵州任职期间，胡锦涛在扶贫开发方面已经初步形成了相对成熟的扶贫开发的系统性思路。③1992 年以后，他一如既往地关注贫困问题，把中国的民生问题摆在十分重要的位置，大力开展民生建设，从各个方面解决人民的民生问题、生活困难问题。进入 21 世纪，他从复杂多变的国际经济政治形势和中国的实际国情出发，结合时代发展的新特点，提出了科学发展观、建设社会主义和谐社会以及新农村建设等思想，推动了中国反贫困事业的深入发展。胡锦涛在各地任职和在党中央工作期间，关注、思考和研究贫困问题、民生问题、科学发展等问题，形成、丰富和发展了自己的反贫困思想。这里需要特别说明的是，胡锦涛话语中的贫困，不仅是指物质贫困（经济贫困或收入贫困），还明显包含了精神贫困、权利贫困等类型的贫困。如果说，毛泽东、邓小平、江泽民在谈及贫困问题时，他们话语中的"贫困"多数时候主要是指物质贫困的话，那么胡锦涛所说的"贫困"的内涵明显有了拓展，他的话语中"贫困"还包含了政治权利、文化权利、社会权利享受不足所显示出来的贫困，即各种权利贫困。④胡锦涛反贫困思想的主要内容包括以下几个方面。

1. 提倡科学发展，主张发展成果由人民共享

提倡科学发展，主张发展成果由人民共享，是胡锦涛反贫困思想中的核心要点和基础理论。他的反贫困思想中的所有观点和主张，都是以

① 《胡锦涛文选》第 1 卷，人民出版社，2016，第 1 页。
② 《胡锦涛文选》第 1 卷，人民出版社，2016，第 8~9 页。
③ 参见《胡锦涛文选》第 1 卷，人民出版社，2016，第 12~13 页。
④ 国内学界关于权利贫困方面的研究极为缺乏，关于权利贫困方面的知识，建议参看文建龙《权利贫困论》（安徽人民出版社，2010）。此处不做具体介绍。

此为基础展开并以此为归宿的。

2003 年 4 月 15 日，胡锦涛在广东省考察时强调，要坚持全面的发展观。7 月 28 日，他在全国防治非典工作会议上指出，要更好地坚持协调发展、全面发展、可持续发展的发展观。10 月 14 日，党的十六届三中全会通过的《中共中央关于完善社会主义市场经济体制若干问题的决定》明确提出"坚持以人为本，树立全面、协调、可持续的发展观……努力在经济社会协调发展的基础上促进人的全面发展"①，强调要"按照统筹城乡发展、统筹区域发展、统筹经济社会发展、统筹人与自然和谐发展、统筹国内发展和对外开放的要求"②，推动社会主义市场经济体制的进一步完善，为全面建设小康社会提供强有力的体制保障。党的十六届三中全会第一次把"以人为本"与全面、协调、可持续发展的概念以及"五个统筹"即"统筹城乡发展、统筹区域发展、统筹经济社会发展、统筹人与自然和谐发展、统筹国内发展和对外开放"作为一个有内在联系的整体正式写入党的文件，标志着科学发展观的初步形成。③ 2007 年 10 月 15 日，胡锦涛在党的十七大报告中指出："科学发展观，第一要义是发展，核心是以人为本，基本要求是全面协调可持续，根本方法是统筹兼顾。"④ 这是对科学发展观的完整表述。科学发展观是发展中国特色社会主义必须坚持和贯彻的重大战略思想，它既深刻回答了什么是科学发展、为什么要科学发展的问题，也深刻回答了为谁发展、靠谁发展、发展成果归什么人共享的问题，还深刻回答了怎样实现科学发展的问题。⑤ 胡锦涛强调："全心全意为人民服务是党的根本宗旨，党的一切奋斗和工作都是为了造福人民。要始终把实现好、维护好、发展好最广大人民的根本利益作为党和国家一切工作的出发点和落脚点，尊重人民主体地位，发挥人民首创精神，保障人民各项权益，走共同富裕道路，促进人的全面发展，做到发展为了人民、发展依靠人民、发展成果由人民共享。"⑥ 在这里需要指出的是，提倡科学发展，主张发展成果由人民共

① 《胡锦涛文选》第 3 卷，人民出版社，2016，第 143 页。
② 《胡锦涛文选》第 3 卷，人民出版社，2016，第 175 页。
③ 参见文建龙《科学发展观理论与实践》，青海人民出版社，2012，第 13 页。
④ 《胡锦涛文选》第 2 卷，人民出版社，2016，第 623 页。
⑤ 参见文建龙《科学发展观理论与实践》，青海人民出版社，2012，第 1 ~ 3 页。
⑥ 《胡锦涛文选》第 2 卷，人民出版社，2016，第 624 页。

享，是胡锦涛执政理念的一个重要组成部分。但是，由于该执政理念的根本目的是实现好、维护好、发展好最广大人民的根本利益，是促进社会公平正义，也是实现共同富裕，因此，完全可以而且应该把它当成胡锦涛反贫困思想的核心要点和基础理论。它既然有着实现共同富裕的明确目的，那它理所当然就是一种反贫困思想。

2. 始终把保障农民权益放在农村改革发展的首要位置

新中国成立以来，党和国家主要领导人都对"三农"问题有着深刻认识并高度重视之。胡锦涛也高度重视"三农"问题。关于"三农"问题，他从不同角度对之有过很多深刻论述。这些论述反映了他对"三农"问题的深刻思考，也构成了他的反贫困思想的重要内容。2003 年 7 月 28 日，他指出："没有农民的小康就没有全国人民的小康，没有农村的现代化就没有全国的现代化。"① 他表示："要加大扶贫开发力度，提高扶贫开发成效，以改善生产生活条件和增加农民收入为核心，加快贫困地区脱贫步伐。"② 在这里，他把农民的小康和农村的现代化和全国的现代化紧密联系起来，从农民小康、农村现代化和全国现代化的战略高度来论述"三农"问题，深刻揭示了"三农"问题在中国发展中的极端重要性。胡锦涛的这种思想是一贯的。2004 年 5 月 5 日，他在江苏省考察时指出："农业、农村、农民问题，始终是一个关系党和国家工作全局的根本性问题。"③ 他要求各级党组织和政府机构下大力气解决好"三农"问题。2004 年 9 月 19 日，胡锦涛说："农业是安天下、稳民心的战略产业，必须始终抓紧抓好。"④ 这充分表明了他对"三农"问题的高度重视。事实上，"三农"问题是胡锦涛反复强调要抓好的重大问题。2007 年 12 月 21 日，胡锦涛指出："要强调一下粮食安全问题，这关系到防止明显通胀目标的实现，关系到经济全局，关系到人民群众切身利益。大意不得！疏忽不得！放松不得！"⑤ 这三个"不得"，表明胡锦涛是将粮食问题看成极为重要的头等大事的。2008 年 9 月 9 日，胡锦涛在

---

① 《胡锦涛文选》第 2 卷，人民出版社，2016，第 68 页。
② 《胡锦涛文选》第 2 卷，人民出版社，2016，第 20 页。
③ 《胡锦涛文选》第 2 卷，人民出版社，2016，第 175 页。
④ 《胡锦涛文选》第 2 卷，人民出版社，2016，第 247 页。
⑤ 《胡锦涛文选》第 3 卷，人民出版社，2016，第 26 页。

河南焦作主持召开农村改革发展问题座谈会讲话时指出："农业是国民经济的基础，是安天下、稳民心的战略产业。我国是人口众多的发展中大国，解决好十几亿人口吃饭问题始终是治国安邦的头等大事，任何时候都不能掉以轻心。如果人民群众吃饭问题没有保障，一切发展都无从谈起。"① 胡锦涛这样反复强调"三农"问题的目的是什么呢？简单地说，目的其实就是解决"三农"问题。所以，他说："我们要始终把保障农民权益放在农村改革发展的首要位置，把实现好、维护好、发展好广大农民根本利益作为农村一切工作的出发点和落脚点，充分尊重农民首创精神，着力解决农民最关心最直接最现实的利益问题，全面保障农民经济、政治、文化、社会权益。"②

3. 把扶贫开发工作同农村基层党组织建设紧密结合起来

胡锦涛重视通过抓农村基层党组织建设来推动扶贫开发工作。他多次强调并具体论述了这个问题。1996 年 10 月 25 日，他在全国农村基层组织建设工作会议上指出："打好扶贫攻坚战，归根到底，要靠基层党组织带领群众去苦干实干。""因此，打好扶贫攻坚战，必须首先抓好基层组织建设……要把扶贫开发工作同整顿和建设农村基层组织结合起来安排，统一部署，统一调度力量，同步进行工作。"③ 在他看来，打好扶贫攻坚战，既需要基层党组织带头推动，又需要广大群众苦干实干，二者缺一不可；唯有贫困地区基层党组织坚强有力，才能很好地号召、发动群众来搞扶贫开发，才能使当地群众的积极性和创造性很好地发挥出来，从而达到有效地改变贫困落后面貌的目的。1998 年 9 月 27 日，胡锦涛又指出："打好扶贫攻坚这场硬仗……既是经济问题，又是政治问题……把加强农村基层组织建设与扶贫攻坚紧密结合起来，有针对性地采取措施。"④ 在这里，胡锦涛不仅阐述了扶贫攻坚的重要地位和重要意义，还为农村广大党员干部指明了如何通过加强基层党组织建设去推动扶贫开发工作，体现了他对党的建设与扶贫开发的深刻认识。

---

① 《胡锦涛文选》第 3 卷，人民出版社，2016，第 89 页。

② 《胡锦涛文选》第 3 卷，人民出版社，2016，第 90 页。

③ 胡锦涛：《全面、深入、扎实、持久地推进农村基层组织建设》，《求是》1996 年第 24 期。

④ 胡锦涛：《农村基层组织建设要同发展农村经济、推进扶贫攻坚紧密结合》，《开发与致富》1998 年第 10 期。

4. 坚持统筹兼顾，不断加大扶贫开发力度

统筹兼顾是中国共产党在长期革命、建设和改革的不同历史时期所形成的一条宝贵经验，是马克思主义方法论的必然要求，同时也是中国共产党科学的思想方法和工作方法。胡锦涛将统筹兼顾作为科学发展观的一个重要组成部分。在扶贫开发问题上，胡锦涛主张统筹兼顾，不断加大扶贫开发的力度。2005 年 9 月 29 日，胡锦涛指出："坚持统筹城乡发展，在经济社会发展的基础上不断推进城镇化……实现以工促农、以城带乡，最终达到城乡共同发展繁荣。"[①] 在这里，胡锦涛虽然没有提到"扶贫"两个字，但他的主要意图是通过提高城镇化发展水平来推动"三农"问题的解决。这实质上就是扶贫问题或反贫困问题。胡锦涛在很多场合都表示要统筹城乡发展，推动"三农"问题的顺利解决。2006年 2 月 14 日，胡锦涛指出："解决好农业和农村发展、农民增收问题，仅靠农村内部资源和力量已经不够，必须在继续挖掘农村内部资源和力量的同时，充分运用外部资源和力量，推动国民收入分配向农业和农村倾斜，依靠工业反哺和城市支持。"[②] 在这里，他没有提到"统筹兼顾"四个字，但是字里行间都反映着统筹兼顾思想。在胡锦涛看来，解决"三农"问题，不能仅仅着眼于农村内部资源和力量，而应该要有系统的观念、大局的观念、统筹兼顾的观念。他这样强调的根本目的是希望各方面资源都能够得到充分利用，发挥最大的经济效益，取得最好的扶贫开发效果。

5. 按照构建社会主义和谐社会和建设社会主义新农村的要求搞好扶贫开发

以胡锦涛为总书记的党中央领导集体，面对国际国内错综复杂的形势，锐意进取，开拓创新，在理论建设上不断突破。在党的十六届三中全会上，党中央正式提出了科学发展观，在国内外理论界引起了热烈反响。在党的十六届四中全会上，党中央针对新世纪新阶段我国所面临的前所未有的发展机遇和严峻挑战，又明确提出了构建社会主义和谐社会的重大战略任务，第一次把社会主义和谐社会建设放到同经济建设、政

---

① 《胡锦涛文选》第 2 卷，人民出版社，2016，第 357～358 页。
② 《胡锦涛文选》第 2 卷，人民出版社，2016，第 248 页。

治建设、文化建设并列的突出位置，使我们党全面建设小康社会、开创中国特色社会主义新局面的奋斗目标，由发展社会主义市场经济、社会主义民主政治和社会主义先进文化三位一体的总体布局，扩展为包括社会主义和谐社会在内的四位一体的总体布局。在党的十六届五中全会上，党中央又提出要按照"生产发展、生活宽裕、乡风文明、村容整洁、管理民主"① 的要求，扎实推进社会主义新农村建设。这里需要附带说明的是，"建设社会主义新农村"并不是一个新概念，党中央自 20 世纪 50 年代以来曾多次提到过。但是，党的十六届五中全会提出的建设社会主义新农村具有更为深远的意义和更加全面的要求。社会主义新农村建设是在我国总体上进入以工促农、以城带乡的发展新阶段后面临的重大课题，是时代发展和构建和谐社会的必然要求。构建社会主义和谐社会和建设社会主义新农村思想的提出，表明党中央对中国特色社会主义建设有了更为深刻的认识以及更为清晰的目标和思路。胡锦涛认为："我们所要建设的社会主义和谐社会，是民主法治、公平正义、诚信友爱、充满活力、安定有序、人与自然和谐相处的社会。"② 2005 年 2 月 19 日，胡锦涛从国内、国际和我们党肩负的使命三个方面阐述了构建社会主义和谐社会的重要意义。他说："从国内看，构建社会主义和谐社会，是我们抓住和用好重要战略机遇期、实现全面建设小康社会宏伟目标的必然要求。"③ "从国际看，构建社会主义和谐社会，是我们把握复杂多变的国际形势、有力应对来自国际环境的各种挑战和风险的必然要求。"④ "从我们党肩负的使命看，构建社会主义和谐社会，是巩固党执政的社会基础、实现党执政的历史任务的必然要求。构建社会主义和谐社会，是我们党坚持立党为公、执政为民的必然要求，是我们党实现好、维护好、发展好最广大人民根本利益的重要体现，也是我们党实现执政的历史任务的重要条件。"⑤ 他还深刻指出："构建社会主义和谐社会，关系到最广大人民根本利益，关系到巩固党执政的社会基础、实现党执政的历史

---

① 《胡锦涛文选》第 2 卷，人民出版社，2016，第 412 页。
② 《胡锦涛文选》第 2 卷，人民出版社，2016，第 470 页。
③ 《胡锦涛文选》第 2 卷，人民出版社，2016，第 274 页。
④ 《胡锦涛文选》第 2 卷，人民出版社，2016，第 276 页。
⑤ 《胡锦涛文选》第 2 卷，人民出版社，2016，第 277 页。

任务，关系到全面建设小康社会全局，关系到党的事业兴旺发达和国家长治久安。"① 他强调，构建社会主义和谐社会是建设中国特色社会主义的一项基本任务，要求全党重点做好构建社会主义和谐社会的各项工作，"把构建社会主义和谐社会摆在全局工作的重要位置"。② 胡锦涛强调，要按照构建社会主义和谐社会和建设社会主义新农村的要求搞好扶贫开发工作。这样做，与他对社会主义和谐社会和社会主义新农村建设的看法有关。在他看来，构建社会主义和谐社会和建设社会主义新农村与全体人民的根本利益是一致的，中国特色社会主义就应该是和谐的社会主义，中国社会主义新农村就应该是生活富足、和谐有序的新农村。所以，他说："在建设中国特色社会主义进程中，全国人民根本利益是一致的，我们党代表着中国最广大人民根本利益。这就决定了中国特色社会主义应该是和谐的社会主义，实现社会和谐是中国特色社会主义的本质属性。"③ 胡锦涛认为，社会主义新农村建设与构建社会主义和谐社会是一致的，与全国人民的根本利益也是一致的，它们都是中国特色社会主义的本质属性。按照构建社会主义和谐社会和建设社会主义新农村的要求搞好扶贫开发，体现了科学发展观以人为本、全面协调可持续发展的要求，也体现了统筹兼顾的原则。

马克思主义认为，新的理论必须从积累下来的思想材料出发。对于习近平反贫困系列重要论述来说，毛泽东、邓小平、江泽民、胡锦涛等党和国家领导人的反贫困思想就是积累下来的思想材料。因此，党和国家领导人毛泽东、邓小平、江泽民、胡锦涛等的反贫困思想天然地会成为习近平反贫困系列重要论述的"已有的思想材料"④，因而也必然会成为新时代反贫困思想的重要理论渊源。

① 《胡锦涛文选》第2卷，人民出版社，2016，第278页。
② 《胡锦涛文选》第2卷，人民出版社，2016，第297页。
③ 《胡锦涛文选》第2卷，人民出版社，2016，第425页。
④ 《马克思恩格斯文集》第9卷，人民出版社，2009，第382页。

第三章　新时代反贫困思想的主要内容

习近平长期接触贫困问题和解决贫困问题，总结、积累和形成了丰富的反贫困系列重要论述和相关思想观点。目前，他的反贫困系列重要论述仍在随着中国特色社会主义建设事业的不断推进而处于发展深化和继续完善的过程中，因此，新时代反贫困思想也在随着中国特色社会主义事业的不断推进而处于发展深化和继续完善的过程中。但不容置疑的是，随着习近平反贫困系列重要论述的主体轮廓的定型及其主要内容的臻于成熟，新时代反贫困思想的主体轮廓已经定型，其主要内容也臻于成熟。下面就新时代反贫困思想的主要内容做一个简要梳理。

一　中国反贫困的领导力量

新时代反贫困思想认为，中国反贫困事业要坚持中国共产党的领导。习近平在很多场合都表达了这一观点。早在 1989 年 1 月，他就在《干部的基本功——密切联系人民群众》一文中深刻指出，贫困地区的发展，"最根本的只有两条：一是党的领导；二是人民群众的力量"。[①] 在这里，习近平指出了贫困地区发展的两种最根本的力量，即领导力量和依靠力量。在他看来，贫困地区要发展，需要有坚强的领导力量，这种坚强的领导力量就是中国共产党；不仅如此，贫困地区要发展，还需要有依靠力量，这种依靠力量就是广大人民群众。2003 年 7 月 8 日，习近平在《把帮扶困难群众放到更突出的位置》一文中说："坚持执政为民，全心全意为人民服务，是人民公仆的天职。我们要把帮扶工作看做是分内的事。"[②] 在这里，习近平强调了党的根本宗旨，认为全心全意为人民服务

---

① 习近平：《摆脱贫困》，福建人民出版社，1992，第 10 页。
② 习近平：《之江新语》，浙江人民出版社，2007，第 4 页。

是人民公仆的"天职"。习近平的上述话语充分说明，党的干部即人民公仆的一切行动都应该是遵循党的全心全意为人民服务的根本宗旨的，都应该是听党的指挥的；真正支配干部行为的力量是中国共产党及其根本宗旨，干部所从事的为人民服务的工作都应该是中国共产党领导下的工作。其实，中国共产党从来就是把服务群众看成党的领导工作或党实现了对群众的领导工作，即认为党的领导工作与服务人民群众的工作是一回事。老一辈无产阶级革命家毛泽东、邓小平等都是持这种观点的。1948 年 1 月，毛泽东指出："领导的阶级和政党，要实现自己对于被领导的阶级、阶层、政党和人民团体的领导，必须具备两个条件：（甲）率领被领导者（同盟者）向着共同敌人作坚决的斗争，并取得胜利；（乙）对被领导者给以物质福利，至少不损害其利益，同时对被领导者给以政治教育。没有这两个条件或两个条件缺一，就不能实现领导。"①在这里，毛泽东所主张和倡导的，其实就是要为被领导者的根本利益而奋斗并取得成效，换句话说，实质上就是为他们服务并取得实实在在的成绩；毛泽东所说的"对被领导者给以物质福利"，其实就是指为被领导者服务，满足他们的物质需求。毛泽东的这段论述所要表达的核心观点是：先进政党只有在为被领导者服务的过程中才能实现自己的领导地位。在这一点上，邓小平也说得非常明白。1985 年 5 月 19 日，他在全国教育工作会议上指出："领导就是服务。"②邓小平这里所说的服务，指的是为人民服务。在他看来，中国共产党的领导本质上就是为人民服务。这就说明，在中国共产党人心目中，凡是属于造福人民的事情，不论大小，不论艰难与否，都应该是中国共产党及其党员干部分内的事情，都应该很好地抓起来、管起来、领导起来。中国的反贫困事业是惠及中国亿万群众的伟大事业，新中国历任党和国家主要领导人都强调对之要坚持党的领导。在中国反贫困问题上，习近平反复强调坚持党的领导。他说："各级党委和政府必须坚定信心、勇于担当，把脱贫职责扛在肩上，把脱贫任务抓在手上。"③他主张这样做是有充分的理论依据的。

---

① 《毛泽东选集》第 4 卷，人民出版社，1991，第 1273 页。
② 《邓小平文选》第 3 卷，人民出版社，1993，第 121 页。
③ 《习近平谈治国理政》第 2 卷，外文出版社，2017，第 85~86 页。

（一）中国共产党是中国特色社会主义事业的坚强领导核心

中国共产党是根据马克思列宁主义建党学说建立起来的中国工人阶级政党。按照马克思、恩格斯、列宁等无产阶级革命导师的建党学说，作为工人阶级政党的共产党，是工人阶级中最忠诚、最积极、最有觉悟的部分，是工人阶级的先锋队。早在 19 世纪 40 年代，马克思、恩格斯就在《共产党宣言》中提出并论述了共产党的阶级性和先进性。在他们看来，共产党人是无产阶级利益的忠实代表，无论在理论上还是在实践上，他们都是无产阶级群众中的先进分子。在坚持马克思恩格斯建党学说基本观点的基础上，列宁进一步发展了马克思、恩格斯的建党学说，科学地概括了共产党的性质和作用。他说："党是阶级的先进觉悟阶层，是阶级的先锋队。"① 他所说的"阶级的先锋队"，就是指工人阶级的先锋队。列宁还指出："马克思主义教育工人的党，也就是教育无产阶级的先锋队。"② 列宁在这里说得非常明白，"工人的党"就是"无产阶级的先锋队"。列宁的建党学说对中国共产党产生了深远影响。关于此，刘少奇曾经说："关于我们党的建设的学说体系，基本上是列宁创立的。"③

中国共产党自成立之时起，就坚持以马克思列宁主义为指导，从中国的具体实际出发，把马克思列宁主义的建党原则同中国共产党的建设实践相结合，成功地将自己建设成了中国工人阶级的先锋队。在新民主主义革命时期，中国共产党是中国人民革命事业的坚强领导核心；新中国成立后，它是中国社会主义事业的坚强领导核心；随着改革开放和中国特色社会主义事业的开辟和持续推进，它理所当然又是中国特色社会主义事业的坚强领导核心。近 100 年来，中国共产党之所以能够一直处于中国革命和建设事业的领导核心地位，饱经沧桑而初心不改，历经艰难困苦而理想信仰越发坚定不移，不是偶然的，而是有着深刻的原因的。

1. 中国共产党的性质和历史使命决定了它崇高的角色定位

党的性质是指政党所具有的质的规定性，它决定着建设什么样的党

---

① 《列宁全集》第 24 卷，人民出版社，2017，第 38 页。
② 《列宁专题文集　论马克思主义》，人民出版社，2009，第 198 页。
③ 《刘少奇选集》（上卷），人民出版社，1981，第 182 页。

和怎样建设党的根本问题。中国共产党的性质可以从它的阶级性、先进性和代表性来考察。中国共产党的阶级性表现为它始终是无产阶级根本利益的代表，中国共产党也因此把自己与其他任何政党区别开来。中国共产党的先进性体现在它的阶级先进性、理论先进性和自身建设的先进性方面。中国共产党是以工人阶级为基础建立起来的，而工人阶级因为与社会化大生产相联系而成为最先进和最有前途的阶级，这是中国共产党阶级先进性的体现；中国共产党坚持以马克思列宁主义为指导，坚持把马克思列宁主义与中国具体实际相结合，与时俱进，不断丰富和发展并在实践中不断检验马克思列宁主义，这是中国共产党理论先进性的体现；中国共产党高度重视自身建设，不断加强自身的思想建设、组织建设、作风建设、制度建设和反腐倡廉建设等来完善自己，这是中国共产党自身建设先进性的体现。

中国共产党成立近 100 年来，对自身的性质和历史使命虽然有过多次不同的表述，但是其精神实质却从来就没有变过。党的十九大修订的党章指出："中国共产党是中国工人阶级的先锋队，同时是中国人民和中华民族的先锋队，是中国特色社会主义事业的领导核心，代表中国先进生产力的发展要求，代表中国先进文化的前进方向，代表中国最广大人民的根本利益。"① 党对自己历史使命的表述，其实就是它的最高理想和最终目标，即实现共产主义。中国共产党对党的性质和历史使命的规定决定了它崇高的角色定位。这个崇高定位其实就是指党的先锋队性质和党的核心领导地位和作用：中国工人阶级的先锋队，中国人民和中华民族的先锋队，中国特色社会主义事业的领导核心。在这个角色定位里，还隐含着这样的逻辑关系：因为中国共产党是中国工人阶级的先锋队，同时是中国人民和中华民族的先锋队，因此它必然成为中国特色社会主义事业的领导核心，必然代表中国先进生产力的发展要求，代表中国先进文化的前进方向，代表中国最广大人民的根本利益；因为中国共产党要实现共产主义，因此它必须成为中国工人阶级的先锋队，同时成为中国人民和中华民族的先锋队和中国特色社会主义事业的领导核心，并且

---

① 《中国共产党章程》（中国共产党第十九次全国代表大会部分修改，2017 年 10 月 24 日通过），中国网，http://www.china.com.cn/19da/2017 - 10/28/content_ 41809100. htm，最后访问日期：2019 年 9 月 10 日。

要代表中国先进生产力的发展要求，代表中国先进文化的前进方向，代表中国最广大人民的根本利益。否则，它的先锋队性质就无从体现，它实现共产主义的历史使命也只会是空中楼阁。正因为如此，每个共产党员都应该坚持和维护中国共产党作为中国特色社会主义事业的坚强领导核心的地位。

2. 中国共产党自觉使自己成为中国特色社会主义事业的坚强领导核心

中国共产党的坚强领导核心地位，不是自封的，而是通过党的自觉奋斗去争取得来的。任何政党的地位，都只能凭自身的奋斗而得来。对一个政党来说，任何靠自封或靠别的什么力量赏赐而取得自身的所谓地位，都是徒劳的、不靠谱的和荒唐可笑的。中国共产党自诞生时起，就把自己的前途命运同中国人民和中华民族的前途命运牢牢地锁定在一起了。1921 年 7 月，中国共产党第一个纲领就规定了自己的名称，并指出，中国共产党"承认无产阶级专政，直到阶级斗争结束，即直到消灭社会的阶级区分"。① 这就表明，中国共产党是为最广大人民的根本利益服务的，是为实现共产主义而奋斗的。它的这个主张是符合中国人民和中华民族的根本利益的。1922 年 7 月，《中国共产党第二次全国代表大会宣言》指出："中国共产党是中国无产阶级政党"，其目的是"建立劳农专政的政治，铲除私有财产制度，渐次达到一个共产主义的社会"。② 此后，不管时代如何变迁，中国共产党为中国人民和中华民族的根本利益而奋斗的初心始终都没有改变过。这就表明，中国共产党把自己的前途命运同中国人民和中华民族的前途命运牢牢地锁定在一起的做法始终没有改变过。

中国共产党始终不改初心，难能可贵。更可贵的是，中国共产党能够矢志不渝地自觉地为崇高的理想信念而不懈奋斗。中国共产党刚成立时，除了党的创始人和为数不多的党员知道共产党这个政党外，广大人民群众对它一无所知。这也就意味着它没有群众基础。众所周知，任何政党如果没有群众基础是很难存续的，更不要说成长壮大了。但是，中

---

① 中共中央文献研究室编《建党以来重要文献选编（1921—1949）》第 1 册，中央文献出版社，2011，第 1 页。

② 中共中央文献研究室编《建党以来重要文献选编（1921—1949）》第 1 册，中央文献出版社，2011，第 133 页。

国共产党就是在毫无群众基础的情况下，通过艰苦卓绝的政治斗争、经济斗争、理论斗争，慢慢地让人民群众了解了自己，赢得了他们的信任和拥护，最终使广大人民群众自觉自愿地追随自己，进而使自己成为影响中国革命和中国历史进程的伟大的马克思主义先进政党。

中国共产党的这种地位是靠崇高的理想信念凝聚人心而赢得的。共产主义崇高理想信念是一种符合最广大人民根本利益的思想体系，体现了人类有史以来一直不懈追求的公平正义价值观。毛泽东指出："共产主义是无产阶级的整个思想体系，同时又是一种新的社会制度。这种思想体系和社会制度，是区别于任何别的思想体系和任何别的社会制度的，是自有人类历史以来，最完全最进步最革命最合理的。"[1] 中国共产党正是靠共产主义这个思想体系和这种崇高的理想信念来凝聚人心、改造社会并取得巨大成就的。20 世纪 20 年代后期，当第一次国共合作失败、中国革命进入低谷，大批党员干部和革命群众被屠杀，一些不坚定分子纷纷脱离革命队伍，革命队伍中有人困惑于"红旗到底还能打多久"的时候，毛泽东等共产党人就用共产主义理想信念凝聚人心。面对革命队伍中一些人理想信念动摇的严酷现实，毛泽东提出了"星星之火，可以燎原"[2] 的著名论断，他坚信中国革命必能成功。在他看来，中国共产党所从事的事业是为最广大人民群众谋幸福的正义事业，因此能够赢得人民群众的拥护并取得最后胜利。不过，毛泽东认为，党的理想信念及其思想主张要为人民群众所掌握才能起作用。正如他自己所说的那样，任何思想，"如果不为人民群众所掌握，即使是最好的东西，即使是马克思列宁主义，也是不起作用的"。[3] 显然，毛泽东是把党的理想信念及其思想主张为人民群众所掌握看成赢得人民拥护和取得革命胜利的前提条件的。因此，他认为共产党人应该善于用崇高的理想信念凝聚人心。毛泽东就是这方面的典范，他非常善于从中国革命现实出发，用共产主义的崇高理想信念凝聚人心。他深刻分析当时中国社会的客观实际，极富预见性地说："中国是全国都布满了干柴，很快就会燃成烈火。'星火燎原'的话，正是时局发展的适当的描写。""'星星之火'，距'燎原'

---

① 《毛泽东选集》第 2 卷，人民出版社，1991，第 686 页。

② 《毛泽东选集》第 1 卷，人民出版社，1991，第 97 页。

③ 《毛泽东选集》第 4 卷，人民出版社，1991，第 1515 页。

的时期，毫无疑义地是不远了。"① 正是由于党内有大批像毛泽东这样善于用崇高理想信念凝聚人心的共产党人，才使得广大人民群众都坚定地跟共产党走并一道为实现共产主义而艰苦奋斗。

中国共产党的地位是靠发扬优良作风而赢得的。毛泽东把理论和实践紧密结合、与最广大人民群众取得最密切联系、认真的自我批评看成中国共产党区别于其他任何政党的标志。他说，中国共产党"在中国人民中产生了新的工作作风，这主要的就是理论和实践相结合的作风，和人民群众紧密地联系在一起的作风以及自我批评的作风"。② 优良作风是凝聚党心民心的利器。所谓党心，就是广大党员的共同心声、共同心愿。具体地说，党心就是全心全意为人民服务之心，就是坚持人民利益高于一切之心，就是为共产主义事业矢志不渝的奋斗之心。因此，党心也可以说就是公仆心。所谓民心，是指全体人民的共同心声、共同心愿，它表现为对触及他们共同利益的问题、现象、事实等所做的评价性判断，它是舆论的最高形式。一个政党如果丧失党心民心，它就会面临严重的生存和发展危机，甚至彻底败亡。正因为如此，中国共产党历来重视党心民心，历来重视以自己的优良作风凝聚党心民心。早在1917年，毛泽东就明白了这个道理。他在给黎锦熙的信中说："欲动天下者，当动天下之心。"他所说的"天下之心"，其实就是民心。他还说："天下之心皆动，天下之事有不能为者乎？天下之事可为，国家有不富强幸福者乎？"③ 毛泽东的意思是说，只要赢得了民心，天下所有事情都可做成，这样，国家就会富强幸福起来。事实上，中国共产党成立后，争取民心就是其核心工作。这可以从多个方面看出来：为自己定下奋斗目标，就是为了人民的彻底解放，这无疑是争取民心；深入工厂、农村，广泛宣传马克思列宁主义，坚持走与人民群众相结合的道路，这当然是争取民心；参加国民革命、开展土地革命、团结国民党共同抗击日本侵略、进行解放战争，为的是让人民群众摆脱帝国主义、封建主义和官僚资本主义的压迫，使人民群众过上幸福美满的生活，这同样是争取民心。新中国成立后，中国共产党成为全国范围的执政党，不论是在社会主义革命

---

① 《毛泽东选集》第1卷，人民出版社，1991，第102页。
② 《毛泽东选集》第3卷，人民出版社，1991，第1094页。
③ 《毛泽东早期文稿》，湖南人民出版社，2008，第73页。

和建设时期，还是在改革开放新时期，它都高度重视争取民心的工作。它的领导人反复强调人民利益高于一切，反复强调党员干部要时刻牢记党的根本宗旨。毛泽东指出："全心全意地为人民服务，一刻也不脱离群众；一切从人民的利益出发，而不是从个人或小集团的利益出发。""这些就是我们的出发点。"① "应该使每个同志明了，共产党人的一切言论行动，必须以合乎最广大人民群众的最大利益，为最广大人民群众所拥护为最高标准。"② 这就是作为中国共产党领导人的毛泽东在教导广大党员干部争取民心。一部波澜壮阔的中国共产党历史，其实就是一部中国共产党争取民心、赢得民心的历史。中国共产党赢得民心靠什么？最主要的是靠自己优良的作风。因为，只有作风好，党才能赢得人民群众的信任和拥护，才能赢得民心，才能领导人民群众一起奋斗；也只有作风好，党才不会丧失人民群众这个最最坚实的基础，才会巩固自己的领导核心地位。所以，中国共产党的领导人都高度强调作风建设问题，把它提高到党的生死存亡的战略高度来看待。

中国共产党的地位也是靠全体广大党员苦干实干干出来的。中国共产党刚成立时，它在人民群众心目中可以说毫无地位。因为，人民群众根本就不知道它。在第一次国内革命战争时期，中国共产党的党员干部深入群众、宣传群众、教育群众、发动群众、服务群众，赢得了部分劳苦大众的真诚拥护。在第二次国内革命战争时期，中国共产党摸索出农村包围城市、最后夺取全国革命胜利的道路，打土豪、分田地，进一步赢得了劳苦大众的真诚拥护和坚定支持。在抗日战争时期，中国共产党为了民族解放事业，摒弃前嫌，与国民党合作抗日，在抗日事业中扩大了自己在人民群众中的影响，使得抗日根据地不断扩大，人民力量不断壮大。它在抗日根据地开展减租减息运动，改善民生，密切与人民群众的联系，团结和领导他们抗日，为取得抗日战争的最后胜利奠定了坚实基础。在解放战争时期，中国共产党顺应民心，争取和平，反对战争，满足广大农民要求获得土地的强烈愿望，在人民群众中赢得了广泛支持，即赢得了民心。得民心者得天下。中国共产党正是靠自己苦干实干赢得

① 《毛泽东选集》第3卷，人民出版社，1991，第1094~1095页。
② 《毛泽东选集》第3卷，人民出版社，1991，第1096页。

了民心，而中国共产党赢得了民心也就意味着赢得了自己的领导核心地位。新中国成立后，中外很多人对中国共产党仅用三年时间就打败了国民党感到不可思议，其实，中国共产党人心里都清楚：中国共产党的天下是人民的天下，是中国共产党通过艰苦细致的赢得民心的工作最后取得的。

新中国成立后，毛泽东、邓小平、江泽民、胡锦涛等党和国家领导人先后带领全国各族人民不断将中国社会主义事业推向前进。如今，党中央几代领导集体和中国人民通过不懈努力，已经将中国推到世界政治舞台的中心，中国特色社会主义事业的接力棒已经传给以习近平同志为核心的党中央。所有这些，都是中国共产党的自觉行动。中国共产党的领导核心地位，就是这样一代一代地苦干实干、接力奋斗而形成的。

3. 中国共产党在践行根本宗旨过程中巩固自己的领导核心地位

中国共产党的领导核心地位不是从来就有的。如前文所述，它是靠崇高的理想信念凝聚人心赢得的，是靠党的优良作风赢得的，也是靠全体党员苦干实干干出来的，那么它必然还有一个保持和巩固自己的领导核心地位的问题。中国共产党近 100 年来，是怎样保持和巩固自己的领导核心地位的呢？最根本的是通过践行全心全意为人民服务的根本宗旨来保持和巩固的。中国共产党在领导中国人民进行革命、建设和改革的整个过程中，一贯把全心全意为人民服务作为党的根本宗旨和行动准则，教育全党要一切从人民的利益出发，坚持人民的利益高于一切，坚持全心全意地为人民服务的原则。早在抗日战争时期，毛泽东就指出："我们这个队伍完全是为着解放人民的，是彻底地为人民的利益工作的。"[①] 在新民主主义革命时期，中国共产党经常教育党员干部践行党的全心全意为人民服务的宗旨，赢得了民心，取得了新民主主义革命的辉煌胜利。在社会主义建设时期，中国共产党通过整顿党的作风等一系列党的建设实践活动，发扬了党的优良传统和作风，始终保持了自己的纯洁性和先进性。虽然在社会主义建设过程中遇到过重大曲折，但是中国共产党的根本宗旨始终没有改变。进入改革开放新时期，中国共产党把坚持全心全意为人民服务作为新时期加强党的建设的一项基本要求，把全心全意

---

① 《毛泽东选集》第 3 卷，人民出版社，1991，第 1004 页。

为人民服务作为共产党员的根本标准和行动准则。江泽民指出:"全心全意为人民服务,是我们党的根本宗旨,是我们党始终得到人民拥护和爱戴的根本原因所在。"① 他要求全党在新的历史条件下保持"党的根本宗旨和优良作风决不能变"。② 在江泽民的倡导下,全党把党的建设当做一项伟大工程来抓,掀起讲学习、讲政治、讲正气的"三讲"教育实践活动,使全体党员和党的干部在贯彻执行党的基本路线、方针和政策过程中,积极发挥先锋模范作用,自觉增强党性,端正党风,密切联系群众,自觉地为人民群众谋利益。进入 21 世纪,胡锦涛反复强调全党要直面"四个考验",防范"四个危险"。他说:"全党必须清醒看到,在世情、国情、党情发生深刻变化的新形势下,提高党的领导水平和执政水平、提高拒腐防变和抵御风险能力,加强党的执政能力建设和先进性建设,面临许多前所未有的新情况新问题新挑战,执政考验、改革开放考验、市场经济考验、外部环境考验是长期的、复杂的、严峻的。精神懈怠的危险,能力不足的危险,脱离群众的危险,消极腐败的危险,更加尖锐地摆在全党面前,落实党要管党、从严治党的任务比以往任何时候都更为繁重、更为紧迫。"③ 怎么做到经得起"四个考验"和防范"四个危险"呢?在胡锦涛看来,最根本的,就是要保持党的先进性。而要保持党的先进性,最根本的就是要"坚持为了人民、依靠人民,诚心诚意为人民谋利益,从人民群众中汲取智慧和力量,始终保持党同人民群众的血肉联系"。④ 在这里,胡锦涛实质上是要求全党践行全心全意为人民服务的根本宗旨。事实上,中国共产党的领导核心地位也只有全党在践行全心全意为人民服务的根本宗旨过程中得到巩固。中国共产党近 100 年的历史充分证明了这一点。坚持党的群众路线,就是为了全心全意为人民服务。今天,中国共产党的核心领导地位之所以很坚固,就在于中国共产党一直在践行自己的根本宗旨。正是由于中国共产党一直在践行自己的根本宗旨,它才具备了坚实的群众基础,它的领导核心地位才因此而形成,才因此稳如磐石。

---

① 《江泽民文选》第 1 卷,人民出版社,2006,第 406 页。
② 《江泽民文选》第 1 卷,人民出版社,2006,第 406 页。
③ 《胡锦涛文选》第 3 卷,人民出版社,2016,第 528 页。
④ 《胡锦涛文选》第 3 卷,人民出版社,2016,第 528 页。

（二）消除贫困、实现共同富裕是中国共产党的重要使命

中国共产党是中国反贫困的领导力量，不仅仅是因为它是中国特色社会主义事业的坚强领导核心，还因为消除贫困、实现共同富裕本来就是它的重要使命。党的使命只能由党自己领导各方面力量去完成。2015年6月18日，习近平强调："消除贫困、改善民生、逐步实现共同富裕，是社会主义的本质要求，是我们党的重要使命。"① 这是非常深刻的见解，揭示了中国共产党消除贫困、实现共同富裕重要使命和社会主义的本质要求之间的逻辑联系。

1. 消除贫困、实现共同富裕是由党的性质和根本宗旨决定的

中国共产党的性质决定了它除了为中国最广大人民的根本利益服务，没有自己的任何私利，它把中国人民和中华民族的利益看得高于一切，并为之矢志不渝地奋斗。关于此，中国共产党历来就是这样认为的，也是不断倡导全党这样去做的。毛泽东指出："共产党是为民族、为人民谋利益的政党，它本身决无私利可图。"② 刘少奇也指出："除开无产阶级解放的利益以外，共产党没有它自己特殊的利益。""无产阶级解放的利益，人类解放的利益，共产主义的利益，社会发展的利益，就是共产党的利益。"③ 所谓无产阶级解放的利益，人类解放的利益，共产主义的利益，社会发展的利益，其实就是使全体人民摆脱剥削压迫、过上富足美满幸福生活的好社会，也就是消除了贫困、实现了共同富裕的好社会。2012年11月15日，习近平指出："人民对美好生活的向往，就是我们的奋斗目标。"④ 意思是说，中国共产党是为人民谋幸福的，人民的心愿和向往就是党的奋斗目标；党没有自己的任何私利。最为关键的是，中国共产党人不仅仅只是认为党是人民最根本利益的代表，他们还一以贯之地倡导全党为人民的根本利益而不懈奋斗。中国共产党近100年的历史就是党领导人民为人民谋幸福的历史。中国共产党历史的辉煌，就是一代又一代中国共产党人为中国最广大人民的根本利益不懈奋斗所铸就的。

---

① 《习近平谈治国理政》第2卷，外文出版社，2017，第83页。
② 《毛泽东选集》第3卷，人民出版社，1991，第809页。
③ 《刘少奇选集》（上卷），人民出版社，1981，第130页。
④ 《习近平谈治国理政》，外文出版社，2014，第4页。

中国共产党的根本宗旨决定了必须把最广大人民的根本利益看得高于一切,并且想方设法去实现最广大人民的根本利益。所谓最广大人民的根本利益,其实就是最广大人民在政治、经济、文化、社会等各个方面获得彻底解放的利益,就是摆脱贫困、实现共同富裕、获得全面发展的利益。因此,只要党的性质和根本宗旨没有变,消除贫困、实现共同富裕这个重要使命就不会变。消除贫困、实现共同富裕是惠及千千万万中国人民的伟大事业,其实也是中国共产党自己的职责所在,因此,该事业就必须由中国共产党自己来领导。

2. 消除贫困、实现共同富裕是社会主义的本质要求

1992 年初邓小平在南方谈话中对社会主义的本质有过一段精辟论述。他说:"社会主义的本质,是解放生产力,发展生产力,消灭剥削,消除两极分化,最终达到共同富裕。"[①] 在这里,他从解放和发展生产力的高度揭示社会主义本质,是对科学社会主义的重大贡献。他的这段论述是科学的,体现了马克思主义关于生产力决定生产关系的原理。在过去,我国曾经过分地从生产关系的角度来谈社会主义的本质,过分强调社会主义公有制而忽视了生产力的发展进步,结果犯了脱离中国国情、人为拔高生产关系的错误,给我国社会主义建设事业带来了重大损失。根据马克思主义关于生产力决定生产关系的原理,生产力对生产关系是起决定作用的因素,因此在考察社会主义的本质时应该从生产力角度去看,同时兼顾生产关系。这样才是科学的做法。从社会主义的本质可以看到,社会主义必须发展生产力、解放生产力,这是形成消灭剥削、消除两极分化、最终达到共同富裕这种生产关系的物质基础。在邓小平关于社会主义本质的论述里,解放生产力、发展生产力是手段,消灭剥削、消除两极分化、最终达到共同富裕是目的。邓小平所说的消灭剥削、消除两极分化、最终达到共同富裕,内在地包含消除贫困、实现共同富裕的内涵,在很大程度上可以认为是消除贫困、实现共同富裕的另一种表述。因为,当整个社会消除贫困、实现共同富裕后,所谓的剥削、两极分化自然也就被消灭了。因此,消除贫困、实现共同富裕是社会主义的本质要求。中国共产党近 100 年矢志不渝地坚持艰苦奋斗,就是为了建

---

① 《邓小平文选》第 3 卷,人民出版社,1994,第 373 页。

设好社会主义，最终实现共产主义。所以，对于中国共产党而言，消除贫困、实现共同富裕就是其神圣职责，这注定了中国共产党必须要为之不懈奋斗。消除贫困、实现共同富裕其实也是最广大人民的根本利益，这种情况不论从主观方面还是从客观方面来看，都要求中国共产党积极主动去担任消除贫困、实现共同富裕的领导者。

3. 消除贫困、实现共同富裕是由党的奋斗目标决定的

中国共产党在成立之初就确立了自己的奋斗目标。中国共产党的奋斗目标是一个带有体系性的系统目标，一般分为最终奋斗目标和不同历史阶段的具体奋斗目标。中国共产党的最终奋斗目标是实现共产主义。中国共产党在不同历史阶段的目标有很多，它们往往依时代变迁而异。中国共产党的实现共产主义的最终目标是坚定不移的，不会因时代变迁而改变。中国共产党在不同历史阶段的具体奋斗目标是随着时代变迁而改变的。例如，在新民主主义革命时期，因为 20 世纪 30 年代日本大举侵略中国，中国共产党依据时代形势调整自己的目标和策略，于是就有了 14 年艰苦卓绝的抗战历史。在新民主主义革命时期，中国共产党提出了推翻帝国主义、封建主义和官僚资本主义"三座大山"，建立新民主主义共和国的奋斗目标，这其实就是中国共产党在新民主主义革命时期的奋斗目标。新中国成立之初，党中央提出了用 15 年左右的时间实现"一化三改"① 的奋斗目标，这当然也是党的历史阶段性目标。再如，现在我们有"两个一百年"的奋斗目标：在中国共产党成立 100 年时（2021 年）全面建成小康社会，这是中国梦的第一个宏伟目标；在中华人民共和国成立 100 年时（2049 年）建成富强民主文明和谐的社会主义现代化国家，这是中国梦的第二个宏伟目标。这"两个一百年"的奋斗目标，也只是中国共产党的历史阶段性目标。

就中国共产党的奋斗目标来说，不管是最终目标还是历史阶段的具体目标，中国共产党始终都秉持一个宗旨：全心全意为人民服务。它的

---

① 新中国成立后，党领导全国各族人民开始了有步骤地从新民主主义到社会主义的转变。经过三年经济恢复工作之后，1952 年底，中共中央提出党在过渡时期的总路线："党在这个过渡时期的总路线和总任务，是要在一个相当长的时期内，逐步实现国家的社会主义工业化，并逐步实现国家对农业、对手工业和对资本主义工商业的社会主义改造。"这就是"一化三改"。

奋斗，归结为一句话就是：一切为了人民。所以，中国共产党领导人一贯强调这个理念。毛泽东强调："共产党员是一种特别的人，他们完全不谋私利，而只为民族与人民求福利。"① 进入改革开放新的历史时期，党的领导人频繁地强调党的宗旨意识，要求广大党员全心全意为人民服务。习近平强调："在任何时候任何情况下，与人民同呼吸共命运的立场不能变，全心全意为人民服务的宗旨不能忘，群众是真正英雄的历史唯物主义观点不能丢，始终坚持立党为公、执政为民。"② 事实上，中国共产党自成立以来就是这样去奋斗的。可见，不管时代如何变迁，一代又一代中国共产党人始终把党的宗旨意识贯穿在中国革命和建设事业之中、始终贯穿在为人民谋福利的具体实践之中。

就中国共产党的奋斗目标来说，不管是最终目标还是历史阶段的具体目标，中国共产党始终都坚持了这样的目标：消除贫困、实现共同富裕。中国共产党的最终目标是要实现共产主义。因此，中国共产党理所当然地要把消除贫困、实现共同富裕作为自己的神圣使命。如果没有这一点，中国共产党要实现共产主义也就无从谈起。中国共产党的历史明确告诉我们：中国共产党历史阶段的具体目标，也是锁定消除贫困、实现共同富裕并围绕它不懈努力的。在新民主主义革命时期，中国共产党要建立一个新中国，即毛泽东所说的："我们不但要把一个政治上受压迫、经济上受剥削的中国，变为一个政治上自由和经济上繁荣的中国，而且要把一个被旧文化统治因而愚昧落后的中国，变为一个被新文化统治因而文明先进的中国。"③ 显然，这样的新中国要求"经济上繁荣""政治上自由"，实际上就是要求消除贫困、实现共同富裕。因为如果不消除贫困、不实现共同富裕，"经济上繁荣"和"政治上自由"只能是空中楼阁。新中国成立后，毛泽东就曾提出过共同富裕思想，并对之有过深刻论述，他无疑是主张消除贫困、实现共同富裕的。在改革开放新的历史条件下，邓小平在党的历史上重新打出"共同富裕"的旗帜，并结合新的时代特点对之进行了深刻论述，在他的倡导下，"共同富裕"成为中国社会妇孺皆知的流行话语。因此，他无疑也是主张消除贫困、

---

① 《毛泽东文集》第3卷，人民出版社，1999，第47页。

② 《习近平谈治国理政》，外文出版社，2014，第367页。

③ 《毛泽东选集》第2卷，人民出版社，1991，第663页。

实现共同富裕的。不仅如此，他还对如何实现共同富裕做过深刻论述，为我国扶贫开发事业提供了强有力的理论支持。在此之后，党中央领导人无一不是把消除贫困、实现共同富裕作为党的奋斗目标来予以高度重视的。中国共产党之所以能够这样，正是党的奋斗目标使然。

（三）中国反贫困事业离不开中国共产党的领导

中国反贫困事业是惠及亿万人民群众的伟大事业。无论是从理论上还是从实践上看，它都需要代表最广大人民根本利益的政党——中国共产党的领导。

1. 办好中国的事情关键在于党的领导

中国新民主主义革命历史已经证明，中国新民主主义革命的胜利，关键在于中国共产党的领导。中国社会主义建设和改革的经验告诉我们，办好中国的事情，关键也在于中国共产党的领导。

早在1957年4月8日，邓小平就在《今后的主要任务是搞建设》一文中指出："过去的革命问题解决得好不好，关键在于党的领导，现在的建设问题解决得好不好，关键也在于党的领导。"[①] 在邓小平看来，党把革命和建设事业领导好是需要条件的。所以，他指出："关键在于党是不是善于学习……关键在于党能否依靠群众，不断地克服自己队伍中的主观主义、官僚主义和宗派主义，特别是教条主义。"[②] 在这里，邓小平明确指出了党领导好革命和建设事业的必备条件：善于学习；依靠群众；克服观主义、官僚主义、宗派主义、教条主义。这说明，邓小平在新中国成立不久就已经深刻认识到了这样一个真理：党领导中国的各项事业是有条件的，而不是只要党的执政地位确立起来就可以一劳永逸、万事大吉。实践证明，邓小平的论述是完全正确的。实质上，邓小平所说的"关键在于党的领导"，其实是指关键在于党的正确领导。这里就有一个如何实现党的正确领导的问题。要实现党的正确领导，首先立场要正确，也就是要始终不渝地站在维护最广大人民根本利益的立场上，站在中国人民和中华民族根本利益的立场上；其次是宗旨要正确，也就是要坚持

① 《邓小平文选》第1卷，人民出版社，1994，第264页。
② 《邓小平文选》第1卷，人民出版社，1994，第264页。

全心全意为人民服务的根本宗旨；再次是要有实事求是，理论联系实际，密切联系群众的优良作风。唯有这样，党才有可能实现正确领导。因为只有这样，才能保证党的路线正确。在如何实现党的正确领导问题上，毛泽东强调党的政策正确和党的模范工作。他说："所谓领导权，不是要一天到晚当作口号去高喊，也不是盛气凌人地要人家服从我们，而是以党的正确政策和自己的模范工作，说服和教育党外人士，使他们愿意接受我们的建议。"① 可见，实现党的正确领导，涉及党的建设这样一个重大问题。中国共产党历来重视党的建设问题，这是它始终能够保持先进性和先锋模范作用的根本所在。

中国反贫困事业是中国人民自己的事情，是中国共产党自己的事情，办好这件事的关键不在于别人，而在于中国共产党的正确领导。只要党的领导正确，办好中国的反贫困事业一定不成问题。

2. 中国社会主义建设事业需要党领导一切

无产阶级革命和社会主义建设事业要由共产党来领导，这是马克思主义者的重要共识。1920 年，列宁就曾指出："无产阶级专政是对旧社会的势力和传统进行的顽强斗争，流血的和不流血的，暴力的和和平的，军事的和经济的，教育的和行政的斗争。""没有铁一般的在斗争中锻炼出来的党，没有为本阶级一切正直的人们所信赖的党，没有善于考察群众情绪和影响群众情绪的党，要顺利地进行这种斗争是不可能的。"② 在这里，列宁所说的"流血的和不流血的，暴力的和和平的，军事的和经济的，教育的和行政的斗争"，其实就是指无产阶级革命和社会主义建设事业中的一切事情。也就是说，列宁虽然没有说"党领导一切"这样的话，但是却清晰地表达了党领导一切的思想。毛泽东明确提出了"党是领导一切的"论断。1962 年 1 月 30 日，他在扩大的中央工作会议上指出："工、农、商、学、兵、政、党这七个方面，党是领导一切的。"③ 毛泽东的真实意思是，凡是事关人民利益的一切事业，都是党自己的事业，党要当仁不让、勇挑重担，果敢地将它们切实领导起来，维护和发

---

① 《毛泽东选集》第 2 卷，人民出版社，1991，第 742 页。
② 《列宁专题文集　论无产阶级政党》，人民出版社，2009，第 252 页。
③ 《毛泽东文集》第 8 卷，人民出版社，1999，第 305 页。

展好最广大人民的根本利益。

在中国社会主义建设事业中党领导一切，这是一个真理性的认识。因为，中国共产党的先锋队性质和它的全心全意为人民服务的根本宗旨决定了这一点。中国社会主义建设事业是为亿万人民群众谋幸福的事业，不由代表最广大人民根本利益的、全心全意为人民服务的政党来领导，那应该由谁来领导呢？除了中国共产党还有什么政党可以领导呢？难道可以由不代表最广大人民根本利益的别的非马克思主义政党来领导吗？事实上，中国社会主义建设事业的领导者非中国共产党莫属，因为也唯有它才有资格在中国社会主义建设事业中领导一切。中国反贫困事业是中国社会主义事业的一个重要组成部分，理所当然要由中国共产党来领导。习近平说得好："党政军民学，东西南北中，党是领导一切的。"①

3. 中国反贫困事业需要党的政治、组织、思想领导

中国反贫困事业是涉及广大贫困人口生存和发展的事业，需要由中国共产党来领导，也只能由代表最广大人民根本利益的中国共产党来领导。虽然，中国共产党领导人毛泽东说党是领导一切的，但他的真实意思是，中国的各行各业、各个领域都应该接受党的领导，因为只有坚持党的领导，中国革命和建设事业才能战无不胜。所以，毛泽东说："中国共产党是全中国人民的领导核心。没有这样一个核心，社会主义事业就不能胜利。"② 但是，中国共产党人也深刻地认识到，"党的领导主要是政治、思想和组织的领导"。③ 因此，中国反贫困事业需要党的政治、组织和思想领导。

首先，中国反贫困事业需要党的政治领导。这里所说的党的政治领导，是指中国共产党及其领导下的人民政府运用人民赋予的权力和自身在群众中长期形成的权威对参与社会运行的各种力量、各个方面施加政治影响力，确保社会政治生活的良性发展性质和为人民根本利益服务的目的，实现自身政治理想和抱负的过程。中国共产党的政治理想和抱负是实现共产主义。而实现共产主义，意味着必须消除贫困、实现共同富

---

① 《习近平谈治国理政》第 2 卷，外文出版社，2017，第 21 页。
② 《毛泽东文集》第 7 卷，人民出版社，1999，第 303 页。
③ 中共中央文献研究室编《十二大以来重要文献选编》（上卷），人民出版社，1986，第68 页。

裕。因此，党的政治理想与中国反贫困事业的目标是高度一致的，中国反贫困事业不能离开党的政治领导。离开了党的政治领导，中国的反贫困事业就会失去正确的方向。中国反贫困事业是涉及广大贫困人口生存和发展的事业，也是中国共产党自己的事业，这个事业离不开党的政治领导。

其次，中国反贫困事业需要党的组织领导。党的组织领导是实现党的领导的重要保证。党的组织领导既需要充分发挥各级党组织的战斗堡垒作用，也需要充分发挥广大党员的先锋模范作用来带动和影响人民群众，否则，就不能从组织上保证党的路线、方针、政策的贯彻落实。也就是说，离开了党的组织领导，党的政治领导就是没有依凭的空中楼阁。党的组织领导是比党的政治领导、思想领导更具体、更具权威和政治权力的领导方式。党的组织领导主要是指党管干部、党管人才，以及党对各种行政组织、经济组织和群团组织的领导，它体现在党与国家政权、社会组织和一般社会生活的各个方面。党的组织领导也事关党的事业成败。中国反贫困事业需要党的各级党员干部在其中发挥重要作用。

最后，中国反贫困事业需要党的思想领导。思想领导是党的领导的重要内容。马克思、恩格斯指出："统治阶级的思想在每一时代都是占统治地位的思想。这就是说，一个阶级是社会上占统治地位的物质力量，同时也是社会上占统治地位的精神力量。"① 共产党是代表最广大人民根本利益、以实现共产主义社会为最终目标的政党，它要让最广大人民群众占据统治地位，要让代表最广大人民根本利益的先进思想成为占据统治地位的思想。因此，思想领导对于中国共产党为革命和建设事业奋斗就显得非常重要。毛泽东说："掌握思想教育，是团结全党进行伟大政治斗争的中心环节。如果这个任务不解决，党的一切政治任务是不能完成的。"② 党的思想领导事关党的政治任务能否顺利完成，事关党的政治工作和其他工作。党的思想领导是党的政治领导、组织领导的前提和基础。要实现党的领导，就必须把政治领导同思想领导和组织领导密切结合起来。显然，中国反贫困事业是离不开党的思想领导的。

---

① 《马克思恩格斯文集》第1卷，人民出版社，2009，第550页。
② 《毛泽东选集》第3卷，人民出版社，1991，第1094页。

习近平始终把消除贫困看成中国共产党的重要使命,始终认为应坚持党的领导。他指出:"新中国成立以来,我们党带领人民持续向贫困宣战。"① 这里的"持续"一词就充分说明:中国共产党一直在领导中国的反贫困事业。显然,坚持党对反贫困事业的领导是中国共产党的一贯做法。这也证明了中国共产党事实上一直都是中国反贫困的领导力量。

二 中国反贫困的主体力量

新时代反贫困思想认为,中国反贫困的主体力量是广大人民群众自己。早在 1989 年 1 月,习近平就指出,贫困地区的发展最根本的要靠两条:一是靠党的领导;二是靠人民群众的力量。② 在这里,他明确指出了反贫困要靠广大人民群众。2015 年 5 月,习近平又指出,农村要发展,根本要依靠亿万农民。③ 这说明,习近平是把人民群众当成中国反贫困的主体力量的。习近平的这种认识,符合马克思主义历史唯物主义关于人民群众是历史创造者的原理。

(一) 人民群众始终是创造社会财富的主体力量

人民群众是一个重要的历史范畴,是指一切对社会历史起着推动作用的人们。在阶级社会中,它包括一切对历史发展起着促进作用的阶级、阶层和社会集团。但是,不论在任何情况下和任何历史时期,人民群众的主体都始终是从事社会财富生产的劳动群众和劳动知识分子。这是马克思主义者历来都坚持的最基本的思想观点。马克思主义认为,人民群众是历史的创造者。马克思、恩格斯曾经说过:"历史活动是群众的事业。"④ 这里所说的群众,就是我们通常所说的广大人民群众。在马克思主义者看来,决定历史发展进步的是人民群众,因为人民群众始终是创造社会财富的主体力量。

---

① 《习近平谈治国理政》第 2 卷,外文出版社,2017,第 84 页。
② 参见习近平《摆脱贫困》,福建人民出版社,1992,第 13 页。
③ 《健全城乡发展一体化体制机制 让广大农民共享改革发展成果》,《人民日报》2015 年 5 月 2 日。
④ 《马克思恩格斯全集》第 2 卷,人民出版社,1957,第 104 页。

　　首先，人民群众是社会物质财富的创造者。社会物质财富不是从天上掉下来的，也不能凭空产生。自然界无疑有着这样那样的自然资源，但自然资源需要通过劳动者的辛勤劳动按照社会需要进行改造才能成为社会财富。那些既不能满足人们生产需要又不能满足人们生活需要的东西，则不是社会物质财富。对于一个国家而言，所谓的国民财富，往往就是指物质财富或使用价值，它包括商品、自然资源、金融资产等。在任何形态的社会里，广大人民群众都是其主体构成部分，社会生产力的发展所依赖的正是这一部分人的辛勤劳动。正是在这种辛勤劳动的过程中，广大人民群众不断积累经验，改进工具，提高生产力水平，提高劳动生产率，创造了巨大的社会物质财富，推动了社会物质文明的进步。一切社会物质财富归根到底都是体力劳动者和脑力劳动者的共同产物。人民群众在创造社会物质财富同时，不断地改变着人类历史，从根本上推动了人类社会历史的发展与进步。

　　其次，人民群众是社会精神财富的创造者。社会精神财富的创造主要以脑力劳动者的劳动为主体。脑力劳动者在探索自然、社会和人类思维现象的本质和规律的过程中，对反映在人类头脑中的客观现实和以往的思想文化资料进行加工创造而形成无形的思维产物及承载这种思维产物的物质产品。社会精神财富表现为一个社会或国家所拥有的理念、理论、学说、科技、艺术等和以物的形式为载体的精神产品。劳动群众在创造物质生活资料的生产实践中，为人们从事一切精神生产提供了坚实的物质基础。任何人要从事科学、文化、艺术等精神活动，都需要有一定的物质生活资料和一定的物质手段，即物质基础。这些都是劳动人民通过生产实践创造出来的。人民群众的生产实践活动是一切精神财富的源泉。一方面，人民群众在生产实践中积累的丰富经验，构成了人类精神财富的原料或半成品，作为劳动知识分子的科学家、艺术家、思想家等劳动群体对这些原料或半成品进行概括和总结、整理和加工或由此产生灵感并进而形成精神财富。另一方面，普通劳动群众也直接创造精神财富，他们主要是从事各种体力劳动的人，但他们也是创造精神财富的劳动群体。因为，普通劳动群众创造的物质成果总会凝结着人们的某些智慧，因此这种物质成果也必然是一种精神财富，尽管这种精神财富从形式上看不如艺术家、思想家等的作品精美。在人类发展历史上，劳动群众在实践中创造了许多雕刻、绘画等作品，它们很多可能都只是普通劳动群众创造出来的，但是，谁都不能否认它们是人类艺术宝库中的一个重要组成部分。人民群众创造的精神财富，激发人们不断地去追求和创造，从而起到推动社会进步的作用。

最后，人民群众是社会服务的提供者。社会服务也是一种社会财富。之所以这样说，在于社会服务本身就提供使用价值。社会服务是指以提供劳务的形式来满足社会需求的社会活动。它有狭义与广义之分。狭义的社会服务是指直接为改善和发展社会成员生活福利而提供的服务，如衣、食、住、行、用、安全等方面的生活福利服务。广义的社会服务包括生活福利性服务、生产性服务和社会性服务。马克思说社会服务"是以活动的形式提供使用价值"。① 可见，马克思也认为社会服务就是社会财富的一种形式。只是它比较特殊而已。社会服务作为非实物形态的社会财富，它对社会物质财富和社会精神财富的创造和享用起着促进和推动作用，这种作用具体表现为它能够大大提升物质产品和精神产品的价值。例如，为市场提供货物空间位移的运输，本身并不生产产品，但是却极大地提升了货物的价值。因为，如果货物运不出去，不能及时到达消费者手中，货物就有可能发霉、变质甚至完全报废。从这个角度来看，社会服务所提供的使用价值就是社会财富。这里需要特别指出的是，社会服务活动从现象上看并不创造物质财富，也不容易被人们感受到它能创造精神财富，但是人们一旦离开了这些活动，人类社会物质财富和精神财富的形成和增长就会大打折扣。可见，社会服务也应该成为社会财富的重要组成部分。在人类社会发展进程中，人民群众是社会服务的提供者。

正是由于人民群众不仅是社会物质财富的创造者，也是社会精神财富的创造者，还是社会服务的提供者，因此，人民群众是推动人类历史进步的重要力量。由于社会的贫困往往表现为人们的物质贫困和精神贫困，这也就意味着可以通过创造物质财富和精神财富满足贫困人口物质和精神方面的需求去解决。由于人民群众是社会物质财富的创造者，因此他们必然是消除人们物质贫困的主体力量；由于人民群众又是社会精神财富的创造者，因此他们又必然是消除人们精神贫困的主体力量。

---

① 《马克思恩格斯文集》第 8 卷，人民出版社，2009，第 115 页。

（二）中国反贫困事业是惠及亿万人民群众的神圣事业

中国反贫困事业主要针对中国贫困地区和贫困人口而展开，旨在使他们摆脱贫困，同千千万万已经过上富裕生活的人民群众一样过上幸福生活。

中国反贫困事业早在新中国成立后就已经开始了。不过，新中国刚成立时，翻身得解放的全国各族人民基本都处于贫穷状态中，人们彼此之间贫富差距不明显。当时中国共产党在巩固人民政权的同时，主要致力于解决旧政权遗留下来的大批工作人员以及大批失业工人、受灾荒严重的农民的生计问题。在开展社会主义农业、手工业和资本主义工商业三大改造过程中，中国共产党领导人提出了实现共同富裕的目标，为新中国反贫困事业指明了方向。但是 1958～1960 年中国各条战线开展的"大跃进"运动，使中国社会主义建设遭受了严重挫折。面对国家严重困难，党中央为扭转国家经济形势的恶化，决定对国民经济进行调整，确定了国民经济调整的方针和任务。经过调整，我国国民经济 1964 年开始恢复，1965 年国内生产总值超过 1957 年。但是，"文化大革命"时期，特别是在 1966～1969 年，极为动荡的国内局势使国家的经济建设受到了沉重打击，国民经济连年下滑。1970 年之后，国民经济缓慢发展，直到 1976 年"文化大革命"结束。自新中国成立一直到 1976 年"文化大革命"结束，新中国的反贫困事业虽然并没有中断，但是却遭受过严重挫折。总体上看虽然也有成绩，但是这种成绩还是有限的。之所以这样说，在于全国当时还存在大量贫困人口。但是，不管中国社会主义建设遭受到了怎样的挫折，中国共产党要求改变中国贫穷落后面貌的愿望始终没有改变过。

中国共产党始终把实现共同富裕作为自己的一个重要奋斗目标。如今，中国反贫困事业的接力棒已经传递给以习近平同志为核心的党中央，为了尽快实现"两个一百年"奋斗目标，党和政府加大了反贫困的力度。党和政府之所以要这样做，最根本的原因在于，中国反贫困事业是惠及全中国人民的神圣事业。2012 年 11 月 15 日，习近平多次提到肩上的重大责任。他说，这个重大责任是对民族的责任，是对人民的责任，是对党的责任。在谈到对人民的责任时，他说："要团结带领全党全国各族人民，继续解放思想，坚持改革开放，不断解放和发展社会生产力，努力解决群众的生产生活困难，坚定不移走共同富裕的道路。"① 在中国共产党看来，党和人民是密不可分的，党的事业就是人民的事业，人民的事业就是党的事业。中国反贫困事业是与中国各界人民群众息息相关的事业。中国反贫困事业所针对的只是贫困地区和贫困人口，但目的是实现全国人民的共同富裕。

在中国共产党人心目中，中国反贫困事业是一项旨在助力和实现中华民族伟大复兴中国梦的事业。习近平说："中国梦是民族的梦，也是每个中国人的梦。"② 他庄严表示："我们要随时随刻倾听人民呼声、回应人民期待……朝着共同富裕方向稳步前进。"③ 习近平的论断很明确，中国共产党是把每一个中国人的利益都放在心里的，它要求每一个中国人都过上幸福美满的生活。所以，习近平强调："国家好、民族好，大家才会好。"④ 由此来看，习近平对于中国反贫困事业的主体力量是广大人民群众是有着深刻认识的。

（三）中国反贫困事业是广大贫困群众自己的事业

中国反贫困事业是中国共产党的事业，是中国人自己的事业，这是毫无疑义的。中国的问题只能由自己来解决。在中国这么一个拥有十四亿人口的发展中国家，贫困问题指望别的国家或别的什么力量来解决，肯定是不现实的。中国反贫困事业需要中国共产党的坚强领导，需要全国各族人民共同努力，但最为根本的，需要广大贫困群众自身艰苦奋斗——中国反贫困事业理所当然是中国广大贫困群众自己的事业。

中国共产党在中国革命和建设过程中，历来主张独立自主、自力更生，这是中国共产党解决中国问题的一个重要特色、思路、立场和方法。早在1930年5月，毛泽东就指出："中国革命斗争的胜利要靠中国同志了解中国情况。"⑤ 这就是说，需要中国同志自己去调查研究，把中国的

---

① 《习近平谈治国理政》，外文出版社，2014，第4页。

② 《习近平谈治国理政》，外文出版社，2014，第40页。

③ 《习近平谈治国理政》，外文出版社，2014，第41页。

④ 《习近平谈治国理政》，外文出版社，2014，第64页。

⑤ 《毛泽东选集》第1卷，人民出版社，1991，第115页。

现实国情搞清楚，并在此基础上解决中国革命问题，取得中国革命胜利。1935 年 12 月，毛泽东在《论反对日本帝国主义的策略》中提出了"自力更生"的概念①。所谓自力更生，就是依靠自己的力量把事情办好。1937 年 7 月和 8 月，毛泽东写了《实践论》《矛盾论》，从哲学的高度阐明：中国革命胜利的关键在于内因，即在于中国千千万万人民群众的革命实践，在于中国共产党"政治路线的正确和组织上的巩固"。② 1945 年 8 月，毛泽东指出："我们的方针要放在什么基点上？放在自己力量的基点上，叫做自力更生。""我们强调自力更生，我们能够依靠自己组织的力量，打败一切中外反动派。"③ 新中国成立前夕，毛泽东在新政治协商会议筹备会议上指出："中国的事情必须由中国人民自己作主张，自己来处理，不容许任何帝国主义国家再有一丝一毫的干涉。"④ 新中国成立后，毛泽东进一步提出了"自力更生为主，争取外援为辅"⑤ 的建设方针和平等互利、和平共处，反对大国主义、大党主义、霸权主义的外交原则。应该说，毛泽东的独立自主自力更生主张，是正确处理中国革命事业和国际革命事业、中国革命力量及其政党同中国其他革命力量之间相互关系的重要原则，是符合中国革命和建设规律的重要原则。

中国反贫困事业是中国社会主义建设事业的重要组成部分。从国家和政党的角度来看，由于我国是中国共产党领导下的以工农联盟为基础的人民民主专政的国家，中国共产党是代表最广大人民根本利益、全心全意为人民服务的政党，因此中国反贫困事业是党和国家的事业。从广大贫困人口自身的角度来看，他们是中国反贫困事业中的被帮扶对象，也是反贫困事业的主要力量。从事物发展内因和外因的角度来看，中国广大贫困人口是中国反贫困事业的内因，其他所有的力量都只能算是外因。根据马克思主义辩证唯物主义原理，矛盾是事物发展的动力和源泉，内因和外因作为同时存在的事物内部和外部的联系，都对事物发展发生

---

① 毛泽东的原话是："我们中华民族有同自己的敌人血战到底的气概，有在自力更生的基础上光复旧物的决心，有自立于世界民族之林的能力。"参见《毛泽东选集》第 1 卷，人民出版社，1991，第 161 页。

② 《毛泽东选集》第 1 卷，人民出版社，1991，第 303 页。

③ 《毛泽东选集》第 4 卷，人民出版社，1991，第 1132 页。

④ 《毛泽东选集》第 4 卷，人民出版社，1991，第 1465 页。

⑤ 《毛泽东文集》第 7 卷，人民出版社，1999，第 380 页。

作用。内因是事物内部的对立统一关系，即事物内部的矛盾性。外因是事物之间的对立统一关系，即事物外部的矛盾性。内因是事物发展的根本原因，外因是事物发展的必要条件。事物内部对立双方又统一又斗争，由此推动了事物的运动、变化和发展，成为事物发展的根本动因。而事物之间的相互影响和相互作用则是事物存在和发展的必要条件。外因只有通过内因才能起作用。这是唯物辩证法关于事物发展动因的基本观点。因此，从哲学高度来看待中国反贫困事业，就必须首先明确，中国反贫困事业是广大贫困群众自己的事业。它需要党的坚强领导，需要政府发动人民群众大力支持，但最根本的是，需要广大贫困群众把脱贫致富看成自己的事情，把反贫困事业看成自己的事业。只有这样，中国反贫困事业才会越干越好。否则，如果贫困群众自己缺乏脱贫意愿，更不愿意通过自身的艰苦努力去奋斗，那么所谓脱贫致富、实现共同富裕则是遥遥无期的。

习近平习惯于从哲学高度来看待中国的反贫困事业。他提出："我们有必要摆正一个位置：把解决原材料、资金短缺的关键，放到我们自己身上来。""我们要把事事求诸于人转为事事先求诸于己。"[1] 习近平的意思很明确：摆脱贫困主要应该靠自己，不能把脱贫致富的希望寄托在别的方面。正是基于这种认识，他要求当地的党员、干部、群众淡化"贫困县意识"，不要自己不努力而只会向国家伸手讨要，等着国家来扶贫，而应该依靠自身力量，充分利用当地资源脱贫致富。1989 年 6 月，习近平在《巩固民族大团结的基础》一文中，在谈到如何促进少数民族共同繁荣富裕问题时指出："少数民族地区发展经济离不开国家的扶持和帮助……起决定作用的还是少数民族地区的自我发展能力。"[2] 在这里，习近平强调少数民族贫困地区要自力更生，要从不断增强自我发展能力上下功夫。1989 年 7 月，习近平在《制定和实施产业政策的现实选择》一文中指出，闽东地区经济落后的"重要的原因就是贫困地区的产业结构不尽合理"。[3] 闽东应实行什么样的产业政策脱贫致富呢？习近平提出了五条措施，其中有一条就是："根据自力更生的方针，工业的发展要与自

---

① 习近平：《摆脱贫困》，福建人民出版社，1992，第 2 页。
② 习近平：《摆脱贫困》，福建人民出版社，1992，第 90 页。
③ 习近平：《摆脱贫困》，福建人民出版社，1992，第 96 页。

我平衡能力相适应。"① 在这里，习近平明确提到"自力更生"，说明他注重从哲学高度来看问题，善于将马克思主义基本原理用于自己的扶贫实践之中。事实上，在领导扶贫开发工作中强调自力更生，这是他的一贯做法。习近平到了中央政治局工作后，还是坚持用自力更生的观点、方法解决中国问题，特别是在扶贫开发问题上。例如，2012 年 12 月他强调指出："贫困地区发展要靠内生动力。"② 又如，2015 年 10 月 16 日他指出："发展中国家要增强内生发展动力。"③ 这其实就是强调要自力更生。再如，2015 年 11 月 27 日他指出："脱贫致富终究要靠贫困群众用自己的辛勤劳动来实现。"④ 他在这里同样是强调自力更生。显然，习近平上述这些话，最核心的意思就是要贫困地区人民群众自力更生谋发展，通过自力更生摆脱贫困。可见，习近平自 20 世纪 80 年代以来就一直强调通过自力更生摆脱贫困，他之所以一以贯之地秉持这样的观点，原因在于他深刻认识到了中国反贫困事业是广大贫困群众自己的事业。

三　中国反贫困的动力系统

大凡一项事业能够开展特别是能够持续地开展起来，说明它一定有能够使自己开展起来的动力；而且这种动力往往不止一个，而是多个。也就是说，一项事业能够开展起来，一定有自己的动力系统在背后推动。中国反贫困事业是一项自新中国成立开始就一直在持续开展的大规模的民生事业，也有自己的动力系统。这种动力系统，最主要的是中国共产党的崇高理想信念、中国共产党的根本宗旨、中国共产党的执政理念以及人民群众要求脱贫致富的强烈愿望。这四者共同构成中国反贫困事业最主要的强大的动力系统。

（一）中国共产党的崇高理想信念

理想和信念是人类社会实践活动和一定社会关系的产物，是人的强

① 习近平：《摆脱贫困》，福建人民出版社，1992，第 97 页。
② 习近平：《做焦裕禄式的县委书记》，中央文献出版社，2015，第 17 页。
③ 习近平：《携手消除贫困　促进共同发展：在 2015 减贫与发展高层论坛的主旨演讲》，人民出版社，2015，第 8 页。
④ 《习近平谈治国理政》第 2 卷，外文出版社，2017，第 86 页。

大精神支柱和精神动力。正是由于理想与信念有着密切联系，人们往往也习惯于将"理想""信念"两个概念并成"理想信念"来使用。

作为马克思主义无产阶级政党，中国共产党是一个具有崇高理想信念的政党。中国共产党的理想早在成立之初就已经明确了：近期理想是推翻封建主义、资本主义和帝国主义在中国的统治，建立自由、平等、民主、富强的新中国；最终目标是实现共产主义。中国共产党建立新中国的近期目标于 1949 年就已经实现了。经过 70 年的艰苦奋斗，中国共产党正带领全国各族人民迈步走在实现全面小康和中华民族伟大复兴的康庄大道上。中国共产党把马克思主义作为自己的信念。由于马克思主义是关于消灭私有制、实现共产主义的理论，是为全世界广大劳动人民谋解放的思想武器，因此，中国共产党坚信马克思主义也就意味着它把实现共产主义作为自己坚定的信念，即把消灭一切剥削和压迫制度，建立民主、富强、文明的社会主义社会和进入各尽所能、按需分配、阶级消灭、国家消亡的共产主义社会当做自己的信念。

马克思主义的理想信念是中国共产党强大的精神支柱和力量源泉。中国共产党能够自觉地为人民解放事业而奋斗，自觉地为建设中国社会主义事业而奋斗，自觉地进行改革开放，不断将中国特色社会主义事业推向新阶段，靠的就是马克思主义理想信念。理想信念是人和社会组织的动机体系的一部分。理想信念一旦形成，就成为人和社会组织行为的内部推动力，激励人和社会组织朝着一定方向从事有关的实践活动。马克思主义理想信念是中国共产党行为发动的起因，也即中国共产党开展各种社会实践活动的主观原因。中国共产党作为马克思主义先进政党，它的一切活动都是在其动机体系作用下进行的。马克思主义理想信念作为中国共产党动机体系的一个重要组成部分，它具有激发全体党员向着党的既定目标奋斗的功能。这种功能往往体现为强大的精神力量，而当这种强大的精神力量实实在在成为全体党员为党的目标努力奋斗的时候，它实质上又能显示出无比强大的物质力量。马克思指出："理论一经掌握群众，也会变成物质力量。"[①] 马克思主义理想信念就是中国共产党的理论，这种理论一旦为广大共产党员所认同，它就能变成改造中国社会的

---

① 《马克思恩格斯文集》第 1 卷，人民出版社，2009，第 11 页。

巨大物质力量。正如毛泽东所指出的那样："反映了全世界无产阶级实践斗争的马克思列宁主义的普遍真理，在它同中国无产阶级和广大人民群众的革命斗争的具体实践相结合的时候，就成为中国人民百战百胜的武器。"① 正因为如此，中国共产党历来都重视马克思主义理想信念及其教育工作。

毛泽东自接受了马克思主义之后，就高度认同马克思主义理想信念，坚信社会主义社会、共产主义社会一定会实现。在参加和领导中国革命的过程中，随着对共产主义理想信念认识的不断深入，毛泽东要求对广大党员干部进行理想信念教育。在他看来，共产主义作为一种社会制度和思想体系，具有不容置疑的进步性与合理性。所以他说："凡是愿意为人类解放事业奋斗而又真正研究和懂得共产主义（或马克思主义）的人，一定会承认马克思主义是解决社会问题的最高的理想，是集几千年来人类思想的大成，共产主义社会是全人类最美满最愉快最幸福的社会，绝没有什么可怕的东西。"② 他还说："掌握思想领导是掌握一切领导的第一位。"③ 毛泽东这里所说的掌握思想领导，其实就包含了对党员干部进行马克思主义理想信念教育。

邓小平、江泽民、胡锦涛等党和国家领导人都高度重视马克思主义理想信念教育。

在中国改革开放新时期，邓小平反复强调马克思主义理想信念。他坚信马克思主义，对共产主义充满信心。他指出："我坚信，世界上赞成马克思主义的人会多起来的，因为马克思主义是科学。"④ 邓小平之所以这样说，这样有信心，就在于他坚信马克思主义是科学真理。邓小平认为，新中国的成立就是由于中国共产党人有共产主义理想信念这个强大的精神支柱。他说："我们过去干革命，打天下，建立中华人民共和国，就因为有这个信念，有这个理想。我们有理想，把马克思主义基本原则同中国实际相结合，所以我们才能取得胜利。"⑤ 他还说："我们的信念

---

① 《毛泽东选集》第2卷，人民出版社，1991，第1094页。
② 中共中央文献研究室编《建党以来重要文献选编（1921—1949）》第15册，中央文献出版社，2011，第60页。
③ 《毛泽东文集》第2卷，人民出版社，1993，第435页。
④ 《邓小平文选》第3卷，人民出版社，1993，第382页。
⑤ 《邓小平文选》第3卷，人民出版社，1993，第173页。

理想就是要搞共产主义。在我们最困难的时期，共产主义的理想是我们的精神支柱。"① 在这里，邓小平明确表示共产主义理想是中国共产党为革命事业奋斗的强大精神支柱。在邓小平看来，共产主义理想其实就是中国共产党领导人民干事业的一种强大动力。邓小平也特别强调共产主义理想信念在革命和建设中的巨大作用。他说："过去我们党无论怎样弱小，无论遇到什么困难，一直有强大的战斗力，因为我们有马克思主义和共产主义的信念。"他还认为，马克思主义理想信念"无论过去、现在和将来，这都是我们的真正优势"。② 这说明，邓小平是深刻认识到了马克思主义理想信念的重要性的。正是基于这种认识，他要求加强马克思主义理想信念教育。他认为，在培育有理想、有道德、有文化、有纪律的一代新人中，有理想最重要。他说："我们最强调的，是有理想。根据我长期从事政治和军事活动的经验，我认为，最重要的是人的团结，要团结就要有共同的理想和坚定的信念。"③ 邓小平这里所说的理想信念，就是马克思主义或共产主义理想信念。

江泽民在新的历史条件下高度重视和强调理想信念教育的重要性。1996 年 1 月 24 日，他提出"宣传思想战线要以科学的理论武装人"。④ 他强调指出："以科学的理论武装人，还有一个重要方面，就是要引导广大党员、干部树立正确的世界观、人生观、价值观。""全党同志必须在改造客观世界的同时努力改造主观世界，坚定社会主义、共产主义的理想信念。"⑤

胡锦涛也高度强调马克思主义理想信念的作用。2008 年 6 月 30 日，他强调指出："共产主义远大理想和中国特色社会主义共同理想是中国共产党人的崇高追求和强大精神支柱，对理想信念坚贞不渝是我们党的强大政治优势。有了正确而坚定的理想信念，广大共产党员就能够自觉地、满腔热情地为党和人民事业而奋斗。"⑥ 也就是说，有了正确而坚定的理

---

① 《邓小平文选》第 3 卷，人民出版社，1993，第 137 页。

② 《邓小平文选》第 3 卷，人民出版社，1993，第 144 页。

③ 《邓小平文选》第 3 卷，人民出版社，1993，第 190 页。

④ 《江泽民文选》第 1 卷，人民出版社，2006，第 497 页。

⑤ 《江泽民文选》第 1 卷，人民出版社，2006，第 500 页。

⑥ 胡锦涛：《在抗震救灾先进基层党组织和优秀共产党员代表座谈会上的讲话》，《人民日报》2008 年 7 月 1 日。

想信念，共产党员就有了不竭的精神动力，就能够始终对党充满忠诚、对人民充满感情、对事业充满责任，满腔热情地为党和人民的事业而奋斗。因此，加强和重视马克思主义理想信念教育，是中国共产党自身建设的重要内容。

党的十八大以来，习近平反复强调马克思主义理想信念及其教育的重要性。2012 年 11 月 17 日，习近平强调指出："对马克思主义的信仰，对社会主义和共产主义的信念，是共产党人的政治灵魂，是共产党人经受住任何考验的精神支柱。""理想信念就是共产党人精神上的'钙'，没有理想信念，理想信念不坚定，精神上就会'缺钙'，就会得'软骨病'。"[①] 在这里，习近平把崇高的理想信念比喻为共产党人精神上的钙，用钙这种对人体生长发育极为重要的元素来说明崇高的理想信念对共产党人的极端重要性，找到了崇高理想信念和钙的共同点：共产党人完全离不开它们——崇高的理想信念对于作为意识形态载体的共产党人以及钙对于作为生物个体的共产党人的共同特征。显然，习近平如此强调理想信念的重要性，是为了唤起广大党员对崇高理想信念的深刻认识。因此，他要求加强对全党进行理想信念教育。他说："全党要按照党的十八大部署，深入学习实践中国特色社会主义理论体系特别是科学发展观，讲党性、重品行、作表率，矢志不渝为实现中国特色社会主义共同理想而奋斗。"[②] 这里要求全党"讲党性""矢志不渝为实现中国特色社会主义共同理想而奋斗"，就包含了理想信念教育的内容。2013 年 12 月 30 日，中共中央政治局就提高国家文化软实力研究进行第 12 次集体学习。习近平主持本次学习时强调："要坚持走中国特色社会主义文化发展道路，深化文化体制改革，深入开展社会主义核心价值体系学习教育，广泛开展理想信念教育，大力弘扬民族精神和时代精神，推动文化事业全面繁荣、文化产业快速发展。"[③] 2016 年 7 月 1 日，习近平在庆祝中国共产党成立 95 周年大会上指出："革命理想高于天。中国共产党之所以叫共产党，就是因为从成立之日起我们党就把共产主义确立为远大理想。我们党之所以能够经受一次次挫折而又一次次奋起，归根到底是因为我

① 《习近平谈治国理政》，外文出版社，2014，第 15 页。
② 《习近平谈治国理政》，外文出版社，2014，第 15 页。
③ 《习近平谈治国理政》，外文出版社，2014，第 160 页。

们党有远大理想和崇高追求。"① 他进而告诫全党说："理想信念动摇是最危险的动摇，理想信念滑坡是最危险的滑坡。一个政党的衰落，往往从理想信念的丧失或缺失开始。我们党是否坚强有力，既要看全党在理想信念上是否坚定不移，更要看每一位党员在理想信念上是否坚定不移。"② 也就是说，不搞好理想信念教育，全党就会面临生死存亡的巨大风险。这里强调的还是理想信念教育问题。

综上所述，中国共产党领导人一直都高度强调理想信念问题，一直都在要求或告诫全党树立马克思主义理想信念。中国共产党的领导人之所以高度强调马克思主义理想信念教育，最根本的原因在于，他们都看到了崇高的理想信念对于中国社会主义事业的强大动力作用。中国反贫困事业是谋求全体中国人民共同富裕的事业，从这个意义上说它从属于共产主义事业，是共产主义事业的重要组成部分。马克思主义崇高的理想信念，就是这个事业的强大动力之一。

（二）中国共产党全心全意为人民服务的根本宗旨

党的根本宗旨是指政党从事一切活动的根本目的和意图。中国共产党的根本宗旨是全心全意为人民服务。所谓全心全意为人民服务，就是指彻底地为最广大人民群众的利益而工作。中国共产党的无产阶级本质，决定了它必须始终代表社会生产力的发展要求，始终代表先进文化的前进方向，始终代表最广大人民的根本利益；也决定了它除了人民群众的利益之外，没有任何其他特殊的私利。马克思指出，工人阶级在打碎旧的国家机器之后，为防止国家和国家机关由社会公仆变为社会主人，必须通过普选把权力交给"社会的负责的公仆"，使其"为组织在公社里的人民服务"。③ 中国共产党的最终目标是消灭阶级和剥削，实现共产主义，彻底解放全人类。中国共产党坚信：无产阶级只有解放全人类，才能最后解放自己。可见，中国共产党和最广大人民群众的根本利益是完全一致的，这种利益的完全一致性决定了全心全意为人民服务是其必须永远坚守和坚持的根本宗旨。这是中国共产党区别于其他任何政党的显

---

① 《习近平谈治国理政》第2卷，外文出版社，2017，第34页。
② 《习近平谈治国理政》第2卷，外文出版社，2017，第34~35页。
③ 《马克思恩格斯全集》第17卷，人民出版社，1963，第360页。

著标志。

全心全意为人民服务的根本宗旨是中国共产党开展革命和社会主义建设事业的强大内驱力。所谓内驱力，是指个体或组织在需要的基础上所产生的一种内部唤醒状态或紧张状态，表现为推动有机体活动或组织活动以达到满足需要的内部动力。全心全意为人民服务的根本宗旨作为中国共产党行事的目的和意图，首先体现为自身的心理需要，这种心理需要是中国共产党及其成员的主观感受，中国共产党在自身行事过程和在与人民群众进行交往联系的过程中能够起到积极暗示的作用，从本质上说，就是一种积极的精神力量。中国共产党将人民利益看成是自己的最高利益，即把人民利益看成自己最根本、最核心、最关键的需要，它的一切奋斗目的都是满足这种需要。所以，人民利益是左右中国共产党思想和行动的物质基础。正是由于中国共产党把人民利益看成自己最根本、最核心、最关键的需要并且致力于满足这种需要，它才会形成全心全意为人民服务的宗旨。

正因为全心全意为人民服务的根本宗旨是党开展革命和社会主义建设事业的强大内驱力，所以，中国共产党人在从事革命和建设过程中反复强调为人民服务的理念。早在 1927 年 6 月，朱德就提出了"誓为人民服务"的口号。① 后来，毛泽东多次在自己的书信、文章、讲话中提到或论述了"为人民服务"② "为群众服务"。③ 1944 年 9 月 8 日下午，毛泽东在中央警备团追悼张思德烈士的会上从党和军队建设的高度深刻阐述了"为人民服务"的问题。这篇演讲发表后产生了很大的社会反响。此后，毛泽东又反复阐述和丰富了"为人民服务"思想的内涵。由于毛泽东对为人民服务的大力提倡和深刻阐述，为人民服务被写进了党章，成为中国共产党的根本宗旨。新中国成立后它又被写进宪法，成为社会主义重要价值观和道德原则。在为人民服务问题上，毛泽东强调"全心全意"。在他看来，全心全意为人民服务是共产党的天职。他说："共产

---

① 参见朱文通《朱德与"誓为人民服务"口号》，《光明日报》2014 年 6 月 4 日。

② 1939 年 2 月 20 日夜，毛泽东在一封给张闻天的关于讨论孔子哲学思想的信中提到了"为人民服务"。

③ 1939 年 12 月，毛泽东在《大量吸收知识分子》中提到了"为军队、为政府、为群众服务"。

党就是要奋斗，就是要全心全意为人民服务，不要半心半意或者三分之二的心三分之二的意为人民服务。"① 邓小平也深刻阐发了为人民服务的思想。1956 年 11 月 17 日，他在会见国际青年代表团时指出："中国共产党员的含意或任务，如果用概括的语言来说，只有两句话：全心全意为人民服务，一切以人民利益作为每一个党员的最高准绳。"② 在这里，邓小平既把全心全意为人民服务看成中国共产党员的任务，还把中国共产党员与全心全意为人民服务等同起来，认为中国共产党员与全心全意为人民服务就是一回事。这是一个极为深刻的思想，因为他把中国共产党员与全心全意为人民服务合而为一，用全心全意为人民服务来说明中国共产党员的身份特征，充分体现了中国共产党的先进性和人民性。面对新世纪国内外各种挑战，江泽民根据新形势新任务的要求提出了"三个代表"重要思想。他把代表最广大人民的根本利益同代表中国先进社会生产力的发展要求和中国先进文化的前进方向联系和统一起来，深刻阐述了党的全心全意为人民服务的根本宗旨的本质内涵，发展了马克思主义党的建设学说。全心全意为人民服务，代表中国最广大人民的根本利益，这是"三个代表"的核心内容。正因为如此，江泽民要求广大党员干部全心全意为人民服务。他深刻指出："建设有中国特色社会主义全部工作的出发点和落脚点，就是全心全意为人民谋利益。"③ 胡锦涛也高度强调党的根本宗旨。2002 年 12 月 6 日，他在西柏坡学习考察时指出，全党同志要"牢记全心全意为人民服务的宗旨，始终不渝为最广大人民谋利益"。④ 在他看来，牢记党的宗旨和坚持艰苦奋斗是紧密联系的。"只有牢记全心全意为人民服务的宗旨，才能保持艰苦奋斗的革命意志和革命品格；只有坚持艰苦奋斗，才能更好履行全心全意为人民服务的宗旨。"⑤ 正是从这种观念出发，胡锦涛认为："群众利益无小事。"⑥ "坚持立党为公、执政为民，必须落实到关心群众生产生活工作中去……必

---

① 《毛泽东文集》第 7 卷，人民出版社，1993，第 285 页。
② 《邓小平文选》第 1 卷，人民出版社，1994，第 257 页。
③ 《江泽民文选》第 2 卷，人民出版社，2006，第 45 页。
④ 《胡锦涛文选》第 2 卷，人民出版社，2016，第 8～9 页。
⑤ 《胡锦涛文选》第 2 卷，人民出版社，2016，第 9 页。
⑥ 《胡锦涛文选》第 2 卷，人民出版社，2016，第 50 页。

须围绕人民群众最现实、最关心、最直接的利益来落实。"①

党的十八大以来，习近平高度重视和强调全心全意为人民服务的根本宗旨。2012 年 11 月 15 日，他在与中外记者见面会上表示："每个人的工作时间是有限的，但全心全意为人民服务是无限的。""我们一定要始终与人民心心相印、与人民同甘共苦、与人民团结奋斗，夙夜在公，勤勉工作，努力向历史、向人民交出一份合格的答卷。"② 2014 年 2 月 7 日，习近平在接受俄罗斯电视台专访时说："中国共产党坚持执政为民，人民对美好生活的向往就是我们的奋斗目标。我的执政理念，概括起来说就是：为人民服务，担当起该担当的责任。"③ 习近平关于党的根本宗旨的论述，与毛泽东、邓小平、江泽民、胡锦涛等党和国家领导人有关为人民服务的思想一脉相承。这充分说明，不管时代如何变迁，中国共产党全心全意为人民服务的宗旨没有改变，也不会改变，它会一直高度重视和继续强调下去。

中国共产党领导的反贫困事业本身就是为人民服务的事业。因此，党的根本宗旨作为中国共产党及其广大党员干部最根本的行为准则，一定会对中国的反贫困事业产生强大的精神推动力。

（三）立党为公、执政为民的执政理念

中国共产党在长期的革命和社会主义建设过程中，形成了自己的执政理念。"立党为公、执政为民"就是其中之一。对中国共产党来说，"立党为公"是指中国共产党除了最广大人民群众的根本利益之外，没有任何的私利可言。"立党为公"中的"公"即"天下为公"的"公"，是指国家、民族和全体中国人民的共同利益与共同理想。"执政为民"是指党和人民政府的权力是人民赋予的，中国共产党执政是为了最广大人民的根本利益，因此，为人民掌好权、用好权是其必然要求。"执政为民"中的"民"是指包括全体社会主义劳动者、社会主义事业的建设者、拥护社会主义的爱国者和拥护祖国统一的爱国者在内的最广大人民。对中国共产党来说，立党为公是执政为民的前提条件，执政为民是立党

---

① 《胡锦涛文选》第 2 卷，人民出版社，2016，第 58 页。
② 《习近平谈治国理政》，外文出版社，2014，第 5 页。
③ 《习近平谈治国理政》，外文出版社，2014，第 101 页。

为公的本质要求。"立党为公，执政为民"的执政理念，归根结底就是要实现好、维护好和发展好最广大人民的根本利益。

立党为公、执政为民是由中国共产党的性质决定的，体现着中国共产党的先进性。中国共产党自诞生之日起，就始终坚持工人阶级先锋队的性质，这为它保持先进性奠定了坚实的阶级基础。中国共产党要求自己同时是中国人民和中华民族的先锋队，把工人阶级自身解放同其他劳动者阶级解放以及全人类解放联系在一起，并坚定地认为，工人阶级只有解放全人类，才能最后解放自己。这就决定了作为中国工人阶级先锋队的中国共产党所代表的利益必定是最广大人民的根本利益，决定了它必然要立党为公、执政为民。

立党为公、执政为民也是由中国共产党的根本宗旨决定的。中国共产党的根本宗旨是全心全意为人民服务。这就要求它始终把体现人民群众的意志和利益作为一切工作的出发点和落脚点，因此，中国共产党必然要坚持立党为公、执政为民。否则就是背弃自己的根本宗旨。

立党为公、执政为民是中国共产党的优势所在。中国共产党的发展壮大和取得一个又一个革命和建设事业的胜利，不是靠上帝保佑，而是靠立党为公、执政为民的理念和践行这种理念的伟大实践。中国共产党是在坚持立党为公、执政为民理念中保持自身优势的，是在践行立党为公、执政为民理念中发展壮大并取得革命和建设事业胜利的。

立党为公、执政为民的执政理念，是中国共产党从事革命和建设事业的强大精神动力。在新民主主义革命时期，中国共产党的文献中尚无"立党为公、执政为民"的说法，但是党的革命实践活动很好地诠释了它是坚持"立党为公、执政为民"的，它是在"立党为公、执政为民"理念的精神力量推动下前进的。以毛泽东为代表的中国共产党人，其全部理论与实践可以用"立党为公、执政为民"来概括。中国共产党早在成立之初就指出，中国共产党的奋斗目标是要"建立劳农专政的政治，铲除私有财产制度，渐次达到一个共产主义的社会"。[1] 这里所说的建立劳农专政的政治，其实就是指建立人民政权，即为人民服务的政权，这

---

[1] 中共中央文献研究室编《建党以来重要文献选编（1921～1949）》第1册，中央文献出版社，2011，第133页。

是执政为民的另一种表述；这里所说的铲除私有财产制度，渐次达到共产主义社会，就是立党为公。可见，中国共产党成立之初就表明了它是立党为公、执政为民的。此后，以毛泽东为主要代表的中国共产党人将马列主义基本原理与中国具体实际相结合，形成了毛泽东思想这一伟大理论成果。毛泽东思想是中国人民用来建立人民当家做主的新中国和实现民族复兴、国家富强、人民幸福的强大思想武器，它对党及其广大党员的核心要求就是"立党为公，执政为民"，尽管毛泽东从来没有明确提到"立党为公，执政为民"这八个字，但是毛泽东思想中确确实实是包含有"立党为公，执政为民"的理念及其严格要求的。党的十一届三中全会以后，以邓小平为代表的中国共产党人，在总结国内外社会主义建设经验及研判国内外形势的基础上，开辟了中国社会主义建设新阶段，创立了中国特色社会主义理论体系。这是与马列主义毛泽东思想一脉相承的科学理论体系，它是新时期中国人民用来指导社会主义建设，实现民族复兴、国家富强和人民幸福的强大思想武器。以江泽民为代表的共产党人和以胡锦涛为代表的共产党人以及以习近平为代表的共产党人，他们结合中国新的时代特点和时代形势，丰富和发展了中国特色社会主义理论体系。"立党为公，执政为民"是他们反复强调的执政理念。

可见，中国共产党自成立以来都是抱定"立党为公，执政为民"的理念从事中国革命和中国社会主义建设的。中国共产党的所有理论和实践都体现着立党为公、执政为民的执政理念。立党为公、执政为民的执政理念是蕴含了把人民利益看得高于一切的崇高思想和目标，天然地能够成为中国共产党领导革命和社会主义建设事业的强大精神动力，当然也是能够对中国反贫困事业起到推动作用的一种强大的精神动力。

（四）广大人民群众要求脱贫致富的强烈愿望

中国共产党是全心全意为人民服务的马克思主义先进政党，因此，人民群众在中国共产党心目中的位置是至高无上的。对中国共产党来说，人民群众就是一切。人民群众的意愿是中国共产党一刻也不能忽视的。

在旧中国，人民群众迫切要求摆脱帝国主义、封建主义和官僚资本主义的剥削和压迫，强烈要求脱贫致富，过上幸福美满的生活。但是反动统治阶级对人民群众的强烈要求置若罔闻。不仅如此，他们还是压迫剥削人民群众的力量。这种不顾人民群众死活的做法，不可能使国家繁荣富强，而只能丧失民心，使国家积贫积弱。

中国共产党成立后，顺应历史发展潮流，顺应人民群众的迫切要求，倾听人民群众呼声，把人民群众的利益看得高于一切。这样，中国共产党赢得了民心，推翻了压迫、剥削人民群众的反动政权，从而也改变了中国历史发展进程。

中国共产党是顺应人民群众的要求和愿望取得中国革命胜利的。正因为如此，中国共产党高度重视人民群众的历史主体地位。毛泽东指出：“只要我们依靠人民，坚决地相信人民群众的创造力是无穷无尽的，因而信任人民，和人民打成一片，那就任何困难也能克服，任何敌人也不能压倒我们，而只会被我们所压倒。”①在这里，毛泽东指明了人民群众在中国革命中的伟大力量，充分肯定了人民群众的创造力和历史地位。事实上，没有人民群众，就不会有中国革命的胜利和社会主义道路的成功开辟。因此，中国共产党没有任何理由忽视人民群众的要求和愿望。

新中国成立以来，广大人民群众强烈要求脱贫致富，中国共产党顺应了他们的要求，对中国社会主义建设道路进行了艰辛探索，提出了一系列旨在发展社会生产力、改善人民生活的措施，如没收官僚资本，建立国营经济；稳定物价，统一财经；实行土地改革，争取财经状况好转；合理调整工商业，对五种经济成分统筹兼顾，等等。当然，在改革开放以前，中国共产党对社会主义建设道路的探索有曲折和失误。不过，从中国共产党的本意来看，中国共产党顺应民心、坚持全心全意为人民服务的大方向从来就没有改变。党的十一届三中全会后，中国共产党顺应民心，确立了“以经济建设为中心”的指导思想，提出了改革开放思想，在农村实行家庭联产承包责任制，同时推进城市经济体制改革等，逐渐使中国人民摆脱贫困，走向富裕。

中国共产党近100年的奋斗历程已经证明，中国共产党是高度重视人民群众脱贫致富强烈意愿的政党。中国共产党之所以能够这样做，在于它是全心全意为人民服务的政党，在于它深刻认识到了人民群众的伟

①　《毛泽东选集》第3卷，人民出版社，1991，第1096页。

大力量。中国共产党从来就把人民群众的愿望当成自己的奋斗目标。在旧中国，人民群众要求解放，中国共产党顺应这种要求，以舍我其谁的勇气和担当，带领全国各族人民谋求解放；新中国成立后，人民群众要求脱贫致富，中国共产党就顺应这种要求，积极探索中国社会主义建设道路，不断改善人民群众生活；改革开放以来，人民群众要求共同富裕，中国共产党就顺应这种要求，努力发展生产力，让一部分人先富起来，然后带动其他人走共同富裕之路。所有这些都证明，人民的意愿就是中国共产党的不懈追求。

党的十八大以来，习近平高度重视人民群众脱贫致富的愿望，积极推进中国反贫困事业。他深刻认识到了人民脱贫致富的强烈愿望是中国反贫困事业的强大动力。他说："人民对美好生活的向往，就是我们的奋斗目标。""我们的责任，就是要团结带领全党全国各族人民，继续解放思想，坚持改革开放，不断解放和发展社会生产力，努力解决群众的生产生活困难，坚定不移走共同富裕的道路。"① 这些论断代表了中国共产党对人民群众脱贫致富愿望的高度重视和回应，也是中国共产党顺应人民群众要求脱贫致富愿望的反映。中国反贫困事业是中国共产党领导的人民事业，人民群众脱贫致富的强烈愿望正是该事业的一种强大的推动力。

四　中国反贫困的关键问题

新时代反贫困思想认为，中国反贫困的关键问题是"扶持谁""谁来扶"和"怎么扶"的问题。

在对上述观点展开探讨之前，先简单谈谈"问题"这个概念及"问题"的类型。在现代汉语里，"问题"是指要求回答或解答的题目，也指人们需要解决或克服的矛盾、困难和要应对的挑战。一般来讲，学习过程中的问题往往就是指要求回答或解答的题目，而社会发展中的问题，则往往是指需要解决或克服的矛盾、困难和要应对的挑战。

世界上存在无数问题，所有的问题按照一定标准都是可以进行分类

---

① 《习近平谈治国理政》，外文出版社，2014，第4页。

的。例如，按照问题的大小进行分类，可以有大问题、小问题，还有介于大问题和小问题之间的问题；如果按照问题所涉及的社会领域分类，可以分为经济问题、政治问题、文化问题、社会问题等；如果按照国别分类，可以分为中国问题和外国问题或国内问题和国外问题；如果按照问题在事物发展进程中的关键程度分类，可以分为关键问题和非关键问题，等等。

新中国成立后特别是改革开放以来，中国反贫困事业轰轰烈烈开展起来，成就举世瞩目。但也不可否认，该事业在开展过程中存在很多问题。中国反贫困事业是一项庞大的系统工程，在推进过程中留给党和政府的具体工作可谓千头万绪，需要党和政府解决的问题多如牛毛。不过，如果抓住了中国反贫困的关键问题，该事业中的其他问题也就可以迎刃而解。党的十八大以来，习近平深入考察和研究中国的扶贫开发和脱贫攻坚问题，认为中国反贫困事业的关键问题是首先解决扶持谁、谁来扶和怎么扶的问题。这是开展反贫困实践的重要前提。

（一）扶持谁的问题

所谓扶持谁的问题，是指反贫困要搞准对象的问题。如果连对象都没有搞准，反贫困是不可能取得好成绩的。长期以来，中国在反贫困方面虽然成绩显著，但存在的问题也不少。其中一个突出的问题，就是有的地方在扶贫开发过程中没有搞准对象。也就是说，那些实实在在处于贫困中的、按照相关规定应该得到扶持和帮助的人没有得到扶持和帮助，而一些生活并不贫困、不该得到扶持和帮助的人却得到了扶持和帮助。这就是没有搞准扶持对象的具体表现。这样的结果只能是造成国家反贫困资源的严重浪费。

在反贫困过程中居然搞不准扶持对象？说出来让很多人都觉得很不可思议。谁家里贫困，谁家里不贫困，到他们家里去看看，不就一目了然了吗？从理论上讲，谁家里贫困谁家里不贫困确实不应该是问题。但是，事实上，我国在反贫困过程中出现了不少这样的现象：一些贫困人口没有得到应有的扶持和帮助，而一些非贫困人口反而得到了扶持和帮助。

其实，中国政府自 20 世纪 80 年代中期开展有计划、有步骤、大规模扶贫开发以来，就发现扶贫开发过程中有"扶贫瞄准""扶贫瞄不准"的问题。这个扶贫瞄准问题其实就反映了扶贫开发过程中存在扶贫对象搞不准的问题。所谓扶贫瞄准问题，主要包括了两个方面的内容：一是指扶贫目标的瞄准问题，如瞄准贫困区域（主要是贫困县、乡、村）或瞄准贫困农户和人口（如妇女、残疾人、移民和一般贫困者）；二是指确定了瞄准对象后的资金和资源投放，主要是指政府用于扶贫的各项资金的分配、投入和管理以及扶贫政策的落实。我国在 1996 年以前实行的是区域瞄准，即瞄准到贫困县。1996 年以后逐渐瞄准到村和农户。我国扶贫开发在扶贫瞄准方面的问题，确实不少。据世界银行及一些学者的研究，认为瞄准到县一方面使将近一半的贫困人口被排除在扶贫瞄准范围之外，另一方面贫困县因为其财政困难和银行的营利性需要挪用扶贫资金或把扶贫资金用于其他领域，从而导致贫困人口享有扶贫资金的比例低下。还有学者研究表明，在全国范围内，各贫困县得到的扶贫资金与县人均纯收入没有相关关系的省份很多，也没有证据表明贫困户较非贫困户有更多的机会得到贴息贷款。也就是说，确定贫困县和非贫困县的指标不仅仅是经济指标，甚至经济指标并不是主要的决定因素，政治因素也起了非常大的作用。[①] 中国学术界早在 1996 年就开始发表有关扶贫瞄准的文章，此后不断有这类文章发表。如今，20 多年过去了，这类文章不仅没有减少，反而增加了。这就充分说明，中国扶贫开发中的"扶贫瞄不准"的问题仍然没有得到解决——如果问题已经解决了，相信学术界就不会再去探讨有关扶贫瞄准的问题了。

　　习近平长期关注扶贫开发工作，曾亲自主抓所在工作地的扶贫工作，对扶贫开发工作非常了解。早在 1989 年 2 月，他就指出："扶贫资金不搞撒胡椒粉，要集中 90% 以上的扶贫资金用于县、乡、村级经济实体，增强实体的造血功能。"[②] 习近平的这段话其实就包含了扶贫要瞄准对象的思想。习近平非常关注国家的扶贫开发事业。党的十八大以来，他为发展中国提出了一系列新思想。例如，他在深入调查研究我国贫困地区扶贫状况的基础上，有针对性地提出了精准扶贫思想。精准扶贫思想的

① 许源源、江胜珍：《扶贫瞄准问题研究综述》，《生产力研究》2008 年第 17 期。
② 习近平：《摆脱贫困》，福建人民出版社，1992，第 73 页。

出台，从一个侧面反映了我国在反贫困过程中有较为严重的搞不准扶贫对象的情况。2015年6月18日，习近平在部分省区市党委主要负责同志座谈会上要求"切实做到精准扶贫"。他指出："扶贫开发贵在精准，重在精准，成败之举在于精准。各地都要在扶持对象精准、项目安排精准、资金使用精准、措施到户精准、因村派人（第一书记）精准、脱贫成效精准上想办法、出实招、见真效。"① 他在这里说得非常明确，扶贫开发要做到六个"精准"，其中排在最前头的是"扶持对象精准"。

在扶贫开发过程中，搞不准扶贫对象，是党和政府不重视吗？是国家扶贫开发机构不完善吗？问题到底出在哪里？我们有必要对上述问题做出回答。如果说党和政府不重视扶贫开发工作，这是毫无根据的。相反，在我国，党和政府非常重视扶贫开发工作，这种重视程度与世界上任何国家相比都毫不逊色。如果说我国的扶贫开发机构不完善，因而导致了扶贫搞不准对象，这也是站不住脚的。在我国，早在1986年5月16日，就成立了领导国家扶贫开发的机构，当时该机构叫国务院贫困地区经济开发领导小组，1993年12月28日改名为国务院扶贫开发领导小组。该领导小组组长通常由分管农业的国务院副总理或国务委员兼任，副组长由国务院办公厅、国家发展和改革委员会、财政部、农业部和中国人民银行负责人担任。领导小组下设办公室，负责办理日常工作。地方各级政府的农村扶贫组织仿照中央人民政府的模式，都设有由相关部门组成的扶贫领导小组及其办公室。② 可见，在中国，扶贫开发的机构从中央到地方都是有的。经过30多年的扶贫开发实践，目前我国的扶贫开发机构已经相当完善，这也是不争的事实。

我国扶贫开发过程中的"扶贫瞄不准"问题到底出在哪里？简单地说，出在"人"身上。这个"人"具体来说，可以是各级政府的某些扶贫干部，也可以是某些村干部和某些村民。其实，从技术层面上看，谁是贫困人口，谁不是贫困人口，看各自的实际收入就可以，因为国家有明确的贫困线标准——只要拿国家贫困线标准去衡量，就能得出一个人

---

① 《谋划好"十三五"时期扶贫开发工作　确保农村贫困人口到2020年如期脱贫》，《人民日报》2015年6月20日。
② 张磊主编《中国扶贫开发历程（1949—2005年）》，中国财政经济出版社，2007，第54～55页。

贫困与否的结论。因此，从技术层面来看，甄别贫困人口似乎不成问题。问题在于，甄别贫困人口不仅仅是一个按照技术标准就可以解决的问题，这里涉及使用贫困线标准的人的问题，也涉及贫困人口和非贫困人口的问题。如果使用贫困线标准的人——一般是指各级扶贫干部及工作人员，没有好的工作作风，他们要刻意违反国家规定去帮扶那些实际上并不贫困的人，那么他们完全可以将那些并不贫困的人当成贫困人口去对待，因为标准在他们手里，他们可以随意解释这个标准或者干脆不用这个标准。这显然会造成"扶贫瞄不准"的问题。如果一些非贫困人口道德水准低下，或者根本就没有什么道德可言，他们由于眼馋贫困人口能够获得一定帮扶资金或其他帮助就有可能会想尽各种办法把自己说成贫困人口，对负责扶贫的干部请客、送礼、拉人情等，扶贫干部如果党性原则不强、思想觉悟不高，他们就完全有可能成为那些非贫困人口糖衣炮弹下的俘虏。这显然也会造成"扶贫瞄不准"的问题。

　　诚然，在扶贫开发这个问题上，从事扶贫开发工作的所有人员都有重大责任，哪个地方有疏忽或做不好，都有可能搞不准扶贫对象。所以，扶贫开发搞不准扶贫对象的问题，归根结底是从事扶贫开发工作人员的作风问题，也就是党风问题。事实上，中国反贫困过程中的所有问题，都可以从党风及党员干部的工作作风这个角度得到解释。习近平看到了我国扶贫开发过程中存在的诸多问题，所以他大力提倡反腐倡廉，要求杜绝扶贫领域里的各种腐败。他指出："要加强扶贫资金阳光化管理，集中整治和查处扶贫领域的职务犯罪，对挤占挪用、层层截留、虚报冒领、挥霍浪费扶贫资金的要从严惩处。"[①] 他指出："要解决好'扶持谁'的问题，确保把真正的贫困人口弄清楚，把贫困人口、贫困程度、致贫原因等搞清楚，以便做到因户施策、因人施策。"[②] 显然，搞准扶贫对象，就是要把贫困人口真正弄清楚，要把他们的贫困程度、致贫原因等都弄清楚。应该说，习近平的这个工作思路是极具现实针对性和非常深刻的。诚然，只有真正弄清楚贫困人口，反贫困才有明确目标；只有弄清楚了贫困人口的贫困程度，才会搞清应该投入多少人力物力财力去解决贫困

---

① 《习近平谈治国理政》第 2 卷，外文出版社，2017，第 86 页。
② 《习近平谈治国理政》第 2 卷，外文出版社，2017，第 84 页。

人口的贫困问题；只有弄清楚了贫困人口的致贫原因，才会在反贫困过程中做到对症下药，取得事半功倍的效果。

（二）谁来扶的问题

诚如前文指出的那样，中国反贫困问题与从事扶贫开发工作人员的工作作风有很密切的关系。其实，如果从反贫困的机制体制来看，中国反贫困过程中存在的问题，还有责任不明确的原因。责任不明确，自然会造成目标不清晰，反映到扶贫开发工作上，那就会造成扶贫对象搞不准这样的问题；或者扶贫目标搞准了，但是扶贫措施不到位，扶贫成效不突出，这样，扶贫工作一直在进行，但扶贫效果却看不见。应该说，这种情况也是存在的。所以，针对中国反贫困问题，习近平除了提出"扶持谁"的问题，他还提出了"谁来扶"的问题。在习近平看来，在反贫困问题上，解决了"扶持谁"的问题即搞准了扶贫对象，也还是不够的。他认为还应该解决"谁来扶"的问题。习近平在2015年11月召开的中央扶贫开发工作会议上指出："要解决好'谁来扶'的问题，加快形成中央统筹、省（自治区、直辖市）负总责、市（地）县抓落实的扶贫开发工作机制，做到分工明确、责任清晰、任务到人、考核到位。"①

行文至此，为了避免不必要的误解，有必要做一点说明。前文提到并论述过这样的观点：中国共产党是中国反贫困事业的领导力量，中国反贫困事业是惠及中国亿万人民群众的事业。从上述这些观点出发，就可以得出这样的结论：既然中国共产党是中国反贫困事业的领导力量，中国反贫困事业是惠及中国亿万人民群众的事业，那么"谁来扶"的问题不言自明：就应该由中国共产党及其领导下的人民政府来扶。因此，探讨"谁来扶"的问题是否就是多此一举呢？如果这样来看待中国的反贫困问题，那真是一种误解。造成这种误解的原因在于把宏观领导工作和具体实际工作混为一谈了。事实上，宏观领导工作和具体实际工作不是一回事。从理论上说，宏观领导工作着重于目标方向、大政方针方面的领导，目的是确保各项事业沿着正确的轨道前进而不至于走偏或造成严重失误，因此宏观领导工作体现为政治领导、思想领导、政策引领，

---

① 《习近平谈治国理政》第2卷，外文出版社，2017，第84页。

而往往不过问各项事业开展的具体细节。具体实际工作则是指在宏观领导工作指导下所进行的各项具体事务、业务等。就宏观领导工作和具体实际工作之间的关系来看，宏观领导工作统率具体实际工作，具体实际工作要反映和体现宏观领导工作，尤其是，具体实际工作不能脱离宏观领导工作的视野或范围。在中国反贫困事业上，中国共产党是领导力量，这是毫无疑义的，但是中国反贫困事业的具体实际工作，则是党领导下的各级人民政府的相关负责同志和相关工作人员的事情。中国共产党作为执政党，把中国反贫困事业当成自己的事业，它根据自己的战略目标和中国的实际情况为中国反贫困事业规划远景、确定目标、制定政策，并推动反贫困政策的贯彻实施。至于具体的实际工作，像如何根据当地实际情况落实各项反贫困政策等诸如此类的事情，则一定是党领导下的各级人民政府中的相关负责同志和相关工作人员的事情。因此，对于本书所说的"谁来扶"的问题，应该明确以下认识：中国共产党及其领导下的各级人民政府都有责任扶贫，但是在宏观领导层面，党中央负责统筹和政策指导，省、自治区、直辖市党政机关负总责，落实到具体实际工作层面，则应该是市（地）县抓落实，特别是县乡一级的扶贫工作人员，他们直接接触扶贫对象，直接解决贫困人口的贫困问题。因此，探讨"谁来扶"的问题并非多此一举。

事实上，习近平在论述"谁来扶"的问题时，既强调了党中央的责任，也强调了地方各级党政机关的责任。他这样强调的一个重要目的在于：要求加快形成中央统筹、省（自治区、直辖市）负总责、市（地）县抓落实的扶贫开发工作机制，以便有效地、深入地推进中国反贫困事业。从党的性质和党的根本宗旨来看，反贫困中"谁来扶"的问题真的不是问题，中国反贫困就是中国共产党及其领导下的人民政府的事情。即使我们强调它是人民群众自己的事情的时候，其实也是强调它是中国共产党自己的事情，因为中国共产党是没有自己的私利的，人民群众的事情就是它的事情。但是，从管理的角度来看，中国反贫困就有"谁来扶"的问题。因为反贫困事业是一项系统工程，涉及国家的经济、政治、文化、教育等各个方面的发展进步问题，要做好该事业的各项具体工作，需要分工明确，落实到人。否则就会造成尴尬局面：理论上谁都明白，反贫困应该由党和人民政府负责，如果不能做到落实到人，就会造成事实上谁都不负责，谁都没有办法负责的现象。所以，现代社会为了提高管理的专业化程度和工作效率，都是强调分工协作的，即强调把组织的任务、目标分解成各个层次，各个部门以及各个人的任务和目标，明确各个层次，各个部门乃至各个人应该做的工作以及完成工作的手段、方式和方法。马克思认为，分工在人类历史发展中具有重要作用，"它表现为社会的经济形成过程中的历史进步和必要的发展因素"。① 可见，分工是提高劳动效率和技术水平的有力手段。在一定意义上可以讲，分工就是生产力。反贫困事业从本质上讲，其实就是发展生产力的事业。搞好中国反贫困事业，全党全国人民都需要来参与、来努力，但是必须分工负责，只有这样才能取得更好的效果。

（三）怎么扶的问题

习近平认为，对于中国反贫困事业，在解决了"扶持谁"和"谁来扶"问题之后，还要解决"怎么扶"的问题。到底怎么扶？习近平从机制体制层面和具体行动层面进行了阐述。

从机制体制层面来看，习近平认为，中国反贫困应该形成良好的管理机制和分工负责、齐心协力的工作局面。所以，他在强调形成有效的扶贫开发工作机制的同时，强调要做好四方面的工作，那就是："做到分工明确、责任清晰、任务到人、考核到位"。② 这其实就是习近平从机制体制层面考虑和解决"谁来扶"问题的基本思路。习近平强调中国反贫困应"做到分工明确、责任清晰、任务到人、考核到位"，说明他深刻认识到了分工在提高劳动效率和技术水平方面的重要性。分工发展的程度是生产力发展水平的重要标志。现代管理学认为，在具体工作中，只有分工明确了，才能做到责任清晰；只有分工明确了，任务才能具体落实到人。当然，最后还有一个考核的问题。考核是检验工作做得是否有成效的一个重要评价手段，属于管理学中的控制环节。考核的目的是改进绩效、推进工作，以取得更大成绩。考核对象工作完成情况的实际得分，就是我们通常所说的考核结果。正确运用考核结果，往往会对考核

---

① 《马克思恩格斯文集》第5卷，人民出版社，2009，第422页。
② 《习近平谈治国理政》第2卷，外文出版社，2017，第84页。

对象起到积极的作用。习近平强调中国反贫困应做到考核到位，说明他十分看重中国反贫困过程的控制环节和实际效果。

从具体行动层面来看，习近平认为，要解决好"怎么扶"的问题，需要按照贫困地区和贫困人口的具体情况，实施"五个一批"工程："一是发展生产脱贫一批……二是易地搬迁脱贫一批……三是生态补偿脱贫一批……四是发展教育脱贫一批……五是社会保障兜底一批。"①

"发展生产脱贫一批"，就是要引导和支持所有有劳动能力的人自力更生，艰苦奋斗，立足当地资源，实现就地脱贫。这对贫困地区和贫困人口提出了要求，指明了方向，即要求他们根据实际情况，从实际出发，因地制宜发展生产；要发挥主动性，充分调动各方面的积极性，深入挖掘和盘活贫困地区的各类人力、物力、财力和自然资源，有针对性地发展各类产业，做到宜工则工、宜农则农、宜牧则牧、宜商则商、宜游则游，发挥地方资源优势，促进生产发展来解决贫困问题。

"易地搬迁脱贫一批"，就是要求那些居住在"一方水土养不起一方人"地区的贫困人口实施易地搬迁。通过易地搬迁摆脱自然环境恶劣、经济发展严重乏力、就业岗位严重不足、教育医疗等保障条件严重不足、难以从根本上改变贫困面貌的现状，从而为发展经济、摆脱贫困找到新的出路。习近平指出，该项工作要"按规划、分年度、有计划组织实施，确保搬得出、稳得住、能致富"②。

"生态补偿脱贫一批"，就是要求把消除贫困和保护生态环境有机结合起来，在实现国家经济社会可持续发展过程中加大环境保护力度，帮助贫困群众改善民生，摆脱贫困，建设美丽家园；就是坚持绿水青山就是金山银山的理念，统筹环境保护和扶贫开发，把生态环境保护与贫困地区环境基础设施建设、农村环境整治、饮用水安全保障等结合起来，在实现协调发展过程中帮助贫困群众脱贫致富。

"发展教育脱贫一批"，就是要求通过发展教育、让贫困地区的孩子接受良好教育的方式帮助贫困地区及其贫困人口摆脱贫困。针对我国贫困地区教育落后和贫困人口大量存在的现实，需要解决贫困地区孩子知

---

① 《习近平谈治国理政》第2卷，外文出版社，2017，第85页。
② 《习近平谈治国理政》第2卷，外文出版社，2017，第85页。

识和技能缺乏的问题。因此，促进贫困地区教育事业发展，就是着眼于"扶智"和"扶志"，要重点抓好基础教育和职业教育，特别是要大力发展职业教育，使贫困地区孩子具备相应的职业能力和职业素质，通过他们的就业等途径摆脱贫困。习近平强调："治贫先治愚，扶贫先扶智，国家教育经费要继续向贫困地区倾斜、向基础教育倾斜、向职业教育倾斜，帮助贫困地区改善办学条件，对农村贫困家庭幼儿特别是留守儿童给予特殊关爱。"①

"社会保障兜底一批"，指的是对贫困人口中完全或部分丧失劳动能力的人的贫困问题，由社会保障来兜底解决。贫困人口中完全或部分丧失劳动能力的人是我们社会里的绝对弱势人群，他们由于完全或部分丧失劳动能力，很难或根本不可能通过自己的劳动去摆脱贫困，这就需要通过社会保障解决他们的基本生计问题。习近平认为："对贫困人口中完全或部分丧失劳动能力的人，由社会保障来兜底，统筹协调农村扶贫标准和农村低保标准，加大其他形式的社会救助力度。要加强医疗保险和医疗救助，新型农村合作医疗和大病保险政策要对贫困人口倾斜。"②

习近平要求按照贫困地区和贫困人口具体情况实施"五个一批"工程。中国是一个地域广大、各地自然历史条件差异很大的国家，单以各地贫困人口的情况看就有很大差异，因此解决中国的贫困问题，不能"一刀切"，而应该从各贫困地区和贫困人口具体情况出发来想办法。习近平针对中国贫困问题提出的"五个一批"工程，从本质上说，这是解决我国贫困问题的针对性极强的系统性举措。强调"发展生产脱贫一批"，反映了习近平希望通过发展社会生产力帮助贫困地区和贫困人口脱贫的愿望。从理论上说，通过发展生产力摆脱贫困，这是摆脱贫困最根本、最关键的途径。强调"易地搬迁脱贫一批"，这是习近平在充分考虑贫困群众实际情况基础上为他们指明的一条解决贫困问题的现实途径。从理论上看，易地搬迁脱贫属于不得已而为之的举措，但是这种举措是建立在实事求是基础上的。当某地自然环境不能给人们以现实出路的时候，人们为了生存和发展，只有另外寻找生存环境。所谓"穷则变，变

① 《习近平谈治国理政》第2卷，外文出版社，2017，第85页。
② 《习近平谈治国理政》第2卷，外文出版社，2017，第85页。

则通"，就是这个道理。强调"生态补偿脱贫一批"，这是习近平从经济社会可持续发展角度来看待贫困问题而提出的重要举措，反映了他在生态和经济发展关系方面的深刻认识。强调"发展教育脱贫一批"，说明习近平看到了造成贫困人口贫困的最根本的原因，主张通过发展教育来脱贫，反映了他长远的战略眼光。强调"社会保障兜底一批"，反映了习近平强烈的责任意识和民生情怀。

习近平从机制体制层面和具体行动层面相当完美地回答了中国反贫困过程中的关于怎么扶的问题，为中国反贫困事业指明了现实出路。习近平从机制体制层面回答关于怎么扶的问题，实质上就是要求中国反贫困应该形成良好的管理机制和分工负责、齐心协力的工作局面的问题；从具体行动层面回答关于怎么扶的问题，实质上就是要求中国反贫困事业应该在具体操作环节找到扶贫的抓手，进而深入推进的问题。他提出的"五个一批"工程就是解决好"怎么扶"问题的相互关联而又有机统一的系列举措。之所以这样说，有以下几点理由。

第一，"五个一批"工程彼此间是相互关联而又高度统一的。这种相互关联表现在："五个一批"工程所体现的手段不同，但是目标一致。"发展生产脱贫一批"，强调通过发展生产脱贫，手段是发展生产，目标是脱贫；"易地搬迁脱贫一批"，强调变换环境脱贫，手段是变换环境，目标是脱贫；"生态补偿脱贫一批"，强调通过保护生态环境达到脱贫效果，手段是保护生态环境，目标是脱贫；"发展教育脱贫一批"，强调通过教育来脱贫，手段是发展教育，目标是脱贫；"社会保障兜底一批"，强调通过社会保障来保证弱势人群基本生活使之免遭贫困侵害，手段是采取社会保障措施，目标是防止弱势人群陷入贫困，这实质也是脱贫。可见"五个一批"工程是相互关联的。同时，它们又是高度统一的，都统一于摆脱贫困、实现共同富裕这个目标。

第二，"五个一批"工程全面回答了中国反贫困过程中在具体行动层面"怎么扶"的问题。深入考察"五个一批"工程对于"怎么扶"问题的回答以及彼此间的逻辑关系，就能明显体会到"五个一批"工程的全面性的特点。在回答"怎么扶"问题时，习近平先强调通过发展生产力解决贫困问题，这是针对那些有资源、自然条件尚好的贫困地区而言的，但是对于那些居住在"一方水土养不起一方人"的地方，怎么强调发展生产都可能不会有什么成效。怎么办？习近平给出了易地搬迁脱贫的方案。也就是说，当发展生产这条路走不通的时候，还可以选择别的路子脱贫。但是，发展生产往往会造成环境损害，于是，习近平又接着提出了生态补偿脱贫的思路，强调走可持续发展之路。可是，贫困问题是人的问题，自古以来它就不是一个简单问题，需要谋求从根子上解决问题，于是习近平又提出了通过发展教育来脱贫，认为应该扶贫先扶智，扶贫先扶志。主张通过教育脱贫，意味着抓住了摆脱贫困的关键，毕竟，脱贫是贫困人口和贫困地区脱贫，它的关键在人，只有人有知识有技能了，才会有发展生产力的本钱，脱贫也才会有坚实的基础。上述四个方面，主要是针对正常人群而言的，但是社会上还有一部分弱势人群，他们完全丧失或部分丧失了劳动能力，无法通过自己的劳动改变贫困状况。对这部分人怎么办？习近平提出通过社会保障来兜底。这样，就全面回答了"怎么扶"的问题。显然，"五个一批"工程之间是环环相扣的逻辑关系，它们高度统一于中国反贫困的共同富裕目标中。

五　中国反贫困的战略目标

对一个国家来说，战略目标是指对国家发展进步主要成果的总体设想和预期。一个国家要发展好，需要根据自己的实际情况设定战略目标。国家战略目标作为国家的一种总目标、总任务和总要求，是可以进行分解的。例如，现阶段中国共产党提出实现"两个一百年"的奋斗目标，其实就是国家的战略目标。这个国家战略目标又可以分解为国家政治、经济、文化、社会等各个领域的战略目标。国家政治、经济、文化、社会等战略目标还可以细分。像中国反贫困战略目标，大致可以看成从属于国家经济战略目标的一个分目标。新中国成立后，中国共产党就为国家确定了战略目标。由于新中国脱胎于半殖民地半封建社会，旧社会的积贫积弱和长期战乱给中国共产党留下的是"一穷二白"的烂摊子，因此，中国共产党在确定国家战略目标的同时，也为国家确立了反贫困战略目标。此后，历任中国共产党领导人都带领全国各族人民朝着这个反贫困目标不懈奋斗，不断丰富和发展着国家反贫困战略目标方面的论述。党的十八大以来，习近平对中国反贫困事业有过很多重要论述，其中就有对中国反贫困目标的论述。例如，2015 年 11 月 27 日，习近平指出：
"消除贫困、改善民生、逐步实现共同富裕，是社会主义的本质要求，是
我们党的重要使命。"① 这个表述就是关于中国反贫困战略目标的高度
概括。

（一）中国反贫困战略目标思想探源

中国反贫困战略目标，算不上是完全新颖的思想，因为它的核心
"实现共同富裕"，是中国共产党自成立以来一直就有的思想，虽然并没
有用"实现共同富裕"或"共同富裕"这样的话语进行表述，但这样的
思想，中国共产党从来就有。在中国共产党的初心和使命里、在中国共
产党社会主义建设目标里，都能找到明显的或暗含的"实现共同富裕"
思想。由此可以看出，新时代反贫困思想中的中国反贫困战略目标思想
有着深厚的思想渊源。

1. 中国共产党的初心和使命

初心，是指做某件事的最初的想法、愿望和最初的原因。使命，是
指重大的责任。习近平在党的十九大报告中指出："中国共产党人的初心
和使命，就是为中国人民谋幸福，为中华民族谋复兴。"② 他所说的"为
中国人民谋幸福，为中华民族谋复兴"，就是要把中国建设成为伟大的社
会主义强国，最终实现共产主义。而实现共产主义，是中国共产党自成
立开始就认定的坚定的奋斗目标。因此，中国共产党的初心和使命，实
质上与它的奋斗目标是同一的和一致的。中国共产党的初心和使命，应
该是新时代反贫困思想中关于中国反贫困战略目标思想的重要源头。之
所以这样说，是因为：新时代反贫困思想中关于中国反贫困战略目标思
想的最核心内容是实现共同富裕，而中国共产党的初心和使命是要谋求
中国人民幸福、中华民族复兴和实现共产主义。由于共产主义社会就是
共同富裕的社会，所以中国共产党的初心和使命必然包含了实现共同富
裕的思想。

---

① 《习近平谈治国理政》第 2 卷，外文出版社，2017，第 83 页。
② 习近平：《决胜全面建成小康社会　夺取新时代中国特色社会主义伟大胜利——在中国
　共产党第十九次全国代表大会上的报告》，人民出版社，2017，第 1 页。

这里需要说明的是，在历史上，"共同富裕"几个字并非中国共产党一成立就能在党的文献里可以找得到的，"共同富裕"见诸党的文献其实是比较晚的事情。在中国共产党成立后相当长的岁月里，党的重要文献里找不到"共同富裕"几个字，直到 1953 年 12 月 16 日中共中央通过的《中国共产党中央委员会关于发展农业生产合作社的决议》里才首次出现了"共同富裕"这几个字。在中国共产党成立直到 1953 年，在长达 22 年的时间里没有在自己的重要文献里提"共同富裕"，这并不意味着中国共产党没有共同富裕思想。中国共产党自接受马克思主义为指导、坚持共产主义理想信念的那一天开始，它就有了共同富裕思想。这是毫无疑义的。

2. 中国共产党的社会主义建设目标

新中国成立后，中国共产党为了更好地发展中国，提出了两个具有代表性的社会主义建设目标。这两个建设目标，内在地包含了实现共同富裕的思想。

新中国成立后，最先提出了一个建设社会主义工业国的目标。早在 1950 年，刘少奇就曾思考过中国工业化道路问题。他说："利用已经建立并且巩固起来的人民民主专政作为主要的工具，并利用其他各种条件，配合各方面的努力，来发展一切有益于人民的生产及其他经济事业。首先用一切办法在现有基础和现有水平上来提高每一个劳动者的劳动生产率，提高生产品的数量和质量，节省原料和材料，消灭浪费，降低生产品的成本，然后逐步地提高生产技术，建设新的生产事业，并使手工业和个体农业生产经过集体化的道路改造成为具有近代机器设备的大生产。这就是使中国逐步地走向工业化和电气化。"[1] 这里的意思是要把中国建设成为一个工业化国家。在经过没收官僚资本、实行土地改革，建立社会主义公有制经济制度，巩固新生人民政权等一系列重大举措之后，1953 年，毛泽东提出了过渡时期的总路线："要在一个相当长的时期内，逐步实现国家的社会主义工业化，并逐步实现国家对农业、对手工业和对资本主义工商业的社会主义改造。"[2] 总路线的内容表明，中国共产党

---

[1] 《刘少奇选集》（下卷），人民出版社，1985，第 3 页。
[2] 《毛泽东文集》第 6 卷，人民出版社，1999，第 316 页。

希望在一个相当长的时期内把中国建设成为社会主义工业化国家。过渡时期总路线的提出，反映了中国人民要求变农业国为工业国，摆脱贫困、消灭剥削制度的美好愿望。1957 年 2 月，毛泽东在《关于正确处理人民内部矛盾的问题》中又一次论述了中国工业化道路问题。他指出："工业化道路的问题，主要是指重工业、轻工业和农业的发展关系问题。"①毛泽东探讨中国工业化道路问题，目的仍然是把中国建设成为社会主义工业化国家。这个目的内在地包含着摆脱贫困的内容。

中国共产党在社会主义建设目标问题上，还有一个经典的表述，即要实现社会主义现代化。换句话说，就是要把我国建设成为社会主义现代化国家。1956 年召开的中国共产党第八次全国代表大会通过的《中国共产党章程》中就国家建设目标问题提出："中国共产党的任务，就是有计划地发展国民经济，尽可能迅速地实现国家工业化，有系统、有步骤地进行国民经济的技术改造，使中国具有强大的现代化的工业、现代化的农业、现代化的交通运输业和现代化的国防。"②这充分表明，中国共产党是把建设成为社会主义现代化国家作为奋斗目标的。1964 年底，三届全国人大一次会议召开，周恩来在政府工作报告中提出了四个现代化。他说："今后发展国民经济的主要任务，总的说来，就是要在不太长的历史时期内，把我国建设成为一个具有现代农业、现代工业、现代国防和现代科学技术的社会主义强国，赶上和超过世界先进水平。"③虽然这个表述与党的八大提出的国家现代化的目标不一样，但核心和目的是一样的，即要把我国建设成社会主义现代化国家。

不管是把中国建设成为社会主义工业化国家，还是把中国建设成社会主义现代化国家，这两个建设目标都内在地包含了使中国摆脱贫、实现共同富裕的思想。要把我国建设成为社会主义现代化国家这个目标，时至今日仍然是中国共产党的国家建设目标。除了上述中国共产党的初心和使命以及中国共产党社会主义建设目标是新时代反贫困思想中关于中国反贫困战略目标思想的渊源，前面已经论述过的毛泽东、邓小平、

---

① 《毛泽东文集》第 7 卷，人民出版社，1999，第 240 ~ 241 页。
② 中共中央文献研究室编《建国以来重要文献选编》第 9 册，中央文献出版社，1994，第 315 ~ 316 页。
③ 《周恩来选集》（下卷），人民出版社，1984，第 439 页。

江泽民等前任党和国家主要领导人关于共同富裕思想的论述，也是其渊源。鉴于前文已经阐述过新时代反贫困思想的理论渊源，里面已经包含有此方面内容，这里就不再展开论述。

（二）中国反贫困战略目标的内容

从习近平关于中国反贫困战略目标的表述中可以看出，在新时代反贫困思想中，中国反贫困的战略目标其实包含手段和目的两个部分："消除贫困、改善民生"是手段，"实现共同富裕"是目的。"消除贫困、改善民生"是中国反贫困战略目标思想中的手段部分，"实现共同富裕"则是其目的部分。下面就新时代反贫困思想关于中国反贫困战略目标中的手段和目的做一些分析探讨。

1. 中国反贫困战略目标中"消除贫困"的内涵

在新时代反贫困思想中，反贫困战略目标表述中的"消除贫困"是一个具有特定内容和含义的概念。

首先，"消除贫困"是指在我国消除绝对贫困人口和绝对贫困现象。绝对贫困又称生存贫困，通常是从人的基本需求角度出发来界定的，指的是在一定的社会生产和生活方式下，个人和家庭依靠劳动所得和其他合法收入仍不能维持最基本的生存需要，生命的延续受到威胁的状况。与绝对贫困概念相对的是相对贫困概念。相对贫困可以从两个角度来看：一是由于社会经济发展，贫困线不断提高而产生的贫困；二是同一时期，由于不同地区之间、各个社会阶层之间和各阶层内部不同成员之间的收入差别而产生的贫困。因此，相对贫困主要表现为不平等现象。[1] 消灭绝对贫困是具有现实可能性的；消灭相对贫困不论从理论上还是从实践上讲，都是不可能的。所以，我国目前主要关心的是绝对贫困问题。习近平关于中国反贫困战略目标思想中"消除贫困"中的"贫困"，是指绝对贫困，而不是指相对贫困。习近平多次论述过要消除贫困，他的所有关于消除贫困的论述，都是指消除绝对贫困。

其次，"消除贫困"是指在中国实现全面小康社会的状态。从"消除贫困"字面上看，就是要把"贫困"都清除掉的意思。事实上，在习

---

① 郑宝华、张兰英主编《中国农村反贫困词汇释义》，中国发展出版社，2014，第20页。

近平看来，"消除贫困"并非字面上的意思，而是指在中国实现全面小康社会的状态。人类社会在发展进步过程中，不可能消灭相对贫困，即使是到了共产主义社会，也不可能完全做到这一点。为什么这样说呢？因为消灭相对贫困，即意味着完全的平等得到了实现，而这是不可能做到的。因为作为个体的人的差别是无法消灭的，因此即使到了共产主义社会，也实现不了完全的平等，而只能做到相对的平等。例如，一个身高 2 米、体重 125 公斤的男人与一个身高 1.5 米、体重 55 公斤的男人，他们每天消费的食物总量肯定是不一样的。如果要求完全平等，也就意味着这两个身材、体重相差悬殊的人每天消费的食物总量完全一样——这在食物分配总量上做到了完全平等，但最后的结果肯定是：要么是矮个男人吃饱了而高个男人挨饿，要么是高个男人吃饱了，而矮个男人食物多得吃不完。这种所谓的公平，本质上是毫无公平可言的。可见，即使到了共产主义社会，整个社会讲公平，充其量也只能做到"合理的不公平"，而不能做到绝对的公平或平等。习近平谈到"消除贫困"时，就是指在我国实现全面小康或全面建成小康社会，提到全面小康时，就是指在我国消除贫困——其实是指在我国消灭绝对贫困。

再次，"消除贫困"既是指中国共产党和人民政府实现小康的社会实践活动，也是指中国共产党和人民政府实现小康的历史过程。改革开放以来，在消除贫困问题上，中国共产党领导人是完全清醒的，他们不像 20 世纪 50 年代末那样为自己制定某些不切实际的奋斗目标。1984 年 3 月 25 日，邓小平在会见日本客人时提出了中国建设小康社会的目标。他说："翻两番，国民生产总值人均达到八百美元，就是到本世纪末在中国建立一个小康社会。"[1] 邓小平提出的小康社会这个概念，为中国社会主义建设和反贫困确立了奋斗目标。这一目标被正式写进了我国分三步走基本实现现代化的发展战略。邓小平当年提出的小康，是指我国实现总体小康。随着 20 世纪末总体小康目标的实现，中国社会进入了一个新的发展阶段。社会主义初级阶段是一个相当长的历史阶段，必定要经历若干个具体的发展阶段，小康社会就是其中一个重要的发展阶段。在邓小平看来，小康社会是一个社会生产力不断发展的，人均国民生产总值

---

[1] 《邓小平文选》第 3 卷，人民出版社，1993，第 54 页。

以 800 美元为基础不断提高，向中等发达国家不断接近的发展阶段，是人民生活水平普遍提高的社会发展阶段，是国家综合国力特别是经济实力显著增强，逐步进入世界前列的社会发展阶段。随着中国总体小康奋斗目标的实现，党的十五届五中全会通过的《中共中央关于制定国民经济和社会发展第十个五年计划的建议》正式宣布："从新世纪开始，我国将进入全面建设小康社会，加快推进社会主义现代化的新的发展阶段。"[①] 党的十八大以来，习近平对消除贫困、实现全面小康进行了多次深刻论述。他的论述既是对邓小平关于实现小康社会思想的继承，又是在新的时代条件下对它的丰富和发展。在习近平看来，小康社会也是社会主义初级阶段的重要发展阶段。他认为，全面建成小康社会不能离开我国处于社会主义初级阶段的现实国情。所以他强调："我国仍处于并将长期处于社会主义初级阶段的基本国情没有变。"[②] 既然认为小康社会是社会主义初级阶段的重要发展阶段，那么必然也要承认消除贫困就是一个历史过程。习近平在论述如何消除贫困的问题时，从来都不是泛泛而谈，而是有社会实践方面的具体要求。例如，他在河北阜平县考察扶贫开发工作时，就提出要求说："要原原本本把政策落实好""要真真实实把情况摸清楚""要扎扎实实把支部建设好""要切切实实把团结搞扎实"。[③] 综上所述，新时代反贫困思想中关于中国反贫困战略目标中的"消除贫困"，既是中国共产党和人民政府实现小康的社会实践活动，又是中国共产党和人民政府实现小康的历史过程。

2. 中国反贫困战略目标中"改善民生"的内涵

习近平在论及中国反贫困战略目标时，是把"消除贫困"和"改善民生"放在一起的。这说明，在习近平看来，"消除贫困"与"改善民生"有共同点。"消除贫困"其实就是改善民生的一个重要内容，改善民生涵盖了消除贫困的内容。不过，习近平在谈及"消除贫困"时，很多时候不单单是指扶贫开发，而且把社会保障等一些民生举措也包含在

---

① 中共中央文献研究室编《改革开放三十年重要文献选编》（下卷），人民出版社，2008，第 1109 页。

② 习近平：《决胜全面建成小康社会　夺取新时代中国特色社会主义伟大胜利——在中国共产党第十九次全国代表大会上的报告》，人民出版社，2017，第 12 页。

③ 习近平：《做焦裕禄式的县委书记》，中央文献出版社，2015，第 20～22 页。

内。这说明，习近平话语里的"消除贫困"和"改善民生"，有时又是可以互相替代的。例如，2013 年 11 月 26 日，习近平在同菏泽市及县区主要负责同志座谈时强调"要坚决打好扶贫开发攻坚战，不断改善贫困人口生活"，他就抓扶贫开发工作谈了三条意见："一是要紧紧扭住发展这个促使贫困地区脱贫致富的第一要务。""二是要紧紧扭住包括就业、教育、医疗、文化、住房在内的农村公共服务体系建设这个基本保障。""三是要紧紧扭住教育这个脱贫致富的根本之策。"[①] 这三条意见中的第二条，主要讲的是社会保障。这说明，在习近平看来，消除贫困不仅仅只是指消除经济贫困，也是指消除文化、教育、医疗、住房等方面的权利贫困。

在新时代反贫困思想中，反贫困战略目标中的"改善民生"到底包括了哪些具体内容呢？习近平在党的十九大报告中说了七个方面，这七个方面应该就是新时代中国反贫困战略目标中"改善民生"的具体内容。第一方面是"优先发展教育事业"，第二方面是"提高就业质量和人民收入水平"，第三方面是"加强社会保障体系建设"，第四方面是"坚决打赢脱贫攻坚战"，第五方面是"实施健康中国战略"，第六方面是"打造共建共治共享的社会治理格局"，第七方面是"有效维护国家安全"。[②] 上述七个方面，事实上已经完全涵盖了反贫困的内容，不仅如此，还包括了社会保障、社会治理、国家安全等广义的民生内容。从新时代中国反贫困战略目标中"改善民生"的具体内容可以看出，反贫困和改善民生两者在内容上是高度重合的，在逻辑上是紧密联系的。在习近平看来，要改善民生，就必须反贫困；而要反贫困，就必然要着眼于民生并不断地改善民生。

3. 新时代反贫困思想中"实现共同富裕"的新内容

诚如本研究前面所提到的那样，毛泽东早在 20 世纪 50 年代就提出了共同富裕思想并对之进行过阐述。党的十一届三中全会后，邓小平结合新的时代形势重提共同富裕思想并对之进行了深刻论述。邓小平话语

---

① 习近平：《做焦裕禄式的县委书记》，中央文献出版社，2015，第 29～30 页。
② 习近平：《决胜全面建成小康社会　夺取新时代中国特色社会主义伟大胜利——在中国共产党第十九次全国代表大会上的报告》，人民出版社，2017，第 46～49 页。

中的共同富裕，是指在社会主义条件下，通过解放生产力、发展生产力、消灭剥削、消除两极分化，最终达到使社会的物质产品大大丰富，人民群众的分配水平大大提高，普遍地过上物质生活富裕的日子。1992年初，邓小平在南方谈话中指出："走社会主义道路，就是要逐步实现共同富裕。"① 他还表示："社会主义制度就应该而且能够避免两极分化"②，将来肯定要解决共同富裕问题。他认为，到 20 世纪末达到小康水平的时候，就要想办法解决消除两极分化、实现共同富裕的问题。他说："什么时候突出地提出和解决这个问题，在什么基础上提出和解决这个问题，要研究。可以设想，在本世纪末达到小康水平的时候，就要突出地提出和解决这个问题。"③ 可见，邓小平晚年非常重视解决如何"实现共同富裕"的问题，但是解决如何"实现共同富裕"的问题历史地落在了江泽民、胡锦涛、习近平等党和国家领导人的肩上。应该说，江泽民、胡锦涛、习近平等党和国家领导人都继承了邓小平发展中国特色社会主义的思想，都把逐步实现共同富裕当成党的历史使命和反贫困战略目标。

新时代反贫困思想关于中国反贫困战略目标中的"实现共同富裕"，与邓小平话语里的"实现共同富裕"内容是高度一致的，不存在本质区别。但是，由于习近平所处的时代与邓小平所处的时代不一样，党所面临的历史任务不完全一样，所以，新时代反贫困思想关于中国反贫困战略目标中的"实现共同富裕"与邓小平话语中的"实现共同富裕"还是有差别的。这种差别主要表现在以下几个方面。

第一，实现共同富裕的起点不一样。邓小平在谈及实现共同富裕问题时，中国改革开放还不久，当时中国经济社会发展虽有成就，但不是很突出，只能说当时中国经济社会发展开始走上了快速发展的轨道。到了 20 世纪 90 年代，相对于改革开放之初，中国经济社会发展有了长足进步，综合国力不断增强，国际地位有了大幅上升。但是，直到 1997 年邓小平逝世，中国还没有达到总体小康水平。邓小平非常强调逐步实现共同富裕，曾提出过三步走的发展战略目标。这是邓小平为中国社会主

① 《邓小平文选》第 3 卷，人民出版社，1993，第 373 页。
② 《邓小平文选》第 3 卷，人民出版社，1993，第 374 页。
③ 《邓小平文选》第 3 卷，人民出版社，1993，第 374 页。

义现代化建设提出的发展战略目标，其实也是他在中国反贫困问题上确定的前进目标。1987 年 4 月 30 日，邓小平会见西班牙工人社会党领袖时指出："我们原定的目标是，第一步在八十年代翻一番。""第二步是到本世纪末，再翻一番，人均达到一千美元。实现这个目标意味着我们进入小康社会，把贫困的中国变成小康的中国。""我们制定的目标更重要的还是第三步，在下世纪用三十年到五十年再翻两番。""做到这一步，中国就达到中等发达的水平。"① 党的十八大以来，习近平在谈实现共同富裕时，中国社会已经实现了总体小康，正在向着全面小康社会大步迈进。所以，与邓小平相比，习近平在谈实现共同富裕时，起点已经有了很大不同。

　　第二，对共同富裕内容的描述有差别。邓小平在论述共同富裕时，主要侧重于从国民生产总值的大小和人均国民收入的多少来谈实现共同富裕的问题。应该说，侧重从国民生产总值的大小和国民生产人均收入的多少来谈实现共同富裕的问题，能比较直观地让人们从经济发展角度理解中国的发展和实现共同富裕的追求。但问题是，实现共同富裕并不是可以用单一的经济指标就能够概括的。习近平在关于中国反贫困战略目标的论述中，对共同富裕的描述显得更全面和更深刻。习近平在论述共同富裕时，则不单单论及经济收入指标，他除了强调经济收入外，还强调教育、就业、社会保障、脱贫攻坚、健康服务、社会治理、国家安全等各个方面的指标。也就是说，他所认为的共同富裕不仅仅是指人们经济上的共同富裕，还包括各种权利享受方面的平等各个方面的综合因素。

　　第三，主张实现共同富裕的途径有区别。邓小平对如何实现共同富裕有过一些构想，如在 1978 年底召开的中央工作会议上，邓小平提出了先富带动未富的思想，主张允许一部分人先富裕起来，通过先富裕起来的人的示范作用，带动未富的人们逐步走向共同富裕。后来，邓小平多次论述过如何实现共同富裕的问题，他在 1992 年初南方谈话中又有了新的观点，认为要最终实现共同富裕，必须解决两极分化的问题。他说："解决的办法之一，就是先富起来的地区多交点利税，支持贫困地区的发

----

① 《邓小平文选》第 3 卷，人民出版社，1993，第 226 页。

展。"就算达到小康水平的时候，"发达地区要继续发展，并通过多交利税和技术转让等方式大力支持不发达地区"。"总之，就全国范围来说，我们一定能够逐步顺利解决沿海同内地贫富差距的问题。"① 归纳上述邓小平关于如何实现共同富裕的相关论述，其实主要是以下几个方面：一是靠先富人们的示范带动未富的人们走向富裕，二是通过利税调节帮助不发达地区发展来解决贫困问题，三是通过技术转让帮助不发达地区发展来解决贫困问题，四是通过其他有效方式来解决贫困问题。可见，邓小平主张实现共同富裕的途径是指通过发展经济、利税调节、技术支援和精神文明建设等方面。在实现共同富裕的途径问题上，习近平强调要按照统筹"五大建设"、实施"七大战略"来实现共同富裕。统筹"五大建设"是指统筹推进经济建设、政治建设、文化建设、社会建设、生态文明建设。实施"七大战略"是指实施科教兴国战略、人才强国战略、创新驱动发展战略、乡村振兴战略、区域协调发展战略、可持续发展战略、军民融合发展战略。显然，习近平主张全方位多管齐下实现共同富裕。

第四，实现共同富裕目标的清晰度有差异。据公开发表的文献看，邓小平从来没有就何时基本实现共同富裕或完全实现共同富裕设定具体的时间表，只是提到"什么时候突出地提出和解决这个问题，在什么基础上提出和解决这个问题，要研究。可以设想，在本世纪末达到小康水平的时候，就要突出地提出和解决这个问题"。② 习近平则非常明确地提出，到2050年全体中国人民基本实现共同富裕，并且对全体人民基本实现共同富裕有原则性的描述。值得注意的是，他的这个描述是要超越中国基本实现社会主义现代化的各项指标的，因为基本实现共同富裕是在基本实现社会主义现代化的基础上再努力奋斗15年的结果。习近平指出："到那时，我国经济实力、科技实力将大幅跃升，跻身创新型国家前列；人民平等参与、平等发展权利得到充分保障，法治国家、法治政府、法治社会基本建成，各方面制度更加完善，国家治理体系和治理能力现代化基本实现；社会文明程度达到新的高度，国家文化软实力显著增强，

① 《邓小平文选》第3卷，人民出版社，1993，第374页。
② 《邓小平文选》第3卷，人民出版社，1993，第374页。

中华文化影响更加广泛深入；人民生活更为宽裕，中等收入群体比例明显提高，城乡区域发展差距和居民生活水平差距显著缩小，基本公共服务均等化基本实现，全体人民共同富裕迈出坚实步伐；现代社会治理格局基本形成，社会充满活力又和谐有序；生态环境根本好转，美丽中国目标基本实现。"① 以上这段论述就是习近平对中国基本实现社会主义现代化各项指标的描述。因此可以看出，到中国基本实现共同富裕时，中国经济社会发展的各项指标显然要比基本实现社会主义现代化的各项指标高许多。

上述这些差别，说明了新时代反贫困思想关于中国反贫困战略目标中的"实现共同富裕"具有新时代的新内容。

（三）习近平关于中国反贫困战略目标的一些精辟论断

习近平反贫困系列重要论述中的反贫困战略目标，确切地说，应该是一个目标系统。它里面不只是一个目标，而是有多种目标包含在内的——既有反贫困当前（或眼前）目标，又有反贫困中期目标，还有反贫困长远目标，当然还有反贫困终极目标即实现共同富裕这个伟大目标。

我们说，那些关系整个大局长远发展的目标就是战略目标。但是，一个目标长远不长远，是否关系整个大局，都是人们自己的看法。一个在别人看来根本不算长远、根本与整个大局没有关系的目标，很多人可能认为它是长远的、事关整个大局的目标；而一个别人看来是长远的、事关整个大局的目标，也有可能被我们认为是一个并不重要的目标，即不是什么战略目标。这种例子古往今来都有。因此，所谓"关系整个大局长远发展的"，其实都是由当事人根据自己的奋斗目标可以自己定义的东西。由此来看，任何目标都不能绝对地说它不是战略目标，关键在于人们怎么对它进行定位或者说怎么看待它。习近平关于中国反贫困战略目标是一个战略目标系统，即既有当前（或眼前）奋斗目标，又有中期奋斗目标，还有终极奋斗目标。从党的十九大报告中可以看出，在习近平关于中国反贫困战略目标的论述中，指出眼前目标是到 2020 年全面建

---

① 习近平：《决胜全面建成小康社会　夺取新时代中国特色社会主义伟大胜利——在中国共产党第十九次全国代表大会上的报告》，人民出版社，2017，第 28~29 页。

成小康社会，中期目标是到 2035 年基本实现社会主义现代化，长远目标是到 2050 年，"全体人民共同富裕基本实现"。[①]

习近平在中国反贫困战略目标问题上有一些精辟论断。这些精辟论断，在某种程度上深刻诠释了新时代反贫困思想关于中国反贫困战略目标的具体要求，既反映了习近平对中国反贫困事业的高度重视，也反映了中央领导集体对实现中国反贫困战略目标的严格要求。在此，不妨列举几例作点说明。

1. 小康不小康，关键看老乡

2013 年 4 月 8～10 日，习近平在海南考察时指出："小康不小康，关键看老乡。"[②] 这是习近平关于判断小康社会的一个重要标准，也是他关于中国反贫困战略目标的一个基本要求。他这个论断的意思是，在中国，看是否实现了小康社会，最关键的是要看老乡们生活得好不好，看他们的生活水平上去没有；看数据，看其他方面都是不对的。因为中国地域广大，各地自然条件、历史背景和经济社会发展水平差别很大，看中国人的生活水平只看平均数没有什么意义。在习近平看来，看中国人的生活水平，要看中国长期以来一直收入相对低、生活水平相对低的最广大农民的收入和生活状况。所以，他强调："要大力促进农民增加收入，不要平均数掩盖了大多数，要看大多数农民收入水平是否得到提高。"[③] 习近平曾多次提到并强调"小康不小康，关键看老乡"，不仅如此，他还明确阐述过它的含义。习近平明确指出："全面建成小康社会，没有老区的全面小康，没有老区贫困人口脱贫致富，那是不完整的。各级党委和政府要增强使命感和责任感，把老区发展和老区人民生活改善时刻放在心上，加大投入支持力度，加快老区发展步伐，让老区人民都过上幸福美满的日子，确保老区人民同全国人民一道进入全面小康社会。"[④] 习近平反复这样强调，表明他对中国现实国情有着深入认识和深

---

① 习近平：《决胜全面建成小康社会　夺取新时代中国特色社会主义伟大胜利——在中国共产党第十九次全国代表大会上的报告》，人民出版社，2017，第 29 页。

② 《习近平关于全面建成小康社会论述摘编》，中央文献出版社，2016，第 21 页。

③ 习近平：《不要平均数掩盖了大多数》，人民网，http://politics.people.com.cn/n/2013/1128/c70731 - 23688858.html，最后访问日期：2019 年 9 月 28 日。

④ 习近平：《在深度贫困地区脱贫攻坚座谈会上的讲话》，人民出版社，2017，第 2 页。

刻把握，说明他抓住了中国全面建成小康社会的关键和主要矛盾。"小康不小康，关键看老乡"这个论断，为我们正确判断小康社会是否全面建成提供了重要的理论依据。

2. 让广大农民都过上幸福美满的好日子，一个都不能少，一户都不能落

这是习近平 2014 年 12 月 13~14 日在江苏调研时提出的一个重要论断。这也是习近平关于中国反贫困战略目标论述中的一个重要论断。其意思是，中国在实现共同富裕的道路上，要把重点放在解决广大农民生活的问题上，要让他们生活美满，而且要使他们中每一个人、每一户都要过上幸福美满的好日子。这可以看成习近平在关于中国反贫困战略目标上的一个重要的量化指标。所谓量化指标，是指以具体数据来反映和体现人类各种活动的指标。与量化指标相对应的一个概念是非量化指标。非量化指标，顾名思义是指不是以具体数据来反映和体现人类各种活动的指标。与非量化指标相比较，量化指标最突出的特征在于它将目标和任务以数据来表示，容易让人们直观地理解和感受到目标和任务的大小、多少和难易程度，从而让人更清晰地了解和认识自己的任务和目标。在人类社会的各种管理活动中，人们越来越倾向于使用量化指标，就在于量化指标本身更易于让人们清楚和把握其基本内容和具体要求。一般来讲，如果只是对某任务或某目标只是务虚，就可以不用量化指标，但是如果要务实、要认真，则最好使用量化指标。中国反贫困事业是事关亿万人民群众生活和幸福的大事，客观上要求党和国家领导人对之必须采取求真务实的态度，而不能有任何马虎。习近平上述这个论断，深刻反映了他对待中国反贫困事业的求真务实精神和严谨态度，为我们搞好扶贫开发、全面建成小康社会和实现社会主义现代化提供了极富针对性和操作性的指导原则。

3. 全面实现小康，一个民族都不能少

这是 2015 年 1 月 20 日习近平在昆明亲切会见怒江州独龙族自治县干部群众代表时所提出的一个重要论断。独龙族是我国 28 个人口较少民族之一，也是新中国成立初期一个从原始社会末期直接过渡到社会主义社会的少数民族，主要聚居在地处深山峡谷中的贡山县独龙江乡，自然条件恶劣，仅有一条公路通往外界，每年有半年大雪封山、与世隔离，一直是云南乃至全国最为贫穷的地区之一。早在 2014 年元旦前夕，贡山县干部群众曾致信习近平总书记，汇报了当地经济社会发展和人民生活改善的情况，当时习近平曾回信给他们，并表示希望他们加快脱贫致富步伐，早日实现与全国其他兄弟民族一道过上小康生活的美好梦想。2015 年 1 月 19～21 日，习近平到云南昭通、大理、昆明等地考察，看望鲁甸地震灾区干部群众，深入企业、工地、乡村考察，就灾后恢复重建和经济社会发展情况进行调研。趁这个机会，他会见了怒江州独龙族自治县的干部群众。习近平在认真倾听他们的汇报后指出："全面实现小康，一个民族都不能少。"① 这个论断，与他提出的关于反贫困战略目标的其他论断一样，有着严格的量化要求，那就是"全面"和"一个都不能少"。同时，这个论断充分反映了他高度重视民族地区反贫困问题，也从一个侧面反映了他倡导民族平等的思想。

4. 实现脱贫攻坚目标，决不能落下一个贫困地区、一个贫困群众

这是习近平 2015 年 11 月在中央扶贫开发工作会议上发表重要讲话时所提出的一个重要论断。其意思与"让广大农民都过上幸福美满的好日子，一个都不能少，一户都不能落"所包含的意思基本是一样的。它们之间相同点在于：目标是一致的，即反贫困要彻底，不能留下任何死角。不同在于，两者在表达上有些不一样。习近平 2014 年 12 月那个论断是在江苏调研时提出来的，主要针对的是农民、农村和农业的问题，即"三农"问题。习近平 2015 年 11 月在中央扶贫开发工作会议上的这个论断是针对扶贫开发而言的。诚然，我国扶贫开发主要针对的是农村贫困地区和贫困人口。因此两者表述不一样则是理所当然的。但是，在中国，不管是"三农"问题还是扶贫开发问题，本质上都属于反贫困问题。与"让广大农民都过上幸福美满的好日子，一个都不能少，一户都不能落"这个论断一样，习近平 2015 年 11 月在中央扶贫开发工作会议上的论断也反映了他对待中国反贫困事业的务实精神和严谨态度，为我们搞好扶贫开发、全面建成小康社会和实现社会主义现代化提供了重要的指导原则。

---

① 李斌、李自良：《"全面实现小康，一个民族都不能少"》，《人民日报》2015 年 1 月 23 日。

5. 在扶贫的路上，不能落下一个贫困家庭，丢下一个贫困群众

这是习近平 2016 年 2 月 1 ~ 3 日在江西调研考察期间提出的一个重要论断。这个论断与习近平 2014 年 12 月和 2015 年 11 月提出的两个论断高度相似，基本意思是一样的，仅仅是文字表述有区别。这就说明，反贫困不留死角，实现共同富裕不忘记任何一个贫困群众，这是习近平念念不忘而且反复强调的观点。这反映出习近平在反贫困方面的严格要求、务实精神、认真和严谨的态度，也反映出他在消除贫困、实现共同富裕方面的原则性和坚定性，也反映了中国共产党在反贫困和实现共同富裕问题上的坚定不移的决心。

6. 农村贫困人口如期脱贫、贫困县全部摘帽、解决区域性整体贫困，是全面建成小康社会的底线任务

这是习近平 2017 年 2 月 21 日下午在主持中共中央政治局第 39 次集体学习时提出的一个论断。该论断所说的"农村贫困人口如期脱贫"，意思是说到 2020 年农村贫困人口都要达到小康生活水平，一个也不能落下。"贫困县全部摘帽、解决区域性整体贫困"，意思是说，到 2020 年我国区域性整体贫困问题要得到解决，不能再有贫困县和整体性贫困的地区。特别值得注意的是，习近平强调，它们是"全面建成小康社会的底线任务"。所谓"底线任务"，也就是最低任务和基本要求。换句话说，"农村贫困人口如期脱贫、贫困县全部摘帽、解决区域性整体贫困"，这是全面建成小康社会的最低要求，是必须要达到的要求——不能允许有比这个要求更低的要求了。相对于前面几个论断，该论断的亮点在于提出了"底线任务"这个概念，为中国反贫困目标划了一条铁定的红线。它对于中国反贫困具有极强的针对性和现实意义。"底线任务"这个概念，其实还是习近平提出的又一个创新性的概念。

值得指出的是，习近平关于中国反贫困战略目标的论断远不止上述所列这几个。类似的论断还有不少，如 2015 年 1 月 12 日，习近平在同中共中央党校县委书记研修班学员座谈时指出："决不能让困难地区和困难群众掉队。"[①] 再如，2015 年 10 月 16 日，习近平在"2015 减贫与发

---

① 《习近平谈治国理政》第 2 卷，外文出版社，2017，第 144 页。

展"高层论坛上发表主旨演讲时指出："全面小康是全体中国人民的小康，不能出现有人掉队。"① 之所以特意挑出上述几个相对比较典型的论断进行分析说明，目的在于说明新时代反贫困思想的深刻性及其内涵的丰富性。

六　中国反贫困的根本手段

新时代反贫困思想认为，中国反贫困的根本手段是解放和发展社会生产力。关于此，习近平有过很多深刻阐述。在习近平看来，中国的反贫困事业是同中华民族伟大复兴紧密联系在一起的，是同人民的幸福紧密联系在一起的，也是同中国共产党的责任紧密联系在一起的。所以，他反复强调党的责任、中华民族伟大复兴、人民幸福、共同富裕以及大力发展生产力等问题。在他看来，实现中华民族伟大复兴、使人民幸福、实现共同富裕以及大力发展生产力，所有这些都是党的责任。他说："解放和发展社会生产力是中国特色社会主义的根本任务。""共同富裕是中国特色社会主义的根本原则，所以必须使发展成果更多更公平惠及全体人民，朝着共同富裕方向稳步前进。"② 在这里，习近平强调发展社会生产力，逐步实现全体人民共同富裕。事实上，习近平类似上述这样的论述还有不少。概括习近平关于实现中华民族伟大复兴以及实现共同富裕等方面的论述，可以很清楚地看出他在中国反贫困根本手段问题上的思想主张，那就是：中国反贫困的根本手段是发展社会生产力。习近平很多关于反贫困的论述就充分印证了他具有这种思想主张。在习近平的有关反贫困论述里，通过提升贫困地区和贫困人口的能力发展生产力、依靠科技教育发展贫困地区和贫困人口的生产力以及通过优化贫困地区生产力结构发展生产力，是他针对贫困地区和贫困人口发展生产力的主要途径。

（一）通过提升贫困地区和贫困人口的能力解放和发展生产力

在反贫困问题上，习近平非常强调贫困地区和贫困人口的能力建设。

---

① 习近平：《携手消除贫困　促进共同发展：在 2015 减贫与发展高层论坛的主旨演讲》，人民出版社，2015，第 5 页。

② 《习近平谈治国理政》，外文出版社，2014，第 13 页。

这其实就是解放和发展社会生产力的一个重要途径。关于此，习近平有过很多论述。

　　早在 1988 年 9 月，习近平就深入调查研究，探索闽东九县摆脱贫困的有效办法。他认为，针对闽东的实际情况，要探索一条因地制宜发展经济的路子。他说："闽东走什么样的发展路子，关键在于农业、工业这两个轮子怎么转。"① 他指出，闽东主要靠农业吃饭，穷在"农"上，因此要富裕，也只能从"农"入手。他主张抓大农业，通过走大农业的路子提升宁德地区摆脱贫困的能力。他的这种主张，其实就是关于贫困地区和贫困人口能力建设的思想。他有一个形象的说法，叫"靠山吃山唱山歌，靠海吃海念海经"②，认为宁德地区主要是山地，但又靠海，因此可以念"山海经"。值得指出的是，习近平所主张的"靠山吃山唱山歌，靠海吃海念海经"并非指躺在山边、海边消极地"坐吃山空"，而是指充分利用好依山靠海这样的自然条件，充分发掘山上、海里的经济资源来摆脱贫困。这才是他所说的"唱山歌""念海经"的真正含义。从根本上说，这里着眼的是当地在发展经济方面的有关能力建设问题。他主张在农业上要"稳住粮食，山海田一起抓，发展乡镇企业，农、林、牧、副、渔全面发展。'吃山'，要抓好林、茶、果"。"'念海经'除继续抓海洋捕捞外，滩涂养殖也要挖潜力，提高单产；而发展滩涂养殖的关键环节是饲料工业如何与之相适应。""要立足于本地农副产品资源的加工利用。"③ 他还指出，闽东发展的动力在于工业，要"立足本地资源进行工业开发"。④ 一个地区的发展能力，最重要的是人的发展能力。人的发展能力上来了，该地区的发展能力也会相应提升上来。基于此，习近平非常重视科技教育与经济发展的关系。1989 年 2 月，习近平撰写了《正确处理闽东经济发展的六个关系》一文，指出："对贫困地区来说，要强调科技教育对经济发展的重大意义。""要用长远的战略眼光来看待科技教育，要把科技教育作为闽东经济社会发展的头等大事来抓。"⑤ 习近

---

① 习近平：《摆脱贫困》，福建人民出版社，1992，第 4 页。
② 习近平：《摆脱贫困》，福建人民出版社，1992，第 5 页。
③ 习近平：《摆脱贫困》，福建人民出版社，1992，第 5 页。
④ 习近平：《摆脱贫困》，福建人民出版社，1992，第 5 页。
⑤ 习近平：《摆脱贫困》，福建人民出版社，1992，第 74 页。

平上述这些主张，概括地说其实就是关注闽东地区及其贫困人口能力建设的思想主张。他这样做的目的，就是解放和发展当地的社会生产力，通过它来使当地摆脱贫困。

担任中共中央总书记后，习近平依旧强调贫困地区和贫困人口的能力建设。在他看来，只有贫困地区和贫困人口的能力上去了，解决贫困问题才有希望解决。2012 年 12 月，习近平指出："贫困地区发展要靠内生动力，如果凭空救济出一个新村，简单改变村容村貌，内在活力不行，劳动力不能回流，没有经济上的持续来源，这个地方下一步发展还是有问题。"① 他这里所说的"内生动力"就是内部产生的动力，其实就是指贫困地区自身的发展能力。他还说，我们要"注重增强扶贫对象和贫困地区自我发展能力，注重解决制约发展的突出问题，努力推动贫困地区经济社会加快发展"。② 这段话明确提到了"注重增强扶贫对象和贫困地区自我发展能力"，这表明习近平十分强调贫困地区和贫困人口的能力建设问题。

习近平主张发展贫困地区和贫困人口能力的观念具有一贯性。他在扶贫开发问题上一直坚持这个观点。2015 年 10 月 16 日，习近平在向中外来宾介绍中国的反贫困经验和一些具体做法时指出："我们坚持开发式扶贫方针，把发展作为解决贫困的根本途径，既扶贫又扶志，调动扶贫对象的积极性，提高其发展能力，发挥其主体作用。"③ 这里所说的"提高其发展能力"就是指提高贫困地区和贫困人口的发展能力。同时，习近平还倡议："发展中国家要增强内生发展动力。"④ 这里所说的"增强内生发展动力"就是指发展中国家要增强自己的发展能力，也可以说是自力更生的能力。这属于能力建设方面的内容。2016 年 5 月 16 日，习近平在主持召开中央财经领导小组第 13 次会议时指出："扩大中等收入群体，必须坚持有质量有效益的发展，保持宏观经济稳定，为人民群众生活改善打下更为雄厚的基础。"⑤ 这里所说的"有质量有效益的发展"和

---

① 习近平：《做焦裕禄式的县委书记》，中央文献出版社，2015，第 17～18 页。
② 习近平：《做焦裕禄式的县委书记》，中央文献出版社，2015，第 16 页。
③ 习近平：《携手消除贫困　促进共同发展：在 2015 减贫与发展高层论坛的主旨演讲》，人民出版社，2015，第 3 页。
④ 习近平：《携手消除贫困　促进共同发展：在 2015 减贫与发展高层论坛的主旨演讲》，人民出版社，2015，第 8 页。
⑤ 《习近平谈治国理政》第 2 卷，外文出版社，2017，第 369 页。

"为人民群众生活改善打下更为雄厚的基础"包含了增强贫困地区和贫困人口的发展能力的意思。2016年10月，习近平对全国脱贫攻坚奖表彰活动做出重要指示。他强调指出："需要不断改革创新扶贫机制和扶贫方式。"① 所谓不断改革创新扶贫机制和扶贫方式，实质上就是强调要在增强贫困地区和贫困人口的发展能力上下功夫。2016年12月，习近平对做好"三农"工作做出重要指示，指出："要把发展农业适度规模经营同脱贫攻坚结合起来，与推进新型城镇化相适应，使强农惠农政策照顾到大多数普通农户；要协同发挥政府和市场'两只手'的作用，更好引导农业生产、优化供给结构；要尊重基层创造，营造改革良好氛围。"② 这段话暗含了在"三农"工作中创造条件，增强农民的发展能力的意思。2017年2月21日，习近平在中共中央政治局第39次集体学习时的讲话中指出："要注重扶贫同扶志、扶智相结合，把贫困群众积极性和主动性充分调动起来，引导贫困群众树立主体意识，发扬自力更生精神，激发改变贫困面貌的干劲和决心，靠自己的努力改变命运。"③ 这里说得更为明确，要通过"扶志""扶智"来使贫困人口脱贫。这里所说的"志"是指"志气"，这是最能体现人精神状态的东西；这里所说的"智"是指以知识、技能为基础所体现出来的智慧和能力。因此，所谓"扶志""扶智"，其实就是指扶持人的精神和能力。习近平所说的通过"扶志""扶智"使贫困人口脱贫，其实就是指通过提升贫困人口的发展能力来摆脱贫困。2017年3月8日，习近平在参加四川代表团审议时强调："防止返贫和继续攻坚同样重要，已经摘帽的贫困县、贫困村、贫困户，要继续巩固，增强'造血'功能，建立健全稳定脱贫长效机制，坚决制止扶贫工作中的形式主义。"④ 这里说得十分明确，核心意思就是强调要增强贫困地区和贫困人口的发展能力。

---

① 《习近平对全国脱贫攻坚奖表彰活动作出重要指示强调：万众一心　埋头苦干　切实把精准扶贫精准脱贫落到实处》，《新华每日电讯》2016年10月17日。
② 《中央农村工作会议在京召开　习近平对做好"三农"工作作出重要指示》，新华网，http://www.xinhuanet.com//politics/2016－12/20/c_1120155000.htm，最后访问日期：2019年9月20日。
③ 《更好推进精准扶贫精准脱贫　确保如期实现脱贫攻坚目标》，网易，http://news.163.com/17/0223/01/CDU2J83100018AOP.html，最后访问日期：2019年9月22日。
④ 《总书记两会声音》，《人民日报》2017年3月15日。

　　强调增强贫困地区和贫困人口的发展能力，就是强调要解放和发展贫困地区和贫困人口的社会生产力。为什么要这样说？这里需要对社会生产力这个概念做一些说明。虽然，"在马克思的著述中，不存在我们所期望的生产力的精确定义"①，但是马克思在很多场合论述过生产力。我们可以从他的关于生产力的一些论述中认识生产力。马克思在《巴黎手稿》中认为，作为生产力的现代形式工业是"人的本质力量的公开的展示"，"工业的历史和工业的已经生成的对象性的存在，是一本打开了的关于人的本质力量的书"。② 这是马克思在创立唯物史观过程中，对"生产力"范畴的实质的最初规定。马克思的意思是说，生产力是指人类改造对象世界使之满足人类的需要的能力。③ 构成生产力的因素很多，劳动者、劳动资料、劳动对象等都是。在构成生产力诸多因素中，重要的因素才称得上生产力要素。关于生产力的要素，学术界尚无统一的说法。有人认为是由劳动者和劳动资料（主要是生产工具）构成的，这是关于生产力要素的二要素论；也有人认为生产力是由劳动者、劳动资料和劳动对象构成的，这是关于生产力要素的三要素论；还有人认为，除了上述三要素外，生产力还包括科学技术、分工协作、管理等，有的甚至认为还包括了教育在内，这是关于生产力要素的多要素论。虽然构成生产力的因素并不是生产力本身，但是它们经过人的能动作用能够成为改造现实对象世界并使之满足自身需要的能力。因此，构成生产力因素中的任何一种、几种或多种因素的改良或提高，都可以认为是生产力在某种意义上的发展。因此，习近平强调增强贫困地区和贫困人口的发展能力，实质上就是强调解放和发展贫困地区和贫困人口的社会生产力。

（二）依靠科技教育解放和发展贫困地区和贫困人口的生产力

　　在反贫困问题上，习近平也非常强调科技教育的作用，主张依靠科技教育来改变贫困地区和贫困人口的经济状况。早在1989年2月，他就明确指出："对贫困地区来说，要强调科技教育对经济发展的重大意义。"宁德地区（闽东）是福建省最贫困地区之一，首先要着力解决的

---

① 姜海波：《青年马克思的生产力概念》，人民出版社，2014，第131页。
② 《马克思恩格斯文集》第1卷，人民出版社，2009，第192~193页。
③ 参见余少波《社会生产力新论》，人民出版社，1995，第51页。

就是如何使该地区摆脱贫困的问题。他对当地干部群众提出的要求是："要把科技教育作为闽东经济社会发展的头等大事来抓。"① 1989 年 6 月，他在《巩固民族大团结的基础》一文中针对畲族地区的贫困问题指出："要提倡科技扶贫，抓好实用技术培训工作，培养一批技术骨干和能人，让畲族群众掌握一些实用技术。"② 在这里，习近平提到了"科技扶贫"这个概念，这表明，他主张依靠科技改变贫困地区和贫困人口的经济状况来摆脱贫困。在习近平看来，所谓科技扶贫，不仅仅只是意味着依靠科技人员去帮助贫困地区人口脱贫致富，还包括贫困地区的党员干部自身学习科学文化知识带动当地群众摆脱贫困等内涵，即包含教育扶贫。

主张依靠科技教育改变贫困地区和贫困人口经济状况，进而脱贫致富，这是习近平在反贫困问题上的一贯思路。2013 年 9 月 30 日，他在十八届中央政治局第 9 次集体学习时的讲话中指出："没有强大的科技，'两个翻番'、'两个一百年'的奋斗目标难以顺利达成，中国梦这篇大文章难以顺利写下去，我们也难以从大国走向强国。"③ 这里的意思是，要依靠强大的科技推动中国的进步，实现党的"两个翻番"和"两个一百年"奋斗目标。在我国，实现"两个翻番"和"两个一百年"的奋斗目标，就是全面建成小康社会、实现中国特色社会主义现代化和基本实现全体人民共同富裕，这整个过程实质上就是反贫困过程。在这里，习近平高度强调科技的作用，认为离开了强大的科技，实现中国特色社会主义现代化和共同富裕会有问题，实现中国梦会有问题。2013 年 11 月 12 日，习近平指出："我们要通过深化改革，让一切劳动、知识、技术、管理、资本等要素的活力竞相迸发，让一切创造社会财富的源泉充分涌流。"④ 这里虽然是谈改革，但习近平在这里谈改革的目的是要让知识、技术等要素的活力充分发挥出来，以达到让一切创造社会财富的源泉充分涌流的状态。所谓让一切创造社会财富的源泉充分涌流的状态，其实就是中国反贫困所要达到的一种理想状态。2014 年 11 月 1~2 日，习近平在福建调研时指出："加快科学扶贫和精准扶贫，办好教育、就业、医

① 习近平：《摆脱贫困》，福建人民出版社，1992，第 74 页。
② 习近平：《摆脱贫困》，福建人民出版社，1992，第 91 页。
③ 《习近平关于科技创新论述摘编》，中央文献出版社，2016，第 25 页。
④ 《习近平谈治国理政》，外文出版社，2014，第 93 页。

疗、社会保障等民生实事，支持和帮助贫困地区和贫困群众尽快脱贫致富奔小康，决不能让一个苏区老区掉队。"① 值得注意的是，习近平在这里提到了"科学扶贫"这个概念。"科技扶贫"和"科学扶贫"不是一个概念。"科技扶贫"是指依靠科技力量使贫困地区和贫困人口脱贫致富，而"科学扶贫"包含了"科技扶贫"，但它又不仅仅局限于依靠科技力量使贫困地区和贫困人口脱贫致富这层含义，它还意味着要用科学的眼光看待扶贫，用科学的方法对待扶贫，用科学的管理推进扶贫。应该说，习近平提倡"科学扶贫"，是非常深刻的扶贫主张。他提出的精准扶贫思想，就可以看成"科学扶贫"。习近平所提倡的精准扶贫，贵在"精""准"，它既意味着要让扶贫资金中的每一分钱都花在该花的地方，每一分力都用在该用的地方上；又意味着应该摆脱以往粗放的、政令式的扶贫方式，让扶贫成果能够可持续发展下去，而不至于脱贫后又返贫；它还意味着要让科学更好、更深入、更有效率地融入扶贫开发工作。因此，"科学扶贫"不仅强调科技对扶贫的作用，还强调科学管理扶贫事业，它要求从科学规划入手，从宏观和微观两方面推进扶贫事业。从宏观方面来说，要做到科学扶贫，可以请从事相关研究的科学家帮助政府进行决策，对全国贫困区域进行精准识别，并在此基础上提出配套的政策措施和建议。从微观方面来说，可以邀请专业人士客观评估贫困地区生态环境状况和人民生活水平，合理规划当地的生态、生产、生活空间，划定开发边界，确立绿色产业链，精准设定扶贫政策。

综上所述可以看出，习近平有着大量关于依靠科技教育改变贫困地区和贫困人口经济状况的论述。这些论述，归根结底属于发展社会生产力的论述。早在100多年前，马克思就认为生产力中也包括科学。他说："劳动生产力是由多种情况决定的，其中包括：工人的平均熟练程度，科学的发展水平和它在工艺上应用的程度，生产过程的社会结合，生产资料的规模和效能，以及自然条件。"② 他还指出："劳动生产力是随着科学和技术的不断进步而不断发展的。"③ 1988年，邓小平在总结第二次世

---

① 《习近平关于协调推进"四个全面"战略布局论述摘编》，中央文献出版社，2015，第41页。
② 《马克思恩格斯文集》第5卷，人民出版社，2009，第53页。
③ 《马克思恩格斯文集》第5卷，人民出版社，2009，第698页。

界大战以来特别是 20 世纪七八十年代世界经济发展的新趋势和新经验时
明确提出："科学技术是第一生产力。"① 可见，习近平强调依靠科技教
育改变贫困地区和贫困人口的经济状况，实质上就是强调通过解放和发
展贫困地区和贫困人口的社会生产力，从而改变其经济状况。

（三）通过优化生产力结构解放和发展贫困地区的生产力

1989 年 1 月，《福建论坛》记者采访习近平，要他谈谈对闽东经济
发展的思路。习近平当时指出，治理经济环境给闽东发展带来了机遇。
他说："中央精神（而不是有的人所片面理解的急刹车）是有利于经济
相对落后地区的生产力发展的。""我们正好借治理、整顿的机会，促进
生产要素的优化组合，促进产业结构的合理调整。"② 习近平这里所说的
"促进生产要素的优化组合，促进产业结构的合理调整"，实际上就是指
优化生产力结构。1988 年 9 月，习近平写了一篇题为《提倡"经济大合
唱"》的文章。他认为："一个地方的工作，方方面面，林林总总，也有
主旋律——这就是社会主义经济建设。"③ 正是基于这种认识，他提倡
"经济大合唱"。他说："规划、科研、生产、运输、销售、服务等各个
环节都要重视。哪一环脱节，都会导致经济活动的中断；哪一环薄弱，
就会成为经济发展的'瓶颈'，影响经济活动的正常进行。""'经济大合
唱'就是要讲协调，讲配合。光有主旋律，不讲同心协力不行，搞内耗
和摩擦更不行，需要调动各个部门、各个方面的积极性。既然是大合唱，
各个部门就要自觉配合，主动协调。这不是简单的'1 + 1 = 2'。我们要
的是'1 + 1 > 2'——也就是我们通常所说的'整体功能效益'。"④ 这表
明，习近平是把发展经济、解放和发展社会生产力当成一个有机系统来
看待的。他的这种思想极为深刻，符合马克思、恩格斯关于社会生产力
的理论观点。

在马克思、恩格斯那里，社会生产力就是被当成一个系统来看待的。
之所以这样说，在于马克思、恩格斯眼中的社会生产力是由相互作用和

---

① 《邓小平文选》第 3 卷，人民出版社，1993，第 274 页。
② 习近平：《摆脱贫困》，福建人民出版社，1992，第 55 页。
③ 习近平：《摆脱贫困》，福建人民出版社，1992，第 10 页。
④ 习近平：《摆脱贫困》，福建人民出版社，1992，第 8～9 页。

相互依存的若干具有特定功能的部分构成的，并且共同构成一个有机的整体，具备了系统的特征。就社会生产力的构成来说，马克思、恩格斯眼中的社会生产力包括实体性因素、附着性因素和运筹性因素。实体性因素主要是指劳动资料、劳动对象和劳动者；附着性因素是指那些不能独立存在而只能附着在实体性因素之上的、通过改善被附着因素的质而发挥自己作用的因素，如科学技术等；运筹性因素是指通过对被运筹因素的调度、处置、匹配、选择等手段从而提高总体效率的各种因素，如经营管理、布局决策、结构重组等。马克思指出："在一切生产工具中，最强大的一种生产力是革命阶级本身。"[①] 这说明，马克思认为劳动者是生产力的很重要的组成部分。马克思认为，除了劳动者是生产力的重要组成部分，劳动资料也是生产力的重要组成部分。不仅如此，劳动对象也属于生产力的重要构成部分。劳动对象相对于劳动者而言虽然居于被征服、利用、改造、控制等被动地位，但是，没有它，生产力就不是现实的、具体的生产力，因为如果没有劳动对象，其实也谈不上人类对自然的改造、征服等。而马克思、恩格斯从来都不主张抽象地看待生产力，而主张具体地、现实地看待生产力。所以，马克思说："生产力当然始终是有用的具体的劳动的生产力。"[②] 也就是说，应该具体地、现实地看待生产力。从这个意义上说，劳动对象也应该纳入生产力的重要构成当中。劳动资料、劳动对象和劳动者是生产力的物质承担者，是构成生产力的实体性因素。不过，马克思还认为："生产力中也包括科学。"[③] 关于此，马克思、恩格斯都有过很多深刻论述。他们认为，科学技术是推动社会进步的有力杠杆。马克思、恩格斯指出："现代自然科学和现代工业一起对整个自然界进行了革命改造，结束了人们对自然界的幼稚态度以及其他幼稚行为。"[④] 这说明，他们深刻认识到了科学技术对社会进步的巨大推动作用，他们是把科学技术也看成社会生产力的。但是，科学技术显然只有附着在其他因素（主要是实体性因素）之上时才能发挥自己的作用。另外，马克思、恩格斯没有明确说过运筹也是社会生产力，但是他

① 《马克思恩格斯文集》第1卷，人民出版社，2009，第655页。
② 《马克思恩格斯文集》第5卷，人民出版社，2009，第59页。
③ 《马克思恩格斯文集》第8卷，人民出版社，2009，第188页。
④ 《马克思恩格斯全集》第10卷，人民出版社，1998，第254页。

们关于社会生产力的论述表明，他们也是把运筹性因素看成社会生产力的。他们强调生产劳动中的分工、协作等，这其实就是承认运筹活动也是社会生产力。马克思在考察资本主义社会生产时指出："劳动的社会力的日益改进，引起这种改进的是：大规模的生产，资本的积聚，劳动的结合，分工，机器，改良的方法，化学力和其他自然力的应用，利用交通和运输工具而达到时间和空间的缩短，以及其他各种发明，科学就是靠这些发明来驱使自然力为劳动服务，劳动的社会性质或协作性质也由于这些发明而得以发展。"① 马克思的这段话谈到了科学技术，但重心其实是谈生产管理（如分工、协作和各种资源的调配等），他所要表达的意思是，协作、分工和机器或科学的力量的应用是提高劳动生产力的主要形式。换句话说，马克思认为生产中运筹性因素也是社会生产力。马克思其实还不止一次表达过这个观点。他还曾经指出："〔提高劳动生产力的〕主要形式是：协作、分工和机器或科学的力量的应用等等。"② 事实上，马克思还明确表达过协作是社会生产力的观点。他在《经济学手稿》中说："我们把协作看作是一种社会劳动的自然力，因为单个工人的劳动通过协作能达到他作为孤立的个人所不能达到的生产率。"③ 这就充分说明，马克思确实是把生产中运筹性因素当成社会生产力来看待的。而构成社会生产力的实体性因素、附着性因素和运筹性因素，它们之间都是有着密切联系的，共同构成社会生产力的重要组成部分。而且，不论是实体性因素、附着性因素还是运筹性因素，它们各自都是一个开放的巨大的系统。由此看来，由它们作为主干所构成的社会生产力也必然是一个开放的和更为巨大的系统。社会生产力既然是一个系统，那么它必然存在结构优化的问题。马克思、恩格斯早就注意到并论述过这个问题。其实，他们所说的协作、分工等，就是社会生产力的一种结构优化。例如，马克思说："有些事情，例如协作、分工、机器的使用，可以增加一个工作日的产品，同时可以在互相连接的生产行为中缩短劳动期间。"④ 马克思所说的是，构成社会生产力的各部件优化组合会提高生产

---

① 《马克思恩格斯文集》第 3 卷，人民出版社，2009，第 50 ~ 51 页。
② 《马克思恩格斯全集》第 47 卷，人民出版社，1979，第 290 页。
③ 《马克思恩格斯全集》第 47 卷，人民出版社，1979，第 293 页。
④ 《马克思恩格斯文集》第 6 卷，人民出版社，2009，第 261 页。

效率。

习近平提倡通过优化社会生产力结构解决贫困地区和贫困人口的贫困问题。他提出的"经济大合唱"思想，就是优化社会生产力结构的思想。事实上，提倡通过优化社会生产力结构解决贫困地区和贫困人口贫困问题，也是习近平一以贯之的思想。2005年1月12日，习近平写的《务必统筹城乡兴"三农"》就体现了优化社会生产力结构的思想。他指出，强调务必统筹城乡兴"三农"，"就是要把农村和城市作为一个有机统一的整体统筹协调，充分发挥城市对农村的带动作用和农村对城市的促进作用，形成以城带乡、以工促农、城乡互动、协调发展的体制和机制。"① 显然，习近平的这段话体现了现代系统论的观点，也包含了丰富的优化社会生产力结构的思想。2013年3月17日，习近平深刻指出："实现中国梦必须凝聚中国力量。这就是中国各族人民大团结的力量。""全国各族人民一定要牢记使命，心往一处想，劲往一处使，用13亿人的智慧和力量汇集起不可战胜的磅礴力量。"② 这里所谓的"心往一处想，劲往一处使"，就包含了优化社会生产力结构的思想。在这里，习近平是讲实现中国梦需要"心往一处想，劲往一处使"。习近平认为，实现中国梦就内在地包含了摆脱贫困和实现共同富裕在内。因此，他的这种论述包含了通过优化生产力结构解放和发展生产力，从而提高贫困地区的生产能力及发展能力，使贫困地区和贫困人口摆脱贫困。

综上所述，不论是习近平关于贫困地区和贫困人口能力建设的论述，还是关于依靠科技改变贫困地区和贫困人口经济状况的论述，或者是关于优化社会生产力结构解决贫困地区和贫困人口贫困问题的论述，其主旨其实只是一条，即通过发展社会生产力摆脱贫困，实现共同富裕。所以，他反复强调解放和发展生产力是社会主义的本质要求。事实上，早在1989年12月，习近平就明确表达了这层意思。他说："贫困地区要走上富裕的道路，归根到底取决于生产力的发展。"③ 也就是说，发展社会生产力是贫困地区摆脱贫困的根本手段。可见，习近平确实是把发展社会生产力看成是反贫困的根本手段的。

---

① 习近平：《之江新语》，浙江人民出版社，2007，第104页。
② 《习近平谈治国理政》，外文出版社，2014，第40页。
③ 习近平：《摆脱贫困》，福建人民出版社，1992，第112页。

七 中国反贫困的具体办法

新时代反贫困思想认为，中国反贫困的具体办法很多，主要包括志智双扶、苦干实干、把脱贫致富与社会主义精神文明建设结合起来、用开放意识推动扶贫工作、依靠科技教育脱贫致富、通过发展现代农业脱贫致富、搞"经济大合唱"、党政第一把手抓扶贫、实施"五个一批"工程、建立年度脱贫攻坚报告和督查制度、通过抓好党建促进脱贫攻坚工作、造成全社会参与的大扶贫格局，等等。关于上述诸方面，习近平有过大量的论述。他的这些论述所涉及的其实是关于中国反贫困的具体办法问题。下面择其要者做一些简单介绍。

（一）志智双扶

在中国反贫困的具体做法上，习近平非常强调"志智双扶"。"志智双扶"，是习近平所说的"扶贫先扶志""扶贫必扶智"的简称。扶志，就是扶持贫困人口的思想、观念、信心，帮助他们树立起摆脱贫困的斗志和勇气；扶智就是扶持贫困人口的知识、技术、思路，帮助和指导他们着力提升脱贫致富的生产能力和综合素质。

早在担任福建省宁德地委书记时，习近平就有了扶贫先扶志的思想。他认为，扶贫首先应该从思想观念开始，要使贫困人口改变消极思想观念，树立积极向上的精神风貌。1988 年 9 月，习近平对闽东九县进行实地调查。通过调查研究，他发现，贫困地区之所以贫困，原因固然很多，但观念落后或不正确是其重要原因。因此，他指出："扶贫先要扶志，要从思想上淡化'贫困意识'。"① 他认为，抓扶贫开发工作，首先应该抓贫困人口的精神状态，不能让他们有等、靠、要的消极思想，而应该将他们脑海里长期存在的"安贫乐道""穷自在"等消极思想彻底扫除掉。只有这样，贫困人口才可能树立"先飞""先富"意识。所以他认为："当务之急，是我们的党员、我们的干部、我们的群众都要来一个思想解放，观念更新，四面八方去讲一讲'弱鸟可望先飞，至贫可能先富'的

① 习近平：《摆脱贫困》，福建人民出版社，1992，第 6 页。

辩证法。"① 他这里所说的观念更新，其实就是扶志。此后，习近平反复强调这个思想。1988 年 10 月，习近平在接受《经济日报》采访时指出："人穷不能志短。""所以我提倡振奋精神，淡化'贫困县意识'。"② 他在 1992 年出版的《摆脱贫困》一书的最后写了一篇跋，其中说："全书的题目叫做'摆脱贫困'，其意义首先在于摆脱意识和思路的'贫困'，只有首先'摆脱'了我们头脑中的'贫困'，才能使我们所主管的区域'摆脱贫困'，才能使我们整个国家和民族'摆脱贫困'，走上繁荣富裕之路。"③

2012 年 12 月 29 ~ 30 日，习近平在河北省阜平县考察扶贫开发工作时指出："扶贫要扶志，有志气、自力更生很重要啊！"④ 可见，习近平在扶贫问题上非常注重扶志。这是他在反贫困具体办法层面上的首要主张。

不过，在扶贫问题上，习近平并不仅仅强调扶志，除了强调扶志，他还强调扶智。他在宁德工作期间反复强调科技扶贫、教育扶贫，其实就是他重视扶智的具体表现。习近平多次提到扶智的问题。他说："治贫先治愚。要把下一代的教育工作做好，特别是要注重山区贫困地区下一代的成长。下一代要过上好生活，首先要有文化。""义务教育一定要搞好，让孩子们受到好的教育，不要让孩子们输在起跑线上。"⑤ 他所说的"治愚"，其实就是扶智。2015 年 9 月 9 日，习近平在给"国培计划（2014）"北京师范大学贵州研修班参训教师的回信中说："扶贫必扶智，让贫困地区的孩子们接受良好教育，是扶贫开发的重要任务，也是阻断贫困代际传递的重要途径。"⑥ 显然，在扶贫问题上习近平强调"志智双扶"。在习近平看来，扶志与扶智是辩证统一、不可偏废的关系。如果扶贫不扶志，扶贫的目的就难以达到，即使一度脱贫，也可能会再度返贫，沦为贫困境地；如果扶贫不扶智，就算一时脱贫了，但由于人们知识匮

---

① 习近平：《摆脱贫困》，福建人民出版社，1992，第 1 ~ 2 页。
② 习近平：《摆脱贫困》，福建人民出版社，1992，第 51 页。
③ 习近平：《摆脱贫困》，福建人民出版社，1992，第 160 页。
④ 习近平：《做焦裕禄式的县委书记》，中央文献出版社，2015，第 19 页。
⑤ 习近平：《做焦裕禄式的县委书记》，中央文献出版社，2015，第 24 页。
⑥ 中共中央文献研究室编《十八大以来重要文献选编》（中卷），中央文献出版社，2016，第 720 ~ 721 页。

乏、智力不足、身无长物等原因，这种脱贫状态不可能长久保持下去，也会很快返贫，甚至还会造成贫困的代际传递。因此，要从根本上摆脱贫困，就必须强调"志智双扶"，坚持"志智双扶"。唯有这样，才能激发贫困人口的活力和创造力，从根本上铲除滋生贫穷的土壤。2017 年 6 月 23 日，习近平在深度贫困地区脱贫攻坚座谈会上指出："扶贫要同扶智、扶志结合起来。智和志就是内力、内因。"① 可见，"志智双扶"是习近平自 20 世纪 80 年代以来一贯的反贫困主张。

（二）苦干实干

在中国反贫困问题上，习近平提倡苦干实干。习近平在很多场合都强调实实在在地为群众办事情。例如，1982 年 9 月 2 日，习近平在河北正定县老干部工作会议上指出："现在有的单位和部门对于老干部工作喊得多、做得少，实际问题解决不了。"② 他主张实干、办实事："在安排老干部工作中……我们要慷慨一点，拿出一点钱来解决一些实际问题。"③ 再如，1982 年 12 月 27 日，他在河北省正定县精神文明建设先进集体和先进个人代表会议上指出："要舍得在精神文明建设上花点钱、投点资，实实在在地为群众办几件长精神、长志气的好事。"④ 由此可见，习近平主张实干、办实事。

在反贫困问题上，习近平更是反复强调要苦干实干，反复强调为人民办实事。1989 年 1 月，他写了一篇题为《干部的基本功——密切联系人民群众》的文章，文中指出，根本改变贫困落后面貌，需要广大人民群众艰苦创业，"贫困地区干部要付出更加艰辛的劳动"。⑤ 为此，他认为贫困地区干部要具备密切联系群众的基本功。他指出："党员干部必须密切联系群众，这不能仅是一句口号，而应当化为实实在在的行动。从我们的实际情况来看，当前密切联系群众最重要的是要坚持走群众路线，从严治党，为人民办实事。"⑥ 他还强调："为群众办实事，要扎扎实实，

---

① 习近平：《在深度贫困地区脱贫攻坚座谈会上的讲话》，人民出版社，2017，第 16 页。
② 习近平：《知之深 爱之切》，河北人民出版社，2015，第 6 页。
③ 习近平：《知之深 爱之切》，河北人民出版社，2015，第 8 页。
④ 习近平：《知之深 爱之切》，河北人民出版社，2015，第 20 页。
⑤ 习近平：《摆脱贫困》，福建人民出版社，1992，第 10 页。
⑥ 习近平：《摆脱贫困》，福建人民出版社，1992，第 13 页。

坚持不懈，久久为功……尽力而为地为群众办实事。"① 也是在 1989 年 1 月，习近平接受《安徽日报》记者采访时指出："我不主张多提口号，提倡行动至上。过去采取的很多有效的办法，要像接力赛一样，一棒一棒接着干下去，脚踏实地干出成效来。"② 这里讲的就是苦干实干。在习近平的文章和讲话中，"实实在在""办实事""实干"等是反复出现的字眼，反映了他强调苦干实干的精神和扎实的工作作风。从习近平关于实干的一系列论述中可以看到，在他的语言里，"实干"其实就包含了"苦干"的意思，而"苦干"则一定就是"实干"。如上文提到的他强调为群众办实事要坚持不懈、久久为功，就包含了苦干的意思。2004 年 1 月，习近平写了一篇题为《心无百姓莫为"官"》的短文。该文指出："我们是党的干部，是人民的公仆，一定要把群众的安危冷暖挂在心上，以'天下大事必做于细'的态度，真心诚意地为人民群众办实事、做好事、解难事。要抓实做细事关群众切身利益的每项工作，努力办实每件事，赢得万人心。"③ 这段话强调了为人民群众办实事，要求党员干部实干，同时也包含了要求他们苦干的意思。因为，努力办实每件事一定是建立在苦干基础之上的。

　　2008 年 2 月 17 日，习近平强调，各级领导干部要"在解放思想中真抓实干，在转变观念中破解难题，在更新思路中转变发展方式，真正把解放思想体现在具体工作中、落实到解决问题上"。④ 在这里，习近平强调"真抓实干"，其实就是"苦干实干"的另一种表述。习近平往往在实现中国梦这样的大背景下深刻论述中国反贫困问题，也经常把中国的反贫困同全面实现小康社会和实现中华民族伟大复兴联系起来进行论述。例如，2012 年 11 月 17 日，他指出："全党全国要同心同德、埋头苦干、锐意创新、开拓进取，共同为实现党的十八大提出的全面建成小康社会和全面深化改革开放的目标而奋斗。"⑤ 这里提到要"埋头苦

① 习近平：《摆脱贫困》，福建人民出版社，1992，第 14 页。
② 习近平：《摆脱贫困》，福建人民出版社，1992，第 59 页。
③ 习近平：《之江新语》，浙江人民出版社，2007，第 26 页。
④ 中共中央文献研究室编《十七大以来重要文献选编》（上卷），中央文献出版社，2009，第 207～208 页。
⑤ 中共中央文献研究室编《十八大以来重要文献选编》（上卷），中央文献出版社，2014，第 78 页。

干"，实际也是强调苦干实干。又如，2012 年 11 月 29 日，习近平在参观《复兴之路》展览时指出："实现中华民族伟大复兴是一项光荣而艰巨的事业，需要一代又一代中国人共同为之努力。空谈误国，实干兴邦。"① 这里还是强调要苦干实干。2013 年 3 月 17 日，习近平在十二届全国人大一次会议上的讲话中指出："实现伟大目标需要坚忍不拔的努力。全国各党派、各团体、各民族、各阶层、各界人士要更加紧密地团结在中共中央周围，全面贯彻落实中共十八大精神，以邓小平理论、'三个代表'重要思想、科学发展观为指导，始终谦虚谨慎、艰苦奋斗，始终埋头苦干、锐意进取，不断夺取全面建成小康社会、加快推进社会主义现代化新的更大的胜利，不断为人类作出新的更大的贡献！"② 这里所说的"艰苦奋斗""埋头苦干"，实际上还是说要苦干实干。2013 年 4 月 28 日，习近平在同全国劳动模范代表座谈时指出："我们说'空谈误国，实干兴邦'，实干首先就要脚踏实地劳动。"③ 2013 年 5 月底接受拉美三国媒体联合书面采访回答"中国如何实现中国梦"时，习近平说："实现中国梦，必须凝聚中国力量。空谈误国，实干兴邦。我们要用 13 亿中国人的智慧和力量，一代又一代中国人不懈努力，把我们的国家建设好，把我们的民族发展好。"④ 2015 年 6 月 18 日，习近平在贵州调研时强调，好日子是干出来的，贫困并不可怕，只要有信心、有决心，就没有克服不了的困难。⑤ 可见，习近平几乎是将"埋头苦干""苦干""实干""真抓实干"这类词经常挂在嘴上的，尤其是在谈到中国反贫困问题、全面建成小康社会和实现中华民族伟大复兴等问题时更是如此。我们如果细心研读和深入体会习近平关于反贫困方面的论述，会很容易发现，他话语中的"埋头苦干""苦干""真抓实干""实干"等词语可谓比比皆是，所表达的都是反贫困的具体办法。

---

① 《习近平谈治国理政》，外文出版社，2014，第 36 页。
② 《习近平谈治国理政》，外文出版社，2014，第 45 页。
③ 《习近平谈治国理政》，外文出版社，2014，第 44 页。
④ 《习近平谈治国理政》，外文出版社，2014，第 57 页。
⑤ 《看清形势适应趋势发挥优势 善于运用辩证思维谋划发展》，《人民日报》2015 年 6 月 19 日。

（三）把脱贫致富与社会主义精神文明建设结合起来

早在河北正定县工作时，习近平在带领全县人民群众脱贫致富的过程中就高度重视社会主义精神文明建设。1982 年 12 月 27 日，他在全县精神文明建设先进集体和先进个人代表会议上指出："社会主义的物质文明建设和精神文明建设，是建设社会主义不可分割的两个部分，都是硬任务。"①

在担任宁德地委书记时，习近平提出，"精神文明建设是实施脱贫致富战略的重大内容之一"②，他要求贫困地区通过加强精神文明建设来摆脱贫困。1989 年 12 月，习近平写了一篇题为《建设好贫困地区的精神文明》的文章，针对宁德地区的贫困问题探讨如何以精神文明建设促进当地脱贫致富的问题。在他看来，精神文明建设与脱贫致富是密切相关的。他认为，真正意义上的脱贫致富，应该是社会主义物质文明和精神文明的高度发展："一方面要让人民过上比较富足的生活，另一方面要提高人民的思想道德水平和科学文化水平。"③ 他认为，物质文明建设和精神文明建设是贫困地区脱贫致富过程的两个方面，贫困地区在抓经济工作的同时，要加强精神文明建设，以便更好地调动广大干部群众的积极性和创造性去战胜困难，通过提高整个社会的科学文化水平，以科技扶贫加速致富的进程。正是基于这种认识，习近平反对"一手软，一手硬"的倾向。他明确指出，宁德地区脱贫致富的指导思想是："一方面把发展商品生产，建设社会主义经济作为根本任务和中心工作来抓，另一方面把荡涤旧社会遗留下来的污泥浊水，净化社会风气，提高人们的思想道德水平和科学文化素质作为一项战略目标予以重视。"④ 2003 年 7 月，在浙江工作的习近平写过一篇题为《树立五种崇高情感》的短文，提出广大党员干部一要学习邓小平同志的情怀感，二要学习雷锋同志的幸福感，三要学习孔繁森同志的境界感，四要学习郑培民同志的责任感，五要学习钱学森同志的光荣感。他认为，只有学习和树立起了上述五种崇高的情感，才能心里装着群众，凡事想着群众，工作依靠群众，一切

---

① 习近平：《知之深　爱之切》，河北人民出版社，2015，第 17 页。
② 习近平：《摆脱贫困》，福建人民出版社，1992，第 111 页。
③ 习近平：《摆脱贫困》，福建人民出版社，1992，第 111 页。
④ 习近平：《摆脱贫困》，福建人民出版社，1992，第 112 页。

为了群众，切实解决好"相信谁、依靠谁、为了谁"的根本政治问题，努力为人民掌好权、用好权。① 《树立五种崇高情感》只是习近平2001年2月至2007年3月在《浙江日报》"之江新语"专栏发表的232篇短论之一，反映了他高度重视精神文明建设。仔细阅读他的这些短论就会发现，在这232篇短论中，绝大部分篇章的内容都与精神文明建设有着密切关联。

进入中央政治局工作之后，习近平在很多场合都谈及物质文明和精神文明建设问题。例如，2013年5月4日，习近平在同各界优秀青年代表座谈时的讲话中指出："中国特色社会主义是物质文明和精神文明全面发展的社会主义。"② 这里所说的"物质文明和精神文明全面发展的社会主义"，其实就是摆脱了贫困落后的社会主义。再如，2013年12月3日，习近平在十八届中央政治局第十一次集体学习时指出："改革开放以来，我们党提出的一系列'两手抓'，包括一手抓物质文明建设、一手抓精神文明建设，一手抓经济建设、一手抓法治建设，一手抓发展、一手抓稳定，一手抓改革开放、一手抓惩治腐败等，都是符合历史唯物主义要求的。"③ 毋庸置疑，他在谈物质文明建设的时候，都内在地包含了摆脱贫困的基本要义。因此，把脱贫致富与社会主义精神文明建设结合起来是习近平在反贫困问题上的一贯主张。

（四）用开放意识推动扶贫工作

1989年2月，习近平写了一篇题为《正确处理闽东经济发展的六个关系》的文章，主旨是探讨闽东地区如何脱贫致富的问题。他在文章的开头就指出："闽东的贫困是诸多因素造成的，使闽东脱贫致富是我们的重任；而临海朝洋的地理环境、海峡两岸关系的缓和、开放政策的实施，又使闽东面临着实施沿海发展战略的考验。"④ 他在文章中论述了改革开放与扶贫的关系，认为"开放和扶贫彼此融合""开放和扶贫相互依存，

---

① 参见习近平《之江新语》，浙江人民出版社，2007，第7页。

② 《习近平谈治国理政》，外文出版社，2014，第52页。

③ 《习近平关于协调推进"四个全面"战略布局论述摘编》，中央文献出版社，2015，第8页。

④ 习近平：《摆脱贫困》，福建人民出版社，1992，第68页。

互相促进，扶贫的成果将是开放的新起点，开放将使扶贫工作迈向新台阶"，因此要"用开放意识来推动扶贫工作和在扶贫工作上运用开放政策""争取整体功能效益"。① 应该说，这也是习近平在反贫困问题上所探索的具体办法，反映了他在宁德担任地委书记期间善于抓住改革开放机遇，充分利用政策环境促进宁德地区的扶贫工作。他的这个具体办法对于当地人民群众和干部的封闭意识、缺乏商品观念、市场观念、竞争观念等现实情况是极富针对性的。他指出："开放和扶贫对闽东来说，出发点和归宿都是为了商品经济的发展，所以都应统一于商品经济规律的运动之中。这种'统一论'包含三层意思。第一，开放和扶贫有一定差异……所以必须有不同的政策和措施；第二，开放和扶贫彼此融合。……第三，开放和扶贫相互依存，互相促进。"②

习近平所主张的用开放意识推动扶贫工作，内在地包含了在扶贫工作中解放思想的意思。换句话说，习近平主张在扶贫开发、脱贫致富问题上解放思想。习近平时刻不忘国家的发展进步，时刻不忘民生问题，所以，他在如何发展中国、实现中国梦的问题上高度强调解放思想。2013 年 11 月 12 日，他在党的十八届三中全会第二次全体会议上指出："解放思想是前提，是解放和发展社会生产力、解放和增强社会活力的总开关。""解放和发展社会生产力、解放和增强社会活力，是解放思想的必然结果，也是解放思想的重要基础。"③ 在习近平看来，只有解放思想，才能更好地解放和发展社会生产力，才能更好地推进中国的改革开放等各项事业，实现中华民族伟大复兴。2014 年 3 月 27 日，他在中法建交 50 周年纪念大会上的讲话中指出："为了实现中国梦，必须全面深化改革，进一步解放思想、解放和发展社会生产力、解放和增强社会活力。"④ 这里其实已经包含了中国反贫困事业需要解放思想的意思。

---

① 习近平：《摆脱贫困》，福建人民出版社，1992，第 73 页。
② 习近平：《摆脱贫困》，福建人民出版社，1992，第 72 ~ 73 页。
③ 中共中央文献研究室编《十八大以来重要文献选编》（上卷），中央文献出版社，2014，第 549 页。
④ 习近平：《出席第三届核安全峰会并访问欧洲四国和联合国教科文组织总部、欧盟总部时的演讲》，人民出版社，2014，第 26 页。

（五）依靠科技教育脱贫致富

提倡依靠科技教育脱贫致富，是习近平一贯倡导的反贫困具体办法。1985 年记者蒋丰在《中国青年》上发表题为《他耕耘在正定的原野上》，对习近平在正定的工作进行了报道。文中这样提到习近平："年轻的县委书记心中蕴蓄着一个战略目标：一抓农民的'致富'，解决农村的贫困落后；二抓农民的'智力'，开发农村的智力资源。"① 这里所说的抓农民的智力，开发农村的智力资源，就包含着在农村推广科技和教育的意思，实质上就是指依靠科技教育脱贫致富。到宁德地区工作后，习近平依靠科技教育脱贫致富的主张丝毫没变。1989 年 2 月，习近平撰文指出："对贫困地区来说，要强调科技教育对经济发展的重大意义。"② 意思是说，科技教育对于贫困地区的经济发展具有积极的推动作用。他主张："要用长远的战略眼光来看待科技教育，要把科技教育作为闽东经济社会发展的头等大事来抓。"③ 习近平的这些论述，主旨正是要说明依靠科技教育脱贫致富的重要性。同年 6 月，他又撰文探讨少数民族共同繁荣富裕的问题。他认为："畲族地区在外来'输血'的同时，一定要增强自身的'造血功能'……增强民族地区经济的'造血功能'。要提倡科技扶贫。"④ 习近平的这些论述，符合马克思主义关于科学技术是生产力的思想，也与他一贯主张的扶贫要扶智、扶贫必扶智、扶贫要治愚等思想观念和主张紧密联系。

其后，习近平多次论述了依靠科技教育脱贫致富的主张。2013 年 11 月 26 日，习近平指出："要紧紧扭住教育这个脱贫致富的根本之策。"⑤ 2015 年 10 月 16 日，习近平在向中外来宾介绍中国的反贫困经验和做法时，强调了实施"五个一批"工程，其中就有"通过教育扶贫脱贫一批"⑥ 的做法。在反贫困问题上，习近平还强调："推动东部地区人才、

---

① 蒋丰：《他耕耘在正定的原野上》，《中国青年》1985 年第 1 期。
② 习近平：《摆脱贫困》，福建人民出版社，1992，第 74 页。
③ 习近平：《摆脱贫困》，福建人民出版社，1992，第 74 页。
④ 习近平：《摆脱贫困》，福建人民出版社，1992，第 91 页。
⑤ 习近平：《做焦裕禄式的县委书记》，中央文献出版社，2015，第 30 页。
⑥ 中共中央文献研究室编《十八大以来重要文献选编》（中卷），中央文献出版社，2016，第 720 页。

资金、技术向贫困地区流动，实现双方共赢。"① 在这里，习近平主要是谈东西部协作扶贫，但是包含了将东部的人才、技术向西部转移的内容，因此也属于科技扶贫内容。2016 年 7 月 20 日，习近平在东西部扶贫协作座谈会上强调："东西部扶贫协作和对口支援要在发展经济的基础上，向教育、文化、卫生、科技等领域合作拓展。"② 可见，习近平非常重视依靠科技教育脱贫致富。这是他反贫困具体办法论述中的又一重要内容。

（六）通过发展现代农业摆脱贫困

早在 1983 年 12 月，习近平为了改变正定县的贫穷落后面貌，促使经济发展进步，他给河北农业大学正定籍的全体同学写了一封信。信中说，建设社会主义的现代化大农业，"很关键的一条就是靠现代科学技术的推广和应用，就是靠掌握这些科学技术的专门人才"。③ 习近平这里所说的现代化大农业，就是现代农业，指的是广泛应用现代科学技术、现代工业提供的生产资料和科学管理方法发展起来的社会化农业。其基本特征包括农业科学技术迅速提高和广泛应用，农业机器广泛应用，农业生产社会化程度大大提高，农业劳动生产率、土地生产率和农产品商品率大大提高，良好的、高效能的生态系统逐步形成等。

此后，习近平反复阐述了通过发展现代农业摆脱贫困的主张。1988年 9 月，习近平刚到宁德地区工作时，针对当地的实际情况指出："小农经济是富不起来的……我们要的是抓大农业。"④ 他这里所说的大农业就是指现代农业。1990 年 4 月，他又指出："闽东要想从根本上脱贫致富，就必须走一条发展大农业的路子。"⑤ 关于什么是大农业，他还做了深刻阐述。他认为："大农业是朝着多功能、开放式、综合性方向发展的立体农业。它区别于传统的、主要集中在耕地经营的、单一的、平面的小农业。"⑥ 这无疑是一种非常深刻的见解，反映了他对贫困地区经济发展的深刻思考。习近平把中国反贫困事业同实现中国全面小康社会、实现中

---

① 《习近平关于社会主义经济建设论述摘编》，中央文献出版社，2017，第 230 页。
② 《习近平关于社会主义经济建设论述摘编》，中央文献出版社，2017，第 232 页。
③ 习近平：《知之深 爱之切》，河北人民出版社，2015，第 109 页。
④ 习近平：《摆脱贫困》，福建人民出版社，1992，第 5 页。
⑤ 习近平：《摆脱贫困》，福建人民出版社，1992，第 132 页。
⑥ 习近平：《摆脱贫困》，福建人民出版社，1992，第 132 页。

国特色社会主义现代化和实现全体人民的共同富裕紧密联系在一起。
2012 年 11 月,习近平在党的十八届一中全会上指出:"在前进道路上,
我们一定要坚持以科学发展为主题……促进工业化、信息化、城镇化、
农业现代化同步发展。"① 习近平的这段论述,谈到了农业现代化问题,
他把中国的反贫困事业同中国经济社会的其他各项事业紧密联系起来全
盘考虑,深刻地反映了他在中国特色社会主义建设事业上的系统眼光和
系统思维。2013 年 9 月 30 日,习近平在十八届中央政治局第 9 次集体学
习时的讲话中指出:"我国现代化同西方发达国家有很大不同。西方发
达国家是一个'串联式'的发展过程,工业化、城镇化、农业现代化、信
息化顺序发展,发展到目前水平用了二百多年时间。我们要后来居上,
把'失去的二百年'找回来,决定了我国发展必然是一个'并联式'的
过程,工业化、信息化、城镇化、农业现代化是叠加发展的。"② 显然,
习近平是用系统眼光看待中国的现代化的。而中国的现代化过程,必然
要伴随中国的反贫困过程。事实上,中国的反贫困事业正是中国现代化
过程中必须要提出并完成的重大任务。因此他的上述论断也可以被认为
是关于中国反贫困的论述。2014 年 11 月 1~2 日,习近平在福建调研时
强调:"全面建成小康社会,不能丢了农村这一头。福建农业多样性资源
丰富,多样性农业特点突出,要围绕建设特色现代农业,努力在提高粮
食生产能力上挖掘新潜力,在优化农业结构上开辟新途径,在转变农业
发展方式上寻求新突破,在促进农民增收上获得新成效,在建设新农村
上迈出新步伐。"③ 在这里,他谈的是福建要走建设特色现代农业的问
题,但其实又不完全是谈福建的农业问题,在某种程度上是谈反贫困问
题和实现全面小康社会的问题。2014 年 11 月 9 日,习近平在亚太经合组
织工商领导人峰会开幕式上的演讲中说:"我们正在协同推进新型工业
化、信息化、城镇化、农业现代化,这有利于化解各种'成长的烦恼'。"④

---

① 习近平:《全面贯彻落实党的十八大精神要突出抓好六个方面工作》,《求是》2013 年
　　第 1 期。
② 《习近平关于科技创新论述摘编》,中央文献出版社,2016,第 24~25 页。
③ 《习近平在福建调研:实现实实在在没有水分的速度》,中国网,http://www. chi-
　　na. com. cn/news/politics/2014 -11/02/content_33946831. htm,最后访问日期:2019 年
　　11 月 2 日。
④ 习近平:《谋求持久发展,共筑亚太梦想》,《人民日报》2014 年 11 月 10 日。

显然，习近平是高度关注和重视中国农业现代化的。他这样做，目的是更好地发展中国，使中国尽快地实现全面小康和实现共同富裕。2017年10月18日，习近平在党的十九大报告中提出要实施乡村振兴战略。他指出："要坚持农业农村优先发展……加快推进农业农村现代化。"①可见，通过发展现代农业摆脱贫困，是习近平在反贫困问题上的一贯主张和做法。

（七）搞"经济大合唱"

早在河北正定工作时，习近平就强调发展农业、农村经济要多一些战略眼光。他认为："农村经济必须走农林牧副渔全面发展和农工商综合经营的道路。"②这里其实已经有了发展农村经济要农林牧副渔和农工商综合经营互相配合、协调发展的思想。1988年9月，习近平写了一篇题为《提倡"经济大合唱"》的文章，主旨是谈如何发展经济的问题，其实也是谈反贫困的问题。他从歌唱艺术的角度出发，认为每支乐曲都有自己的主旋律，从而联想到地方工作，他认为地方工作也应该像歌唱艺术一样，虽然纷繁复杂，但也有主旋律，并认为这个主旋律就是"社会主义经济建设"。③基于此，他要求当地干部在经济建设工作中像一个合唱团一样互相配合，即提倡"经济大合唱"。所以，他反对那种每个部门、每个单位只顾自己的做法，认为那样非"砸锅"不可。习近平所主张的搞"经济大合唱"，具体来说主要是三个方面：第一，搞"经济大合唱"，要有总指挥。习近平认为："地方的总指挥就是这个地方的党委、政府。"④因此，搞"经济大合唱"，要坚持中国共产党的领导。第二，"'经济大合唱'就是要讲协调，讲配合"。⑤搞经济建设，带领人民群众脱贫致富，大家要同心协力，互相配合，不能搞内耗和摩擦，要调动各方面的积极性。第三，搞"经济大合唱"应该追求"整体功能效益"。⑥

---

① 习近平：《决胜全面建成小康社会　夺取新时代中国特色社会主义伟大胜利——在中国共产党第十九次全国代表大会上的报告》，人民出版社，2017，第32页。
② 习近平：《知之深　爱之切》，河北人民出版社，2015，第137页。
③ 习近平：《摆脱贫困》，福建人民出版社，1992，第8页。
④ 习近平：《摆脱贫困》，福建人民出版社，1992，第8页。
⑤ 习近平：《摆脱贫困》，福建人民出版社，1992，第9页。
⑥ 习近平：《摆脱贫困》，福建人民出版社，1992，第73页。

习近平关于搞"经济大合唱"的主张，是一种运用现代系统论看待经济发展的主张，也是一种基于现代系统论的深刻的反贫困思想。现代系统论把自己研究的对象当做一个整体系统来看，要求作整体综合性的研究和把握。现代系统论认为，系统具有整体性、相关性和动态性特征。整体性是指组成系统的要素和部分是有机结合的整体，整体的功能不是组成整体各个部分功能的简单相加。现代系统论认为，合理的结构会增强系统整体的功能，使整体的功能大于各部分功能之和，不合理的结构则相反。相关性是指系统之中要素与要素之间，部分与部分之间，要素与系统之间，部分和整体之间都相互联系和相互作用，这种系统内部的相关性形成系统的结构。要实现系统的功能优化，就必须进行结构的优化。动态性是指系统都有一个形成、演化和瓦解的过程，即自组织过程。因此，必须动态地看待系统，以把握系统运行和演化的规律。马克思主义唯物辩证法与现代系统论是有关系的：唯物辩证法蕴含着系统论的基本思想，而系统论又丰富和深化了唯物辩证法。

习近平把中国的反贫困事业放在中国特色社会主义建设事业中进行系统思考。他关于搞"经济大合唱"的论述在之后得到了极大的丰富和发展。在习近平看来，中国特色社会主义建设事业必须用发展来推动。2013 年 3 月 17 日，他在第十二届全国人民代表大会第一次会议上指出："我们要坚持发展是硬道理的战略思想，坚持以经济建设为中心，全面推进社会主义经济建设、政治建设、文化建设、社会建设、生态文明建设，深化改革开放，推动科学发展，不断夯实实现中国梦的物质文化基础。"[1] 习近平的这段论述是他所提倡的搞"经济大合唱"主张的进一步深化、丰富和发展，这是一种围绕着实现中国梦、实现共同富裕的气魄宏大的"经济大合唱"。值得指出的是，习近平关于提倡"经济大合唱"的主张，属于经济建设方面的思想，但毋庸置疑的是，它也是深刻的反贫困思想，也可以看成习近平在反贫困问题上所提倡的具体办法。

（八）党政第一把手抓扶贫

自改革开放以来，随着中国扶贫开发事业的不断推进，党和国家领

---

① 中共中央文献研究室编《十八大以来重要文献选编》（上卷），中央文献出版社，2014，第 236 页。

导人强调党政第一把手抓扶贫。在谈到加强对扶贫开发工作的领导问题时，江泽民曾经明确提出："各级党政第一把手要亲自组织指挥本地区的扶贫攻坚战。"① 江泽民所说的党政第一把手，指的是那种配备着一批政治素质好、事业心强、干劲大的同志的党政领导班子里的第一把手。

党政第一把手抓扶贫，这是非常深刻的反贫困思想，反映了党和国家领导人对中国反贫困事业的深刻认识。同时，这也告诉中国人民这样一个道理：要使中国人民脱贫致富，实现共同富裕，关键在于党的领导。早在 1957 年，邓小平就曾强调说："过去的革命问题解决得好不好，关键在于党的领导。"② 改革开放以来，中国共产党领导人反复阐述并深化了中国的反贫困事业关键在党的思想。使中国人民脱贫致富，实现共同富裕，这是党和人民的神圣事业，这个事业从本质上说就是建设问题，因此它的关键仍在于党的领导。强调党政第一把手抓扶贫，就是强调党对中国反贫困事业的领导地位。

习近平也反复强调这个思想。2013 年 12 月 26 日，习近平在纪念毛泽东同志诞辰 120 周年座谈会上深刻指出："实现中华民族伟大复兴，关键在党。"③ 2016 年 7 月 1 日，他在庆祝中国共产党成立 95 周年大会上指出："办好中国的事情，关键在党。""坚持和完善党的领导，是党和国家的根本所在、命脉所在，是全国各族人民的利益所在、幸福所在。"④ 正是因为深谙中国共产党关于中国的事业关键在党的思想，习近平在很多场合都强调党政第一把手抓扶贫。2015 年 11 月 27 日，习近平指出，脱贫攻坚，"县委书记和县长是第一责任人，做好精准识别、进度安排、项目落地、资金使用、人力调配、推进实施等工作"。⑤ 他还说："在乡镇层面，要着力选好贫困乡镇一把手"，在村级层面，"根据贫困村的实际需求精准选配第一书记。"⑥ 以上论述说明，强调党政第一把手抓扶贫，是习近平关于中国反贫困具体办法主张的一个重要方面。

① 《江泽民文选》第 1 卷，人民出版社，2006，第 560 页。
② 《邓小平文选》第 1 卷，人民出版社，1994，第 264 页。
③ 中共中央文献研究室编《十八大以来重要文献选编》（上卷），中央文献出版社，2014，第 701 页。
④ 习近平：《在庆祝中国共产党成立 95 周年大会上的讲话》，人民出版社，2016，第 22 页。
⑤ 《习近平关于社会主义经济建设论述摘编》，中央文献出版社，2017，第 217～218 页。
⑥ 《习近平关于社会主义经济建设论述摘编》，中央文献出版社，2017，第 227 页。

（九）实施"五个一批"工程

党的十八大召开之后，中国人民距离全面建成小康社会的奋斗目标越来越近。在此背景下，习近平更加重视中国反贫困事业，对之进行过反复的强调和深刻的论述。在中国反贫困的具体办法上，习近平创造性地提出了"五个一批"工程。"五个一批"是习近平 2015 年 10 月 16 日在"2015 减贫与发展"高层论坛的主旨演讲中首次提出来的，这是极富针对性的脱贫措施，是为打通脱贫"最后一公里"所开出的破题药方。习近平说，我们"通过扶持生产和就业发展一批，通过易地搬迁安置一批，通过生态保护脱贫一批，通过教育扶贫脱贫一批，通过低保政策兜底一批"。① 这是习近平对"五个一批"的最早表述。随后，"五个一批"的脱贫措施被写入《中共中央国务院关于打赢脱贫攻坚战的决定》，并于 2015 年 11 月 23 日经中共中央政治局会议审议通过，中共中央、国务院于 2015 年 11 月 29 日颁布并正式实施。2015 年 11 月 27 日，习近平又在中央扶贫开发工作会议上对"五个一批"工程做了深刻论述。他说："按照贫困地区和贫困人口的具体情况，实施'五个一批'工程。"② 在这个会议上，他把"五个一批"表述为："一是发展生产脱贫一批……二是易地搬迁脱贫一批……三是生态补偿脱贫一批……四是发展教育脱贫一批……五是社会保障兜底一批。"③

习近平所说的实施"五个一批"工程，是从发展生产、易地搬迁、生态补偿、发展教育和社会保障五个主要角度来帮助贫困人口脱贫致富，反映了他对中国反贫困事业的高度重视和深刻思考，也从一个侧面反映了他在中国反贫困问题上的系统思维。系统思维是把认识对象作为系统，从系统和要素、要素和要素、系统和环境的相互联系、相互作用中综合考察认识对象的一种思维方法。习近平在中国反贫困问题上，从来就是对反贫困事业进行全面思考的，而不是孤立地看待的。所以，我们经常看到习近平有关中国反贫困的论述总是与中国全面实现小康社会、实现

---

① 习近平：《携手消除贫困　促进共同发展：在 2015 减贫与发展高层论坛的主旨演讲》，人民出版社，2015，第 6 页。

② 《习近平谈治国理政》第 2 卷，外文出版社，2017，第 85 页。

③ 《习近平谈治国理政》第 2 卷，外文出版社，2017，第 85 页。

中国特色社会主义现代化和实现共同富裕、实现中华民族伟大复兴的各种论述联系在一起甚至是交织在一起的。在习近平看来，中国的反贫困事业与中国全面实现小康社会、实现中国特色社会主义现代化和实现共同富裕、实现中华民族伟大复兴是有着密切联系的，它们相互之间还相互影响、相互作用。实施"五个一批"工程，也是习近平关于中国反贫困的具体办法。这"五个一批"彼此之间也有相互联系、相互影响、相互作用的关系，体现出了鲜明的系统性特征。

（十）建立年度脱贫攻坚报告和督查制度

在中国反贫困问题上，习近平强调加强制度建设。特别是在中国进入全面建成小康社会的决定性阶段之时，习近平反复强调必须抓好扶贫开发工作。2014 年 6 月 5 日，他指出："中国已经进入全面建成小康社会的决定性阶段。实现这个目标是实现中华民族伟大复兴中国梦的关键一步。"① 在这里，他是把实现全面小康、实现中华民族伟大复兴同中国反贫困事业联系在一起的，尽管这里并没有提到"扶贫""扶贫开发"或"脱贫攻坚"等词语。可是，究竟怎么建成全面小康和做好反贫困工作呢？习近平认为，制度建设非常重要。2015 年 10 月 29 日，他指出："要按照人人参与、人人尽力、人人享有的要求，坚守底线、突出重点、完善制度、引导预期，注重机会公平，着力保障基本民生。"② 这里主要就是讲全面建成小康社会要完善制度的问题。其实，全面建成小康社会问题是离不开反贫困问题的，不仅如此，全面建成小康社会问题还是以反贫困问题为基础和前提的。贫困问题不解决，就不会有小康社会，更不会有全面小康。因此，要实现全面小康，要求反贫困工作做得好、做得到位、做得扎实。在这里，习近平强调全面建成小康社会要完善制度，其实就暗含了中国反贫困要加强制度建设的问题。习近平在很多场合都论述了中国反贫困要重视制度建设的思想。例如，2015 年 11 月 27 日，他说："脱贫攻坚要取得实实在在的效果，关键是要找准路子、构建好的体制机制。"③ 这里所说的构建好的体制机制，就是指要加强反贫困制度建设。他明确指

---

① 《习近平谈治国理政》，外文出版社，2014，第 314 页。
② 《习近平谈治国理政》第 2 卷，外文出版社，2017，第 79 页。
③ 《习近平关于全面建成小康社会论述摘编》，中央文献出版社，2016，第 156 页。

出："要建立年度脱贫攻坚报告和督查制度，加强督查问责。要把脱贫攻坚实绩作为选拔任用干部的重要依据，在脱贫攻坚第一线考察识别干部，激励各级干部到脱贫攻坚战场上大显身手。"① 建立年度脱贫攻坚报告和督查制度，是习近平关于中国反贫困具体办法思想的又一重要内容。

习近平关于中国反贫困要建立年度脱贫攻坚报告和督查制度的主张，是他关于中国特色社会主义制度建设主张在中国反贫困领域不断深化的体现。党的十八大以来，习近平反复强调制度建设的重要性，并不断推进中国特色社会主义制度创新。2012 年 11 月 17 日，习近平指出："中国特色社会主义事业不断发展，中国特色社会主义制度也需要不断完善。""我们要坚持以实践基础上的理论创新推动制度创新，坚持和完善现有制度……为夺取中国特色社会主义新胜利提供更加有效的制度保障。"② 习近平强调中国特色社会主义制度建设，目的是更好地发展中国，更好、更快地实现中华民族伟大复兴的中国梦。2013 年 7 月 23 日，习近平在武汉主持召开部分省市负责人座谈会时指出："进一步实现社会公平正义，通过制度安排更好保障人民群众各方面权益。"③ 建立年度脱贫攻坚报告和督查制度，就是习近平在中国反贫困问题上所说的制度安排，也是他关于中国反贫困具体办法的重要主张。

（十一）通过抓好党建促进脱贫攻坚工作

在中国反贫困问题上，习近平强调党的建设。他要求通过党建促进脱贫攻坚的深入开展。2012 年 12 月 29～30 日，习近平在河北省阜平县考察扶贫开发工作时指出："农村要发展，农民要致富，关键靠支部。"④ 他要求村党支部"深入开展服务型党组织创建活动，通过加强自身建设，把管理寓于服务之中，增强村党组织联系群众、服务群众、凝聚群众、造福群众的功能，真正发挥战斗堡垒作用，成为带领乡亲们脱贫致富奔小康的主心骨、领路人"。⑤ 习近平的这个见解十分深刻。因为农村基层

---

① 《习近平谈治国理政》第 2 卷，外文出版社，2017，第 86 页。
② 中共中央文献研究室编《十八大以来重要文献选编》（上卷），中央文献出版社，2014，第 75～76 页。
③ 《习近平关于全面深化改革论述摘编》，中央文献出版社，2014，第 94 页。
④ 习近平：《做焦裕禄式的县委书记》，中央文献出版社，2015，第 20 页。
⑤ 习近平：《做焦裕禄式的县委书记》，中央文献出版社，2015，第 20 页。

的党员干部都处在扶贫工作的第一线，他们身处农村，有大量机会深入接触农村的贫困人口，容易了解他们的真实生活情况。因此，扶贫是否到位，是否精准，是否能取得预期效果，主要是依靠他们的努力工作。习近平对他们提出了要求和希望，即要求他们原原本本把政策落实好、真真实实把情况摸清楚、扎扎实实把支部建设好、切切实实把团结搞扎实。习近平指出："抓好党建促扶贫，是贫困地区脱贫致富的重要经验。"① 关于这方面的论述，在习近平的文章、讲话和报告里有很多，主要是强调通过抓好党的建设，使党员干部增强责任心、坚定理想信念，不忘初心，下大力气解决好困难群众的生产生活问题，使他们早日脱贫致富，过上幸福美满的生活。例如，2013 年 11 月 26 日，习近平对菏泽市及县区主要负责同志提了四个要求，"第一个是要坚决推进改革，为发展提供强大动力……第二个是要坚决扭住发展质量和效益，增强发展后劲……第三个是要坚决打好扶贫开发攻坚战，不断改善贫困人口生活……第四个是要抓好党的建设，打造一支高素质干部队伍。"② 抓好党建，打造高素质干部队伍的目的就是帮助群众脱贫致富。再如，2013 年 12 月 23 日，习近平在中央农村工作会议上指出："要加强农村基层党组织建设，把党组织建设成为推动科学发展、带领农民致富、密切联系群众、维护农村稳定的坚强战斗堡垒。"③ 又如，2017 年 2 月 21 日，习近平强调："要加强贫困村'两委'建设。'帮钱帮物，不如帮助建个好支部'。要深入推进抓党建促脱贫攻坚工作。"④ 总之，习近平关于通过抓好党建促脱贫攻坚的论述很多，反映了他善于在中国反贫困工作中抓关键的工作艺术、思想作风和工作作风。通过抓好党建促进脱贫攻坚工作是习近平反贫困具体办法主张的一个重要方面。

（十二）造成全社会参与的大扶贫格局

习近平关于中国反贫困具体办法的主张中，还有一个他经常强调的

---

① 习近平：《做焦裕禄式的县委书记》，中央文献出版社，2015，第 21~22 页。
② 习近平：《做焦裕禄式的县委书记》，中央文献出版社，2015，第 28~30 页。
③ 中共中央文献研究室编《十八大以来重要文献选编》（上卷），中央文献出版社，2014，第 684 页。
④ 《习近平关于社会主义经济建设论述摘编》，中央文献出版社，2017，第 237 页。

内容：造成全社会参与的大扶贫格局，充分调动社会各界力量，让全社会力量都参与扶贫。习近平关于这个方面的论述很多。2012 年 12 月 29日、30 日，习近平在河北省阜平县考察扶贫开发工作时指出："要大力弘扬中华民族扶贫济困的优良传统，凝聚全党全社会力量，形成扶贫开发工作强大合力。"① 在习近平看来，全社会参与的大扶贫格局的形成，需要以多种形式进行多方面的努力，以凝聚各界力量，同心同德做好扶贫开发工作。

习近平强调做好东西部扶贫协作和对口支援工作。他认为，做好东西部扶贫协作和对口支援工作是全社会合力扶贫的重要方面。2016 年 7月 20 日，习近平指出："西部地区特别是民族地区、边疆地区、革命老区、集中连片特困地区贫困程度深、扶贫成本高、脱贫难度大，是脱贫攻坚的短板。必须采取系统的政策和措施，做好东西部扶贫协作和对口支援工作。"② 这里所说的东西部扶贫协作和对口支援工作，是国家自1996 年 10 月以来实施的一项重要的扶贫开发政策，具体要求是：北京、上海、广东和深圳等 9 个东部沿海省市和 4 个计划单列市对口帮扶西部的内蒙古、云南、广西和贵州等 10 个贫困省份，双方应本着"优势互补、互惠互利、长期合作、共同发展"的原则，在扶贫援助、经济技术合作和人才交流等方面展开多层次、全方位的协作。20 多年来，这个工作一直在深入开展，并不断取得成效。习近平强调："东西部扶贫协作是加快西部地区贫困地区脱贫进程、缩小东西部发展差距的重大举措，必须长期坚持并加大力度。"③ 习近平非常重视发动全社会力量广泛参与扶贫。他指出："扶贫开发是全党全社会的共同责任，要动员和凝聚全社会力量广泛参与。要坚持专项扶贫、行业扶贫、社会扶贫等多方力量、多种举措有机结合和互为支撑的'三位一体'大扶贫格局，健全东西部协作、党政机关定点扶贫机制，广泛调动社会各界参与扶贫开发积极性。"④ 2015 年 10 月 16 日，习近平在向中外来宾介绍中国的扶贫开发经验时说："我们坚持动员全社会参与，发挥中国制度优势，构建了政府、

① 习近平：《做焦裕禄式的县委书记》，中央文献出版社，2015，第 19 页。
② 李贞、雷龚明整理《习近平谈扶贫》，《人民日报》（海外版）2016 年 9 月 1 日。
③ 李贞、雷龚明整理《习近平谈扶贫》，《人民日报》（海外版）2016 年 9 月 1 日。
④ 李贞、雷龚明整理《习近平谈扶贫》，《人民日报》（海外版）2016 年 9 月 1 日。

社会、市场协同推进的大扶贫格局，形成了跨地区、跨部门、跨单位、全社会共同参与的多元主体的社会扶贫体系。"①

需要特别指出的是，习近平关于中国反贫困具体办法的论述非常丰富，以上所论述的 12 个方面只能说是习近平关于中国反贫困具体办法论述中相对重要的方面。限于篇幅等原因，其他不再赘述。

八　中国反贫困的关键策略

新时代反贫困思想认为，中国反贫困的策略可以有很多种。但是，中国反贫困的关键策略是精准扶贫。

行文至此，笔者认为有必要就"精准扶贫"到底是策略还是战略的问题谈谈自己的看法。自从习近平提出"精准扶贫"概念以来，国内学术界很多人发表了不少关于"精准扶贫战略"的论文。笔者认为，"精准扶贫战略"这个提法是值得商榷的。理由是：第一，习近平在谈及"精准扶贫"时，从来就没有使用"精准扶贫战略"这个概念。翻阅并仔细研究习近平关于精准扶贫的论述，会发现，他从来就没有把精准扶贫本身当成战略去看待。第二，习近平所有关于精准扶贫的论述，目标虽然是实现中国人民全面小康和共同富裕，但他所说的精准扶贫本身其实只是一种围绕实现中国人民全面小康和共同富裕的策略或手段。第三，"精准扶贫"概念，是习近平在中国全面建成小康社会关键时刻所提出的一种行动方针、行动方式或行动艺术。该概念契合我们汉语里"策略"的界定，而不符合"战略"的界定。因为在汉语里，"策略"作为一个概念时，它一般是指根据形势发展而制定的行动方针和斗争方式，而"战略"则一般是指指导战争或事业全局的计划和策略。显然，习近平所说的"精准扶贫"更契合"策略"，指的是要在扶持对象精准、项目安排精准、资金使用精准、措施到户精准、因村派人精准、脱贫成效精准等方面下功夫，把扶贫工作落到实处。因此，"精准扶贫"概念本身就不宜与"战略"连成一个概念使用。所以，"精准扶贫战略"是一

---

① 习近平：《携手消除贫困　促进共同发展：在 2015 减贫与发展高层论坛的主旨演讲》，人民出版社，2015，第 3 ~ 4 页。

个值得商榷的提法。

关于精准扶贫，习近平曾经有过非常深刻的阐述。2013 年 11 月，他在湖南湘西花垣县十八洞村考察时首次提出了"精准扶贫"概念，强调扶贫要实事求是，因地制宜；要精准扶贫，切忌喊口号，也不要定好高骛远的目标。此后，他在山区、革命老区、少数民族地区等贫困人口集中的地区调研考察时，经常提到精准扶贫。2015 年 6 月 18 日，他在部分省区市党委主要负责同志座谈会上强调指出："扶贫开发贵在精准，重在精准，成败之举在于精准。"[①] 习近平的这个说法充分表明，他是把精准扶贫当成中国反贫困的关键策略来看待的。

到底怎么做才算在扶贫上做到了精准呢？对此，习近平有过深刻论述。他强调："做到扶持对象精准、项目安排精准、资金使用精准、措施到户精准、因村派人（第一书记）精准、脱贫成效精准。"[②] 在这里，习近平提出了"六个精准"。此后，他在 2015 年 11 月召开的中央扶贫开发工作会议上又强调了"六个精准"，并认为："这是贯彻实事求是思想路线的必然要求。"[③] 因此可以认为，新时代反贫困思想关于中国反贫困关键策略的主张主要体现在"六个精准"上。

（一）扶持对象精准

要求在扶持对象上做到精准，这是习近平在中国反贫困问题上主张的重要策略之一。所谓在扶持对象上做到精准，就是指在反贫困过程中，不把要扶持的对象弄错，而必须准确识别和找到要扶持的贫困对象。这是搞好扶贫工作的关键一步。这就好比作战，首先得把作战对象搞清楚。否则，越努力越糟糕，结果只会南辕北辙，浪费资源。因此，如何科学地识别贫困人口，这是中国反贫困亟待解决的问题。

目前，我国识别贫困人口所采取的方法是，在总指标控制的情况下，由基层通过民主评议和建档立卡来识别贫困人口。我国农村贫困人口的数量是由国家统计局根据约 7 万个农村住户的抽样调查数据推算出来的。这种识别贫困人口的做法是否科学，是否能够把真正贫困的人口找出来，

① 李贞、雷龚明整理《习近平谈扶贫》，《人民日报》（海外版）2016 年 9 月 1 日。
② 习近平：《在深度贫困地区脱贫攻坚座谈会上的讲话》，人民出版社，2017，第 3 页。
③ 《习近平关于全面建成小康社会论述摘编》，中央文献出版社，2016，第 156～157 页。

其实是值得商榷的。这里的问题在于：首先，国家统计局根据约 7 万个农村住户的抽样调查数据推算出来的我国农村贫困人口的数量到底能否反映全国农村贫困人口的真实情况？一般来讲，抽样调查以典型样本代表全体会有一定的可信度，但实事求是地说，这样的做法很难保证其结果的客观与公正，进而也就很难客观地反映现实的本来面貌。当然，既然是国家统计局的调查数据，我们一般可以认为是最权威和最具有可信度的。但这毕竟只是根据调查推算出来的结果，误差一定是存在的——有时还可能会有较大的误差。因为再好、再周密的抽样调查，都只是当成推算全体情况的依据而已。其次，由基层通过民主评议和建档立卡来识别贫困人口这个环节到底能否把真正的贫困人口找出来，这显然也是一个大问题。如果基层干部不认真严肃，存在严重的思想作风问题、工作作风问题等，那么他们就不可能做好这个工作。最有可能的情况往往是这样：他们组织民主评议和建档立卡，看似严肃认真地在走程序，但由于他们本身就存在严重的思想作风、工作作风等问题，这就决定了他们的作为很容易流于形式和走过场，进而根本就找不出真正的扶贫对象。因为民主评议环节主要是靠参加民主评议人的话语进行并得出结论的。一般来讲，有民主评议会比没有民主评议要好，但是如果负责组织民主评议的干部政策水平不高、工作作风不好、为官道德低劣，民主评议的结果往往是会大打折扣的。需要特别说明的是，中国共产党是全心全意为人民服务的先进政党，它是不允许各种腐败现象泛滥的。为了控制扶贫人口的规模，防止地方为了获得更多扶贫资源而过分夸大贫困状况，国家将统计部门估计的贫困人口数分解到地方，同时允许上浮 10%，让地方政府在指标的控制下进行贫困人口识别。但是，地方政府和基层干部事实上是很难知道所有农户可靠的消费支出和收入数据的，即使是对农户进行调查，调查的消费支出和收入数据也不会是完全精确的，因为农户们平时消费支出和收入往往没有明细账，只有大概数目，而且这些大概数目也往往不是农户们白纸黑字明确地记录下来的，往往只是存在心里的——当调查人员问及他们的一些情况时，他们只能凭记忆提供平时消费支出和收入明细。而且，当有的农户得知调查的意图时，他们往往不会说真实情况，而往往朝着对自己有利的方面提供数据。所以，地方政府很难根据收入和消费支出来识别贫困人口，而主要采取民主评议的方式进行识别和建档立卡。基层在民主评议中通常使用综合标准，既考虑农户的收入水平和消费状况，也考虑家庭成员的健康、教育、能力、家庭负担、财产状况。当然，这种识别方式肯定也会受到人际关系方面的影响。因此，精准识别贫困人口其实不是一件容易的事情。事实上，我国有的地方在建档立卡过程中确实存在一些明显造假行为。这反映了在扶贫对象上做到精准有难度的客观现实。但是，并不是不能做到精准。其实，只要基层党组织能够发挥坚强的战斗堡垒作用，广大基层党员干部密切联系群众，深入调查研究，是完全可以在扶贫对象上做到精准的。正是基于这种现实，习近平强调基层党组织建设，要求以搞好基层党建促扶贫攻坚。

习近平非常反对有的地方政府在扶贫中的简单做法。他曾经严肃指出："部署脱贫任务不能不顾贫困分布现状、采取层层分解的简单做法。这种做法是自欺欺人，必然会使一些贫困户'被脱贫'。脱没脱贫，要同群众一起算账，要群众认账。"他说："对玩数字游戏、搞'数字扶贫'的，一经查实，要严肃追责。"① 习近平要求在扶贫对象上做到精准，所针对的正是我国有的地方干部玩数字游戏、搞"数字扶贫"这种歪风邪气和扶贫搞不准扶贫对象的现实情况。

（二）项目安排精准

项目安排精准，就是要求在项目安排上做到精准，是指在扶持对象被准确识别并建档立卡以后，根据贫困户和贫困人口的实际需要进行针对性的项目帮扶，使扶贫项目切实锁定在贫困户和贫困人口上。中国政府自1986年在全国农村开展有计划、有组织、大规模的扶贫开发工作以来，各类扶贫资金大多都是以实施项目的方式落实下去的，目的是支持和鼓励贫困地区的干部群众开发当地资源，发展商品生产，改善生产条件，增强自我积累、自我发展的能力。国家在农村的扶贫项目名目繁多：教育扶贫项目，主要涉及校舍的建设、危房改造、对贫困学生和教师的资助等；医疗卫生扶贫项目，主要涉及修建和改建县、乡镇、村卫生院所，购置医疗设备，逐步实现村村有卫生室、开展医生培训和卫生知识

① 《习近平关于社会主义经济建设论述摘编》，中央文献出版社，2017，第224页。

普及工作等；人员培训项目，主要是培训贫困人口的农业科技知识（如种植、养殖技术等），提高他们的素质，让他们掌握脱贫致富能力；整村推进项目，这是国家所采取的一项集中资金、综合扶持的扶贫方式，旨在改变村庄的落后面貌，整体推动贫困村的社区建设和经济发展的扶贫项目，它是以自然村为单位，在村内修建道路、建人畜饮水和农业灌溉沟渠、兴建沼气、推广种植、养殖项目等；产业扶贫项目，主要是通过招商引资发展农村产业，以加快经济发展、实现脱贫致富。引资主要领域有边境商贸开发、房地产开发、矿产开采、水能发电、旅游资源开发、特色农副产品和民族手工艺品加工等。其实，关于我国的扶贫项目远不止上述所列这些，我国曾经实施过或仍在实施的扶贫项目有希望工程、光彩事业、文化扶贫、幸福工程、春蕾计划、智力支边、博爱工程、信息扶贫致富工程、兴边富民行动等。在我国，每一个扶贫项目都伴随着一定数量的扶贫资金。党和国家这样做的意图很明确，即通过扶贫项目的实施，将资金用到该用的地方，以增强贫困地区和贫困人口的内生动力和发展能力。因此，党和人民政府实施扶贫项目，是有效率方面的严格要求和预期的。党和人民政府最不愿看到的情况是，项目实施了，项目资金花光了，贫困人口的贫困问题却没有得到实际性的改善或有效解决。

在中国反贫困关键策略方面，习近平认为要在项目安排上做到精准。项目安排精准了，也就意味着资金使用的大方向搞对了。否则，如果项目安排都有问题，资金的使用就一定会有问题。2015 年 11 月 27 日，习近平指出："要尊重扶贫对象主体地位，各类扶贫项目和扶贫活动都要紧紧围绕贫困群众需求来进行。""上级部门要深入贫困群众，问需于民、问计于民，不要坐在办公室里拍脑袋、瞎指挥。"① 习近平的上述论述，既指出了我国有的地方在扶贫项目安排上的问题，也指出了在项目安排上做到精准的有效办法，对当前国家的扶贫攻坚具有重要的指导意义。

（三）资金使用精准

资金使用精准，是指在扶贫项目的资金使用上靶向明确，扶持那些

---

① 《习近平关于社会主义经济建设论述摘编》，中央文献出版社，2017，第 229 页。

应该扶持的贫困家庭和贫困人口，使扶贫资金用到点子上。习近平非常强调这一点。事实上，早在福建省宁德地委工作时，习近平就提倡扶贫资金使用精准。1988年9月，他深刻指出："扶贫资金要相对集中一部分用于扶持乡村集体经济实体，增强脱贫后劲；对于一些因连年病灾造成的特困户，要给予适当的救济，并扶持他们发展一些力所能及的生产经营项目。"① 上述这段论述反映的其实就是要求扶贫资金使用要精准的问题。可见，习近平在我国政府有计划、有组织、大规模开展扶贫开发后不久就已经有了扶贫资金使用精准的思想认识。此后，他坚持并丰富和发展了这种思想。

在2015年11月召开的中央扶贫开发工作会议上，习近平严肃指出："扶贫资金是贫困群众的'救命钱'，一分一厘都不能乱花。""要加强扶贫资金阳光化管理，加强审计监督，集中整治和查处扶贫领域的职务犯罪，对挤占挪用、层层截留、虚报冒领、挥霍浪费扶贫资金的，要从严惩处！"② 这里没有提到"精准"两个字，其实包含了在资金使用上做到精准的意思。主张不乱花扶贫资金，加强审计监督，惩处扶贫领域的职务犯罪，就是为了使扶贫资金专款专用，用到点子上。2016年7月，习近平又指出："攻坚战就要用攻坚战的办法打，关键在准、实。""资金保障要实，做到投入实、资金实、到位实，精打细算，用活用好，用在关键，用出效益。"③ 这里其实也包含了在资金使用上做到精准的意思。可见，在资金使用上做到精准，是新时代反贫困思想中关于中国反贫困关键策略思想的又一重要内容。

要求在资金使用上做到精准的主张，反映了习近平对中国反贫困事业的深刻认识。中国的扶贫大多是以扶持项目的形式开展的，而扶贫项目要得到实施，就必须有相应的资金支持。习近平在成为党和国家领导人之前，曾长期主抓主政地区的扶贫开发工作，他对扶贫开发工作和中国的反贫困事业有着深刻的见解。他在河北省正定县工作期间，就要求大力发展商品生产，搞扶贫项目。因此，习近平了解农村扶贫开发工作中的种种问题，其中包括了资金使用上的问题。所以，习近平提出在资

① 习近平：《摆脱贫困》，福建人民出版社，1992，第6页。
② 《习近平关于社会主义经济建设论述摘编》，中央文献出版社，2017，第228页。
③ 《习近平关于社会主义经济建设论述摘编》，中央文献出版社，2017，第234页。

金使用上做到精准的主张,是有长期的扶贫实践基础的。

(四) 措施到户精准

措施到户精准,是指要将扶贫的各种措施精准地落实到贫困农户,使之产生预期效果。帮扶贫困人口脱贫是一件非常复杂的事情,要取得好的效果,仅仅在确定扶持项目方面做到精准和提供扶持资金方面做到精准还是很不够的。原因很简单:即使扶贫项目和扶贫资金已经落实到户,但是如果这些贫困户缺乏应有的生产技术、缺乏与自己的生产相关的市场信息、缺乏市场经济的理念和正确的行为方式等,任何扶贫项目和扶贫资金对他们来说都意义不大——给了他们扶贫项目,他们也不知道怎么做;给他们扶贫资金,充其量不过是用完这些资金了事。显然,这对于他们增强自我发展能力是不利的。由此来看,单单强调扶贫项目和扶贫资金落实到户,事实上是不够的。因为这并不符合扶贫开发的最终目的。我国扶贫开发的最终目的是要使贫困人口完全脱贫,而这种完全脱贫意味着贫困人口脱贫后不会返贫,所以,增强贫困人口的自我发展能力极为重要。否则,贫困人口就很难彻底摆脱贫困。因此,各种扶贫措施落实到户就显得非常关键。唯有扶贫措施也到户了,贫困户才会掌握脱贫致富的手段和方法,才有可能永久脱贫而不返贫。当然,这些扶贫措施应该是很具有针对性的并且在扶贫实践中有明显效果的措施。这无疑会给基层扶贫工作人员带来巨大挑战。这些挑战包括:基层扶贫工作人员不仅要为贫困户和贫困人口带来生产技术,还要让他们掌握必要的生产和发展技能;不仅要引导贫困户关注市场信息,还要教会他们如何利用市场信息脱贫致富;不仅要灌输给他们市场经济理念,还要教会他们主动适应和融入市场经济的大环境中;不仅要指导他们在脱贫致富过程中采取正确的行动,还要让他们在脱贫致富过程中形成正确的思维模式,等等。

习近平所强调的措施到户精准,不仅仅是对基层扶贫工作人员提出了很高的要求,也对有脱贫攻坚任务的各地方政府提出了很高的要求。这些要求包括:有脱贫攻坚任务的地方政府要积极主动地探索和建立适合本地贫困户和贫困人口脱贫的受益机制,要切实保证他们在扶贫开发过程中取得实实在在的脱贫效果,而不仅仅是将所有的扶持项目和资金

交给或分发给贫困户和贫困人口就算了事；要全程监督和检查基层扶贫
工作人员的扶贫情况，一旦发现有违中央精神的行为，要严加制止和坚
决纠正；要建立脱贫攻坚报告和督查制度，用制度建设规范脱贫攻坚行
为，使之取得最大效益和最好效果。要像习近平所指出的那样，在脱贫
攻坚问题上，"要建立年度脱贫攻坚报告和督查制度，加强督查问责，把
导向立起来，让规矩严起来"。① 显然，要做到措施到户精准，如果没有
制度保障也是行不通的。习近平是主张以制度建设促进脱贫攻坚的，这
样做的目的就是使扶贫变得更加精准，这内在地包括了措施到户精准。

（五）因村派人精准

自 20 世纪 80 年代中期国家开展有组织、有计划、大规模扶贫开发
以来，中国所取得的反贫困成就举世瞩目。但是，30 多年来，我国一些
地方一直存在扶贫不够精准的问题，一些该扶持的贫困人口没有得到扶
持。个别地方事实上并不是很贫穷，但是当地政府为了获取更多的资源，
想方设法让自己列入贫困的范围。这种情况，习近平刚到福建省宁德地
委工作时就有所发现。1988 年 9 月，他写了一篇题为《弱鸟如何先飞——
闽东九县调查随想》的文章，指出："有些本来发展不错的乡镇也把自
己列入贫困的范围，这样做只能起消极作用。"②

党的十八大以来，习近平反复强调精准扶贫，目的就是要解决我国
一直存在的扶贫不够精准的问题，以提高扶贫成效。但是，精准扶贫是
一项复杂的系统工程，要使它得到成功实施并取得预期的成效，强有力
的组织保障就是必不可少的。在我国，大量的扶持项目和措施都是由村
一级来具体实施的，因此，村级组织的能力就显得非常关键。关于这一
点，习近平早在宁德地委工作时其实就有深刻认识。1990 年 1 月，他就
指出："如果没有一个坚强的、过得硬的农村党支部……就谈不上带领群
众壮大农村经济，发展农业生产力，向贫困和落后作战。"③ 他还说：农
村党组织"直接关系到脱贫致富事业的凝聚力的强弱"。④ 正是基于上述

---

① 《习近平关于社会主义经济建设论述摘编》，中央文献出版社，2017，第 226 页。

② 习近平：《摆脱贫困》，福建人民出版社，1992，第 6 页。

③ 习近平：《摆脱贫困》，福建人民出版社，1992，第 119 页。

④ 习近平：《摆脱贫困》，福建人民出版社，1992，第 119 页。

认识，习近平强调："要尽量把坚持社会主义道路和党性强、有事业心、能吃苦耐劳和有奉献精神、为人正直公道的优秀党员选拔到党支部中来。""一定要选好党支部书记，没有一个好带头人，就带不好一班人。"① 特别需要指出的是，习近平当时主张："村支部书记人选来源的渠道可以再多些，乡镇和企业党员干部也可以去兼任挂职。"② 习近平的上述论述，其实就是他关于贫困村脱贫致富要选好带头人的思想，这其中就包含了因村派人精准的思想。可见，习近平强调因村派人精准，并非由于现在已经临近全面建成小康社会这个时间节点才产生的。2015 年 11 月 27 日，习近平指出："要把夯实农村基层党组织同脱贫攻坚有机结合起来。""在村级层面，要注重选派一批思想好、作风正、能力强的优秀年轻干部和高校毕业生到贫困村工作，根据贫困村的实际需求精准选配第一书记、精准选派驻村工作队。"③ 习近平的这段关于因村派人精准的论述，可以看成他在宁德地委工作时关于贫困村脱贫致富要选好带头人思想的进一步发展和深化。由此也可以看出，在反贫困问题上，把合适的人选派去抓扶贫，这也是习近平的一贯主张。

（六）脱贫成效精准

习近平所说的脱贫成效精准，就是指要使那些处于现有贫困线标准以下的贫困人口到 2020 年全部脱贫，没有遗漏和不留死角，并且要保证扶贫成果真实可靠，具有可持续性，而不是暂时脱贫不久又返贫。在习近平关于中国反贫困关键策略的重要论述中，脱贫成效精准是扶持对象精准、项目安排精准、资金使用精准、措施到户精准、因村派人精准的共同的最终的目的。

在习近平看来，脱贫成效精准不仅与扶持对象精准、项目安排精准、资金使用精准、措施到户精准、因村派人精准有关系，还与有脱贫攻坚任务的各级党政班子的工作作风有密切关系。如果有脱贫攻坚任务的各级党政班子的工作作风有问题，不但脱贫攻坚工作进展缓慢，还会导致扶贫领域的一些乱象和腐败问题。2012 年 12 月 29 ~ 30 日，习近平在河

---

① 习近平:《摆脱贫困》，福建人民出版社，1992，第 121 ~ 122 页。
② 习近平:《摆脱贫困》，福建人民出版社，1992，第 122 页。
③ 《习近平关于社会主义经济建设论述摘编》，中央文献出版社，2017，第 227 页。

北省阜平县考察扶贫开发工作时说:"……反映说二〇一二年初,某省某县被确定为国家级贫困县,县政府网站上发布'特大喜讯',热烈祝贺成功纳入国家集中连片特困地区。"① 这在习近平看来就是一种乱象。早在 20 世纪 80 年代,习近平就主张贫困地区的人们要淡化"贫困县意识"。习近平还说:"……两个县争戴国家级贫困县帽子,落败的县长含着泪说,我们这次没有争取到贫困县的原因,是因为我们县真的太穷了。"② 这说明什么问题呢? 说明我国有的地方在确定贫困县这种问题上存在严重腐败:穷县不能被确定为贫困县,不穷的县反而被确定为贫困县。但是,落败的县长含着泪说他们没有争取到贫困县是因为他们县真的太穷了,这就给人很多想象的空间,也不排除在确定贫困县这个过程中有利益输送等腐败现象。但是,不管怎样,这里所反映出来的问题,多半就是腐败问题。习近平还指出:"据说,第十一届全国县域经济基本竞争力百强县、中国中部百强县、中国西部百强县评比榜单上,竟有十七个国家级贫困县。"③ 这种情况如果说明不了一定是因为腐败所造成的,但至少也能说明我们的一些干部一定存在严重的作风问题——他们严重缺乏实事求是的工作作风。如果我们的扶贫干部和基层扶贫工作人员都是这样的做派,所谓脱贫成效精准,就永远只会是空中楼阁。习近平既强调要精准脱贫,又强调扶贫领域里的反腐败。2017 年 6 月 23 日,习近平严肃指出:"决不能搞数字脱贫、虚假脱贫。""对不严不实、弄虚作假的严肃问责。要加强扶贫资金管理使用,对挪用乃至贪污扶贫款项的行为必须坚决纠正、严肃处理。"④

---

① 习近平:《做焦裕禄式的县委书记》,中央文献出版社,2015,第 24 ~ 25 页。
② 习近平:《做焦裕禄式的县委书记》,中央文献出版社,2015,第 25 页。
③ 习近平:《做焦裕禄式的县委书记》,中央文献出版社,2015,第 25 页。
④ 习近平:《在深度贫困地区脱贫攻坚座谈会上的讲话》,人民出版社,2017,第 18 ~ 19 页。

第四章　新时代反贫困思想的基本特点

新时代反贫困思想是在我国改革开放背景下产生，随着中国特色社会主义事业的深入发展而不断丰富、发展和完善，并在我国进入新时代的历史进程中对中国反贫困理论继续深化和创新的产物，有着自己突出而鲜明的特点。

一　体现了以人民为中心的价值追求

新时代反贫困思想旨在消除中国社会的贫困落后现象，使全体中国人民摆脱贫困，最终实现共同富裕。它不仅体现了马克思主义政党的人民立场，也体现了中国共产党全心全意为人民服务的根本宗旨，同时还是以人民对美好生活的向往为归宿的。

（一）新时代反贫困思想体现了马克思主义政党的人民立场

人民立场是马克思主义政党的根本政治立场。对中国共产党来说，人民是自己的上帝。历史证明，中国共产党的历史，是人民支持并在人民支持下创造辉煌奇迹的历史。中国共产党不仅依靠人民的支持壮大自己，还依靠人民的支持坚定地引领时代潮流，依靠人民的支持开创中国革命和中国社会主义建设事业，把中国人民带向美好未来。没有人民的支持，中国共产党会一无所有；失去人民的拥护和支持，中国共产党的事业和一切都无从谈起。

关于新时代反贫困思想的立场问题，可以通过习近平反贫困系列重要论述来具体考察。习近平对人民群众有着深厚情感。他反复强调以人民为中心，认为党员干部心中要有人民，要能真正代表人民的根本利益。早在 1989 年 1 月，习近平就指出："只要我们能真正代表人民的根本利益，'以百姓之心为心'，我们的周围就会吸引和凝聚起千百万大众。"①

---

① 习近平：《摆脱贫困》，福建人民出版社，1992，第 12 页。

这深刻体现了他的以人民为中心的思想。习近平主张干部要为人民群众办实事。他说:"为群众办实事,要扎扎实实,坚持不懈,久久为功。"① 怎么为群众办实事呢?他认为:"要抓住群众生产、生活中迫切需要解决的问题,越是群众关注的'热点'、'难点',越要力争办好。"② 1990 年 3 月,习近平又说:"为官之本在于为官一场,造福一方。造福一方就是造福于人民,这与我们党的为人民服务的宗旨同一个意思。"③ 值得注意的是,他的这些论述都来自 1992 年出版的文集《摆脱贫困》。事实上,习近平在发表这些论述的时候,所围绕的主题就是摆脱贫困。因此,他的这些论述事实上也是围绕反贫困而说出来的。在习近平看来,反贫困事关人民群众的根本利益,因此,一切事关人民群众根本利益的事情,党的干部都要抓牢、抓细、抓好。从根本上说,这些都属于以人民为中心的思想。

早在 1983 年 4 月 11 日,习近平在河北省正定县第四次党的纪律检查工作会议上指出:"立党为公还是结党营私,是检验一个共产党员的党性纯不纯,是共产主义者还是个人主义者的最尖锐、最灵敏的试金石。""全心全意为人民服务,决不利用职权谋图私利,是一个共产党员必备的条件。每个党员必须努力改造世界观,为共产主义而奋斗。"④ 习近平要求共产党员坚持立党为公,全心全意为人民服务。换句话说,就是要求共产党员要时刻牢记人民利益,坚持以人民为中心去干事业、谋发展。2003 年 6 月 18 日,习近平写有题为《不求"官"有多大,但求无愧于民》的文章。文章说:"当干部的,要真正在思想上解决'入党为什么,当"官"做什么,身后留什么'的问题,牢记'两个务必',真正做到权为民所用、情为民所系、利为民所谋。"⑤ 他在这里强调做干部要心中有人民,要一心一意为人民。2004 年 1 月 5 日,习近平写有《心无百姓莫为"官"》一文,文章先论述"群众利益无小事",认为老百姓身边"每一件琐碎的小事,都是实实在在的大事";进而引用范仲淹、杜甫、

---

① 习近平:《摆脱贫困》,福建人民出版社,1992,第 14 页。
② 习近平:《摆脱贫困》,福建人民出版社,1992,第 14 页。
③ 习近平:《摆脱贫困》,福建人民出版社,1992,第 28 页。
④ 习近平:《知之深 爱之切》,河北人民出版社,2015,第 27 页。
⑤ 习近平:《之江新语》,浙江人民出版社,2007,第 3 页。

郑板桥、于谦等人的话来论证心无百姓莫为"官"的道理。最后他说："我们是党的干部,是人民的公仆,一定要把群众的安危冷暖挂在心上,以'天下大事必做于细'的态度,真心诚意地为人民群众办实事、做好事、解难事。"① 一心为人民办实事、做好事、解难事的思想,当然就是以人民为中心的思想。习近平专门谈为人民服务的文章很多,《之江新语》这本文集里可谓俯拾皆是。其中的《凡是为民造福的事一定要千方百计办好》《树政绩的根本目的是为人民谋利益》《要拎着"乌纱帽"为民干事》《领导干部要有良好的精神状态》《认真实施关系亿万家庭切身利益的民心工程》《为民办实事旨在为民》《为民办实事重在办事》《为民办实事成于务实》等,都是体现习近平以人民为中心思想的经典篇目。

2013 年 8 月 19 日,习近平在全国宣传思想工作会议上要求所有宣传思想部门和单位坚持党性和人民性。他强调:"坚持人民性,就是要把实现好、维护好、发展好最广大人民根本利益作为出发点和落脚点,坚持以民为本、以人为本。要树立以人民为中心的工作导向,把服务群众同教育引导群众结合起来,把满足需求同提高素养结合起来,多宣传报道人民群众的伟大奋斗和火热生活,多宣传报道人民群众中涌现出来的先进典型和感人事迹,丰富人民精神世界,增强人民精神力量,满足人民精神需求。"② 2014 年 10 月 15 日,习近平在京主持召开文艺工作座谈会并发表重要讲话。他在讲话中强调了五个问题,其中的第三个问题就是强调"坚持以人民为中心的创作导向"。他说:"只有牢固树立马克思主义文艺观,真正做到了以人民为中心,文艺才能发挥最大正能量。"③ 习近平不仅仅要求文艺创作坚持以人民为中心,在哲学社会科学工作等方面,他也要求坚持以人民为中心。2016 年 5 月 17 日,他在哲学社会科学工作座谈会上指出:"我国哲学社会科学要有所作为,就必须坚持以人民为中心的研究导向。"④ 2016 年 9 月 29 日,习近平在学习《胡锦涛文选》报告会上的讲话中强调:"我们要坚持以人民为中心的发展思想,抓住人民最关心最直接最现实的利益问题,不断实现好、维护好、发展好最广

---

① 习近平:《之江新语》,浙江人民出版社,2007,第 26 页。
② 《习近平谈治国理政》,外文出版社,2014,第 154 页。
③ 《习近平谈治国理政》第 2 卷,外文出版社,2017,第 314 页。
④ 习近平:《在哲学社会科学工作座谈会上的讲话》,人民出版社,2016,第 12 页。

大人民根本利益。"① 习近平的这段论述表明，以人民为中心不只是要求某方面工作以人民为中心，而是要求中国所有的发展都要以人民为中心。这是因为，只有在所有的发展都坚持以人民为中心的时候，才能把最广大人民根本利益不断地实现好、维护好、发展好。在习近平看来，坚持以人民为中心发展中国社会的各项事业，需要牢牢扭住全面建成小康社会的目标，抓住脱贫攻坚这个最艰巨的任务，切实保障好困难群众的基本生活。

习近平所倡导的以人民为中心的思想，在他的反贫困系列重要论述中显得尤为突出。仔细研读他的反贫困系列重要论述，都鲜明地体现了以人民为中心的思想和发展理念。而这正是马克思主义政党人民立场的生动体现。

（二）新时代反贫困思想体现了中国共产党全心全意为人民服务的根本宗旨

全心全意为人民服务的内涵十分丰富。这种丰富的内涵要求所有共产党员都应该解决好几个关键问题：第一，要解决好为什么人服务的问题。为什么人服务的问题是所有共产党员首先要解决的一个根本问题，也是原则问题。中国共产党人主张为最广大人民的根本利益服务。正如毛泽东所指出的那样："我们是无产阶级的革命的功利主义者，我们是以占全人口百分之九十以上的最广大群众的目前利益和将来利益的统一为出发点的。"② 这就告诉我们，中国共产党人的所作所为，一切都是为最广大人民及其根本利益服务，而不是任何别的人及其利益服务。第二，要在为人民服务问题上坚持全心全意。作为全心全意为人民服务思想的著名倡导者，毛泽东对此有着深刻论述。他指出："共产党就是要奋斗，就是要全心全意为人民服务，不要半心半意或者三分之二的心三分之二的意为人民服务。"③ 这也是中国共产党对所有党员提出的基本要求。第三，要密切联系群众而不脱离群众。深入人民群众，密切和人民群众的联系，这是为人民服务的内容，也是更好地为人民服务的前提条件。所

---

① 习近平：《在学习〈胡锦涛文选〉报告会上的讲话》，人民出版社，2016，第12页。
② 《毛泽东选集》第3卷，人民出版社，1991，第864页。
③ 《毛泽东文集》第7卷，人民出版社，1999，第285页。

以毛泽东说："我们共产党人区别于其他任何政党的又一个显著的标志，就是和最广大的人民群众取得最密切的联系。全心全意地为人民服务，一刻也不脱离群众。"① 这表明，在中国共产党人看来，密切联系群众与全心全意为人民服务是有机地统一的。第四，要关心人民群众并解决事关群众利益的实际问题。全心全意为人民服务，意味着要关心人民群众生活，解决他们的实际问题。早在1934年1月，毛泽东就指出，要取得中国革命的胜利，"我们对于广大群众的切身利益问题，群众的生活问题，就一点也不能疏忽，一点也不能看轻"。② 1943年10月，他又指出："为群众服务，这就是处处要想到群众，为群众打算，把群众的利益放在第一位。"③ 第五，党员干部要用好手中的权力。用好手中的权力，这是党员干部做到全心全意为人民服务的最起码的要求。

新时代反贫困思想，鲜明地体现了中国共产党全心全意为人民服务的根本宗旨。从20世纪80年代初开始，中国共产党全心全意为人民服务的根本宗旨就一直伴随着他反贫困实践的坚实脚步。1982年12月27日，习近平在正定县精神文明建设先进集体和先进个人代表会议上说："我们共产党人做工作任何时候都不能埋怨条件，而要首先想到自己的努力够不够。"④ 这话隐含了这样的意思：共产党人要全心全意地为人民工作，不能讲条件；共产党人只有全心全意为人民奉献的义务，没有向人民索取的任何权利。1988年9月，习近平刚到宁德地委任职，就深入闽东九县进行调查研究，他在自己的调查随感中说："当干部的宗旨首先就是讲奉献，就是讲服务。"⑤ 他还说："当干部就不要想发财。""没有终生廉洁、终生为民的鸿鹄之志，期待飞得持久、'扶摇直上'是困难的。"⑥ 在这里，习近平认为终生廉洁、终生为民才应该是共产党人的鸿鹄之志，党员干部只有全心全意为人民服务的义务。1990年2月，他又指出："我们共产党人的权力无论大小，都是人民给的，也只能受命于人

---

① 《毛泽东选集》第3卷，人民出版社，1991，第1094页。
② 《毛泽东选集》第1卷，人民出版社，1991，第136页。
③ 中共中央文献研究室编《建国以来重要文献选编》第5册，中央文献出版社，1993，第381页。
④ 习近平：《知之深　爱之切》，河北人民出版社，2015，第18页。
⑤ 习近平：《摆脱贫困》，福建人民出版社，1992，第7页。
⑥ 习近平：《摆脱贫困》，福建人民出版社，1992，第7页。

民，为人民谋利益。"① 这里所表达的还是全心全意为人民服务的思想。2003 年 7 月 8 日，习近平写有一篇题为《把帮扶困难群众放到更突出的位置》的文章，其中说："坚持执政为民，全心全意为人民服务，是人民公仆的天职。"② 2012 年 12 月 29～30 日，习近平在河北省阜平县考察扶贫开发工作时指出："做好扶贫开发工作，支持困难群众脱贫致富，帮助他们排忧解难，使发展成果更多更公平惠及人民，是我们党坚持全心全意为人民服务根本宗旨的重要体现。"③ 在这里，习近平要求当地的党员干部坚持全心全意为人民服务的根本宗旨，带领人民群众脱贫致富。可见，在习近平反贫困系列重要论述里，有关党的根本宗旨及其相关表述可谓比比皆是。因此，新时代反贫困思想体现了或贯穿着党的全心全意为人民服务的根本宗旨。

（三）新时代反贫困思想以最广大人民对美好生活的向往为归宿

中国共产党自成立以来，就一直自觉地坚持把最广大人民的根本利益摆在至高无上的地位。在近 100 年的奋斗历程中，中国共产党用自己的实际行动不断证明着自己的先进性和人民性，一系列贯穿着以人民为中心的思想理念也得以产生并成为中国共产党革命和建设实践的指南。例如，"全心全意地为人民服务""一切从人民的利益出发"④"共产党人的一切言论行动，必须以合乎最广大人民群众的最大利益，为最广大人民群众所拥护为最高标准"⑤ "立党为公，执政为民"⑥ 等思想理念，都很好地体现了以人民为中心的思想。2017 年 12 月 7 日，习近平在致首届"南南人权论坛"的贺信中指出："中国共产党和中国政府坚持以人民为中心的发展思想，始终把人民利益摆在至高无上的地位，把人民对美好生活的向往作为奋斗目标，不断提高尊重与保障中国人民各项基本权利的水平。"⑦ 明确提出坚持以人民为中心的发展思想，虽然只是最近几年

① 习近平：《摆脱贫困》，福建人民出版社，1992，第 22 页。
② 习近平：《之江新语》，浙江人民出版社，2013，第 4 页。
③ 习近平：《做焦裕禄式的县委书记》，中央文献出版社，2015，第 19 页。
④ 《毛泽东选集》第 3 卷，人民出版社，1991，第 1094 页。
⑤ 《毛泽东选集》第 3 卷，人民出版社，1991，第 1096 页。
⑥ 中共中央文献研究室编《十六大以来重要文献选编》（上卷），中央文献出版社，2004，第 510 页。
⑦ 《习近平致首届"南南人权论坛"的贺信》，《人民日报》2017 年 12 月 8 日。

的事情，但是事实上，中国共产党自诞生时起，心中就一直具备这种思想。因此，坚持以人民为中心的发展思想，其实是中国共产党一以贯之的核心思想。这种思想以最广大人民对美好生活的向往为归宿。正如习近平 2015 年 11 月 15 日所指出的那样："人民对美好生活的向往，就是我们的奋斗目标。"① 关于此，只要深入考察习近平反贫困系列重要论述就会一目了然。

习近平指出："消除贫困、改善民生、实现共同富裕，是社会主义的本质要求。"② 也就是说，实现共同富裕，是社会主义的本质规定，是中国共产党带领中国各族人民逐步实现共产主义的必由之路。因此，实现共同富裕是中国反贫困的长远的、全局性的终极目标，即战略目标。实现共同富裕，代表着中国最广大人民对美好生活的向往；共同富裕的状态就是中国最广大人民心目中的美好生活。值得指出的是，习近平每每谈及扶贫开发或脱贫攻坚的目标时——不论是谈及其近期目标、长远目标还是最终目标，都会以不同的表述告诉人们，扶贫开发或脱贫攻坚的目标就是要实现共同富裕。在习近平看来，如果不是以实现共同富裕为目标的社会发展，就不是社会主义的；社会主义必须以实现共同富裕作为其区别于其他社会的本质规定。习近平认为："没有农村的小康，特别是没有贫困地区的小康，就没有全面建成小康社会。"这里所说的全面建成小康，是一种相对较低水平的共同富裕状态，具体内涵就是指"到二〇二〇年稳定实现扶贫对象不愁吃、不愁穿，保障其义务教育、基本医疗、住房"。③ 不过，这只是中国共产党的近期目标。中国共产党要实现的共同富裕其实并不是指这种水平的富裕状态。它对自己有更高的要求。关于这一点，习近平在党的十九大报告中指出："从二〇三五年到本世纪中叶，在基本实现现代化的基础上，再奋斗十五年，把我国建成富强民主文明和谐美丽的社会主义现代化强国。"到那时，"全体人民共同富裕基本实现，我国人民将享有更加幸福安康的生活"④。这就是中国共

---

① 《习近平谈治国理政》，外文出版社，2014，第 4 页。
② 《习近平谈治国理政》，外文出版社，2014，第 189 页。
③ 习近平：《做焦裕禄式的县委书记》，中央文献出版社，2015，第 16 页。
④ 习近平：《决胜全面建成小康社会　夺取新时代中国特色社会主义伟大胜利——在中国共产党第十九次全国代表大会上的报告》，人民出版社，2017，第 29 页。

产党坚定不移的奋斗目标。毫无疑义,新时代反贫困思想的终极目的其实就是实现共同富裕,就是以最广大人民对美好生活的向往作为归宿的。最广大人民对美好生活的向往无止境,中国共产党为人民服务、为人民谋利益的行动也无止境。

二　植根于中国改革开放伟大实践

中国改革开放伟大实践,是新时代反贫困思想得以形成、深化发展和不断完善的基础。同时,新时代反贫困思想还是指导中国脱贫攻坚、决胜全面建成小康社会的重要思想武器。因此,新时代反贫困思想是一个植根于中国改革开放伟大实践,并与中国特色社会主义新的建设实践密切相连的理论体系。

(一)　新时代反贫困思想是中国改革开放伟大实践的产物

马克思主义认为,实践是理论的基础,理论来自实践,是实践的反映。正如马克思在《哲学的贫困》中所指出的那样:"人们按照自己的物质生产率建立相应的社会关系,正是这些人又按照自己的社会关系创造了相应的原理、观念和范畴。"[1] 新时代反贫困思想的产生、发展和不断完善,离不开中国改革开放的伟大实践;正是在中国改革开放伟大实践中,习近平大胆探索、认真总结自己的扶贫实践和经验教训,结合当时当地实际情况发表了一系列反贫困论述,并深刻地加以阐述,形成了自己关于反贫困方面的独到见解。例如,在 20 世纪 80 ~ 90 年代,习近平就发表了不少具有自身鲜明特色的关于反贫困方面的论述。像正定"适宜走'半城郊型'经济的发展路子"[2]"扶贫先要扶志"[3]"要淡化'贫困县意识'"[4] 等,这些都比较突出地体现了习近平在扶贫开发工作上的独到见解。上述关于反贫困的系列重要论述,也反映了突出的创新意识和理论创新。他所提出的"贫困县意识""'半城郊型'经济""底

---

① 《马克思恩格斯文集》第 1 卷,人民出版社,2009,第 603 页。
② 习近平:《知之深　爱之切》,河北人民出版社,2015,第 122 页。
③ 习近平:《摆脱贫困》,福建人民出版社,1992,第 7 页。
④ 习近平:《摆脱贫困》,福建人民出版社,1992,第 50 页。

线任务"这几个概念，就是创新性的概念。关于此，习近平 1984 年 2 月 8 日说："去年，我们把经济工作重心基本转移到了商品生产上来，实现转移之后，'走什么路''如何起飞'的问题就摆在面前。通过学习中央一号文件，总结几年来的实践，参考外地经验，县委经过反复讨论、认真研究后认为，我县适宜走'半城郊型'经济的发展路子。"① 这段话非常明确地告诉我们："正定适宜走'半城郊型'经济的发展路子"的想法来自正定县改革开放建设实践，反映的也正是正定县的改革开放建设实践。

新时代反贫困思想作为当今中国反贫困实践的重要指导思想，它的基本观点和理论体系都离不开中国改革开放伟大实践，它们是中国改革开放伟大实践的产物。可以这样说，如果没有中国的改革开放，就不会有新时代反贫困思想。

（二）新时代反贫困思想的继续深化与完善有赖于中国特色社会主义新的建设实践

目前，新时代反贫困思想还在继续深化与完善之中。这种继续深化与完善，要依赖于中国特色社会主义新的建设实践的深入开展。恩格斯指出："历史从哪里开始，思想进程也应当从哪里开始，而思想进程的进一步发展不过是历史过程在抽象的、理论上前后一贯的形式上的反映；这种反映是经过修正的，然而是按照现实的历史过程本身的规律修正的。"② 这里所说的历史，其实是指人类社会的实践或实践历史。恩格斯在这段话里表达了这样的意思：随着人类社会实践的不断推进，人类的思想也相应地获得进步；而人类思想上的进步，不过是人类社会实践进程的反映而已；这是一种按照社会实践的规律经过修正的反映。目前，中国特色社会主义建设实践正在不断得到推进，这意味着中国特色社会主义新的建设实践正在不断展开。2012 年 12 月，习近平在主持十八届中共中央政治局第 2 次集体学习时强调指出："改革开放是一项长期的、艰巨的、繁重的事业，必须一代又一代人接力干下去。"③ 这说明，中国的

---

① 习近平：《知之深 爱之切》，河北人民出版社，2015，第 122 页。
② 《马克思恩格斯文集》第 2 卷，人民出版社，2009，第 603 页。
③ 《习近平谈治国理政》，外文出版社，2014，第 67 页。

改革开放伟大实践是要长期坚持下去的，中国特色社会主义事业是要长期坚持下去的。习近平主张将中国的改革事业进行到底。他说："在新时代，中国人民将继续自强不息、自我革新，坚定不移全面深化改革，逢山开路，遇水架桥，敢于向顽瘴痼疾开刀，勇于突破利益固化藩篱，将改革进行到底。"① 与此相适应，作为中国脱贫攻坚重要指导思想的新时代反贫困思想，必然需要在新的伟大改革实践中进一步检验、修正和完善，必然也会随着中国特色社会主义新的建设实践的不断展开而不断得到检验、修正和完善。

（三）新时代反贫困思想是中国新时代反贫困实践的理论指南

科学的理论产生之后，应该用于指导社会实践。唯有如此，理论才能发挥其自身的巨大作用。无产阶级革命导师非常强调理论的指导作用。列宁指出："没有革命的理论，就不会有革命的运动。"② 斯大林则指出："离开革命实践的理论是空洞的理论，而不以革命理论为指南的实践是盲目的实践。"③ 可见，科学理论的真正归宿应该是社会实践——既发挥理论对实践的指导作用，又要求理论在社会实践中接受检验，并在这种实践检验中得到进一步升华和完善。新时代反贫困思想来自中国改革开放的伟大实践，是对中国特色社会主义反贫困实践的经验总结。因此，新时代反贫困思想是可以和必须用来指导中国新时代脱贫攻坚实践的思想理论。

新时代反贫困思想的指导作用主要体现在两个方面：首先，新时代反贫困思想是我们正确认识我国当前脱贫攻坚形势、帮助广大贫困群众脱贫致富的强大思想武器。因为，新时代反贫困思想正确地反映了中国脱贫攻坚的基本规律，是一种针对我国反贫困事业的科学的世界观和方法论，对于目前我国的脱贫攻坚工作具有理论指导作用，可以作为普遍方法和原则来指导我国目前脱贫攻坚实践。其次，新时代反贫困思想为中国新时代脱贫攻坚实践指明了正确的方向和未来发展的前景。新时代

---

① 习近平：《开放共创繁荣　创新引领未来：在博鳌亚洲论坛 2018 年年会开幕式上的主旨演讲》，人民出版社，2018，第 9 页。
② 《列宁专题文集　论无产阶级政党》，人民出版社，2009，第 70 页。
③ 《斯大林选集》（上卷），人民出版社，1979，第 199 ~ 200 页。

反贫困思想告诉我们，中国反贫困的战略目标是消除贫困，实现全体中国人民的共同富裕。这是新时代反贫困思想为我们所指明的正确方向。新时代反贫困思想还告诉我们，中国反贫困的策略是精准扶贫，它要求做到扶持对象精准、项目安排精准、资金使用精准、措施到户精准、因村派人精准、脱贫成效精准，确保各项政策好处落到扶贫对象身上。这就在策略层面保证了中国反贫困的效果。事实上，新时代反贫困思想告诉我们的远不止上述几个方面，它在中国反贫困领导力量、中国反贫困主体力量、中国反贫困动力系统、中国反贫困关键问题、中国反贫困根本手段等方面都为我们提供了深刻见解，为我们打好脱贫攻坚战提供了理论保障。因此，中国反贫困未来发展的前景必然是光明的。

事实上正是这样。按照党的十九大报告给出的宏伟蓝图，2017～2020年是"全面建成小康社会决胜期。要按照十六大、十七大、十八大提出的全面建成小康社会各项要求，紧扣我国社会主要矛盾变化，统筹推进经济建设、政治建设、文化建设、社会建设、生态文明建设……特别是要坚决打好防范化解重大风险、精准脱贫、污染防治的攻坚战，使全面建成小康社会得到人民认可、经得起历史检验"。"从二〇三五年到本世纪中叶，在基本实现现代化的基础上，再奋斗十五年，把我国建成富强民主文明和谐美丽的社会主义现代化强国。到那时，我国物质文明、政治文明、精神文明、社会文明、生态文明将全面提升，实现国家治理体系和治理能力现代化，成为综合国力和国际影响力领先的国家，全体人民共同富裕基本实现，我国人民将享有更加幸福安康的生活，中华民族将以更加昂扬的姿态屹立于世界民族之林。"[1] 因此，新时代反贫困思想理所当然地会成为中国新时代脱贫攻坚实践的理论指南。

三　具有全面系统而又科学的内容

作为习近平新时代中国特色社会主义思想的重要组成部分，新时代反贫困思想具有全面系统而又科学的内容。

---

[1]　习近平：《决胜全面建成小康社会　夺取新时代中国特色社会主义伟大胜利——在中国共产党第十九次全国代表大会上的报告》，人民出版社，2017，第27～29页。

（一）新时代反贫困思想的内容是全面的

新时代反贫困思想的内容非常全面，具有全面性的突出特征。诚如前文所述，新时代反贫困思想的主要内容包括中国反贫困领导力量、中国反贫困主体力量、中国反贫困动力系统、中国反贫困关键问题、中国反贫困战略目标、中国反贫困根本手段、中国反贫困具体办法、中国反贫困关键策略八个方面的思想。从上述八个主要方面来看，新时代反贫困思想几乎涵盖了中国反贫困实践的所有主要内容，非常全面。这反映的正是它的全面性特征。

反贫困作为人类有史以来旨在创造美好生活的事业，肯定需要领导力量。领导力量强，反贫困事业就会开展顺利并取得巨大成绩，反之则不然。但是，反贫困事业单有领导力量还是不够的，还需要有从事反贫困事业的主体力量，这种主体力量需要领导力量的指引，才能凝聚成相对集中的、方向一致的合力；反贫困的真正力量就在于反贫困事业的主体力量的集中和凝聚。反贫困作为人类追求美好生活的神圣事业，本身就是一项庞大的系统工程；它犹如一部巨大的机器，需要有自己的内生动力——有了内生动力，反贫困事业才能顺利地运转起来。但是，反贫困事业要运转得更为有效率，那就得把反贫困的关键问题弄清楚。所谓关键，是指事物最紧要的部分或在一段时间内对事物发展进程起决定性作用的部分。弄清楚了反贫困的关键问题，就能有利于人们在反贫困实践中抓关键部分、抓主要矛盾和抓重点环节。开展反贫困事业，肯定要有反贫困的战略目标。在中国，反贫困的战略目标，实际上表现为反贫困事业在一定的战略期内的总任务，它决定着反贫困战略重点的选择、反贫困战略阶段的划分以及反贫困战略对策的制定，等等。因此，反贫困战略目标的确定是制定发展战略的核心，反贫困战略目标的贯彻实施实质上代表和规范着整个反贫困实践的发展进程。反贫困的战略目标确定之后，还需要搞清楚反贫困的根本手段、具体办法和关键策略等问题，因为这些都是为实现反贫困战略目标服务的。从以上简要分析来看，新时代反贫困思想的内容几乎涉及了反贫困事业的所有主要环节，涵盖并贯穿了反贫困事业的整个过程。

（二）新时代反贫困思想的内容是系统的

新时代反贫困思想是一个相对完整的思想体系，具有突出的系统性的特征。为说明这一点，有必要先介绍一下"系统"的概念。《中国大百科全书（第2版）》认为，系统是指由多个部分（组分）经过相互作用、相互依赖、相互约束形成的具有一定功能、结构的整体。[①] 事实上，关于系统概念的界定，国内外学界有很多说法，可谓仁者见仁，智者见智。尽管学者们提出的系统定义，具体说法有这样那样的差异，但不难看出，其中有三项则是具有共性的东西：一是系统由要素组成，二是要素之间存在相互联系，三是各要素构成一个整体。简单地说，就是要素、联系和整体是系统必备的三项东西。从实际情形来看也是这样，任何系统都必须具备这三者，否则就不成其为系统。[②] 看新时代反贫困思想是否具有系统性特征，只要考察它是否具备要素、联系和整体这三项就基本可以判断出来。

1. 关于新时代反贫困思想的内容是否有"要素"的问题

要素是指构成一个客观事物的存在并维持其运动的必要单位，是构成事物必不可少的因素，又是组成系统的基本单元。诚如前文所述，新时代反贫困思想的内容非常丰富，主要包括中国反贫困领导力量、中国反贫困主体力量、中国反贫困动力系统、中国反贫困关键问题、中国反贫困战略目标、中国反贫困根本手段、中国反贫困具体办法、中国反贫困关键策略八个方面的思想。这些方面其实就是构成新时代反贫困思想内容的基本方面或基本要素。显而易见，新时代反贫困思想的内容是有"要素"的。

2. 关于新时代反贫困思想的内容之间是否有"联系"的问题

考察一种思想的内容之间是否有联系，关键要看这些内容之间能否孤立存在——如果它们能够孤立存在，我们就可以认为它们之间缺乏联系；反之，我们就可以认为它们之间是有联系的。当然，至于到底是什么性质的联系以及联系的紧密程度如何等，这需要具体分析。新时代反

---

① 《中国大百科全书（第2版）》第24册，中国大百科全书出版社，2009，第256页。

② 马清健：《系统和辩证法》，求实出版社，1989，第40页。

贫困思想内容的八个主要方面是不是孤立的呢？回答是：不是孤立的，而是有着密切联系的。这种密切联系表现在：这八个主要方面只有按照一定的逻辑关系组合在一起，才能共同构成新时代反贫困思想的主要内容，从而呈现出完整的思想结构体系。新时代反贫困思想正是这样的有着按照一定的逻辑关系由八个主要方面组合而成的思想体系。为什么要这样说呢？在于：构成新时代反贫困思想主要内容的这八个主要方面，是笔者以马克思主义为指导，用历史唯物主义和辩证唯物主义的科学方法，在深入研究习近平近 40 年的有关反贫困系列重要论述的基础上，经过科学分析、归纳与综合，最终得出的研究结论。这八个主要方面是有一定的内在逻辑联系的科学观点，而不是胡乱拼凑出来的观点，它们能够恰如其分地代表新时代反贫困思想的主要内容。换句话说，这八个主要方面共同构成了新时代反贫困思想的主要内容。

那么，这八个主要方面的基本逻辑联系到底体现在哪里呢？这里不妨做一点简要说明。中国反贫困领导力量的思想，是新时代反贫困思想的统帅，其他七个方面的反贫困思想都必须在这个思想所规范的轨道上运行；同时，中国反贫困领导力量的思想和中国反贫困主体力量的思想，它们所要阐明的是领导力量和依靠力量的关系，而作为中国反贫困领导力量的中国共产党和作为中国反贫困依靠力量的人民群众则又是中国反贫困事业的真正实践者，这两者是鱼水关系，谁都离不开谁。由这个思路出发，可以知道，中国反贫困领导力量的思想和中国反贫困主体力量的思想，在新时代反贫困思想体系中是互为支撑的重要思想，缺了谁都是有损新时代反贫困思想的完整体系的。中国反贫困动力系统的思想与中国反贫困领导力量的思想和中国反贫困主体力量的思想之间的联系也非常紧密，表现在：中国反贫困动力系统的思想所要阐明的是中国反贫困实践的动力问题，而中国共产党和人民群众作为中国反贫困的实践主体，是不能缺少反贫困的动力的，缺少反贫困的动力，就意味着反贫困不能正常开展甚至终止。由此来看，中国反贫困动力系统的思想与中国反贫困领导力量的思想和中国反贫困主体力量的思想，它们之间是一种天然的逻辑联系。中国反贫困关键问题的思想、中国反贫困根本手段的思想、中国反贫困具体办法的思想、中国反贫困关键策略的思想、中国反贫困根本手段的思想，它们所要阐明的其实是中国反贫困的行动策略，换句话说，这五个方面有机构成中国反贫困行动策略的思想。由此来看，它们必然要形成相互协同、相辅相成、互为支撑的结构及逻辑关系。而由上述五个方面共同构成的中国反贫困行动策略的思想，都是为中国反贫困实践者——中国共产党和人民群众提供行动方案的思想，因此，它又与中国反贫困领导力量的思想、中国反贫困主体力量的思想、中国反贫困动力系统的思想有着千丝万缕的联系。中国反贫困战略目标的思想所要阐明的对象——中国反贫困战略目标，这是中国反贫困的落脚点和归宿，也是新时代反贫困思想中其他七个方面思想的落脚点和归宿。

由上述分析可知，新时代反贫困思想的主要内容是一种有机构成，其构成的各个部分相互依存，相互协同，相辅相成，缺一不可。只要缺少了其中任何一个方面，就势必有损新时代反贫困思想内容的完整性和准确性。因此，新时代反贫困思想的内容之间是否有"联系"的问题，其实根本就不是什么问题。

3. 关于新时代反贫困思想的内容是否是"整体"的问题

新时代反贫困思想的内容是由诸多要点或方面有机结合而成的，它们共同存在并发挥作用的时候，才真正称得上新时代反贫困思想。因此，新时代反贫困思想的内容是一个有机的整体。单独地或孤立地抽出其中一个要点或一个方面而认定它可以代表新时代反贫困思想的内容的做法，显然是不科学的，甚至是错误的。

构成新时代反贫困思想的八个主要方面，都不能被孤立地看待。打个比方，人的手部有腕骨八块、掌骨五块、指骨十四块。当它们与人的手上的肌肉、神经、血管、筋腱按照某种方式有机结合在一起构成整体的时候，人的手就能够很好地完成某些动作，这时候，八块腕骨、五块掌骨和十四块指骨都是人的手的有机构成部分，都算是手。但是，如果我们将其中的一块骨头砍掉，这被砍掉的一块骨头与人的手的其他部分分离了，丧失了其原有的功能，此时的这块被砍下的骨头就不能算是手了；而剩下的带有残缺的手，充其量也就只是一只不完整的手，这样，由于构成的不完整，其功能自然也不可能完整。同样的道理，如果将新时代反贫困思想主要内容中的任何一个方面拿掉，就会造成这个思想体系的不完整性。由此来看，新时代反贫困思想的内容是否是"整体"的问题，其实也不是什么问题。

综上所述，我们可以明确地认定，新时代反贫困思想的内容是系统的。

（三）新时代反贫困思想的内容是科学的

判断一种思想的内容科不科学，要看它所体现的立场是否正确，即既要看它代表什么人的利益，还要看它是否符合人类社会发展的方向。如果一种思想的内容能体现人民立场，即能代表最广大人民群众的根本利益，并且，这种思想又符合人类社会的发展方向，我们就认为这种思想的内容是科学的，反之则是不科学的。

新时代反贫困思想的内容，涉及的主要是中国反贫困领导力量、中国反贫困主体力量、中国反贫困动力系统、中国反贫困关键问题、中国反贫困战略目标、中国反贫困根本手段、中国反贫困具体办法、中国反贫困关键策略等，它不是为某个人谋利益的，也不是为某个或某些小集团谋利益的，它所面向的是中国最广大人民群众，是为他们谋利益的，其目标指向从根本上说只是：改善民生、消除贫困、实现全体中国人民的共同富裕。可见，它所体现的是最广大人民群众的立场，所代表的是最广大人民群众的根本利益。同时，新时代反贫困思想所追求的，实质上是实现社会的公平正义。为什么这样说呢？因为它追求的是实现全体中国人民的共同富裕，而共同富裕正是符合人类社会发展的价值追求，代表了千百年来人类社会的共同理想，体现了人类社会一直以来所追求的公平正义。事实上，古今中外，人们都是把实现共同富裕看成是人类社会的未来发展目标和根本归宿的。当然，新时代反贫困思想主要适用于中国的反贫困实践，但是，它的内容包含了一些普适性的原则和观点，可以为世界上其他发展中国家的反贫困提供借鉴和参考。

因此，新时代反贫困思想既是代表最广大人民群众根本利益、体现人民立场的思想，又是符合人类社会发展方向、体现社会公平正义的思想。由此来看，新时代反贫困思想的内容的科学性是毋庸置疑的。

四　具有严谨的逻辑结构体系

全面考察和深入分析新时代反贫困思想，可以很清楚地看出它的严谨的逻辑结构。换句话说，新时代反贫困思想是具有严谨逻辑结构的思想体系。新时代反贫困思想的这种严谨的逻辑结构体系是怎样体现出来的呢？简单地说，是通过"一根红线、五个部分"体现出来的。下面做一点简要分析。

（一）新时代反贫困思想是有红线贯穿的思想体系

在汉语里，"红线"一词有很多意思。归纳起来，大致有这么几种常见的意思。一是指红色丝线。例如，唐代白居易《红绣毯》中所说的"染为红线红于蓝，织作披香殿上毯"，就是红色丝线的意思。二是比喻男女姻缘。中国人历来认为男女婚姻多系前定，仿佛有红线暗中牵系。因此就以红线表示缔结婚姻。三是指文章或思想体系中贯穿始终的正确思想。例如，著名作家秦牧在《一九七九年的晨钟》一文中谈到党的十一届三中全会公报发表时说："三中全会公报，是党中央致送给全国人民一份珍贵的新年礼物。在这份公报中，'实事求是'四个字出现了很多次。实际上，它也的确像一根红线一样，贯穿于整份公报之中。"① 这里的"红线"，指的是"实事求是"思想。本研究所说的"新时代反贫困思想是有红线贯穿的思想体系"中的"红线"，是指"以人民为中心的价值追求"这根红线，它贯穿着新时代反贫困思想体系的每一方面的具体内容。事实上也正是如此。新时代反贫困思想内容非常丰富，每一部分的表述虽然都各有不同，但是，以人民为中心的价值追求却是一直贯穿其中的。因此，可以确定，新时代反贫困思想是有红线贯穿各个组成部分的有联系的思想体系。也正因为如此，它才显示出自己的整体性和系统性，才显示出自己具有严谨的逻辑结构体系。

（二）新时代反贫困思想是有严谨逻辑结构的思想体系

考察新时代反贫困思想的逻辑结构，需要从其丰富的内容出发。诚如前文所述，我们把新时代反贫困思想的内容概括为八个主要方面。其实，我们对这八个方面内容还可以进行进一步的概括和归纳。例如，如果我们从新时代反贫困思想指导国家脱贫攻坚实践的角度来考察上述八个方面的主要内容，那么就可以将之概括为逻辑统一的中国反贫困的

---

① 《秦牧文集》第 1 卷，春风文艺出版社，1983，第 299 页。

"政治保障""力量源泉""动力系统""行动策略""战略目标"五个部分。这五个部分的关系是：中国反贫困的"政治保障"所强调的是中国共产党的坚强领导，它是保证中国反贫困的"力量源泉""动力系统""行动策略"等方面在脱贫攻坚实践过程中沿着正确轨道前进的部分，它对于中国反贫困的战略目标最终实现至关重要；中国反贫困的"战略目标"强调的是整个脱贫攻坚的目的指向，是大局和方向；中国反贫困的"力量源泉""动力系统""行动策略"，三者是表征国家脱贫攻坚系统工程中的缺一不可的关键环节。因为，只有具备了这三个方面，国家的脱贫攻坚实践活动才有可能开展，国家的反贫困系统工程才能够顺利运转。显然，这样来概括和进一步归纳新时代反贫困思想的主要内容，也是符合学术研究的规范的。

　　为了便于大家看清楚和准确理解新时代反贫困思想，我们拟按照上述的概括和分析来考察新时代反贫困思想的严谨的逻辑结构。为了更直观地表示新时代反贫困思想的严谨的逻辑结构，笔者绘制了结构示意图供大家参考（见图 4 - 1）。[①]

　　当然，我们在考察新时代反贫困思想的严谨的逻辑结构时，还可以有别的视角。但是，不管采取什么样的视角看待新时代反贫困思想，都是应该可以发现其严谨的逻辑结构的。新时代反贫困思想作为一种建立在中国反贫困实践基础上的科学的反贫困思想体系，它具有严谨的逻辑结构，这是毋庸置疑的。

[①]　此处要说明一下。考察一种思想体系的结构的严谨性，可以有不同的方法和视角。本研究的这种从分析新时代反贫困思想主要内容及其主要内容各部分之间的联系来考察其严谨逻辑结构的方法和视角，仅仅是诸多方法和视角中的一种。事实上，作为学术研究，人们完全可以在自己研究习近平反贫困系列重要论述的基础上对之进行概括与分析。自然，也完全可以按照自己的理解和分析去概括其逻辑结构。

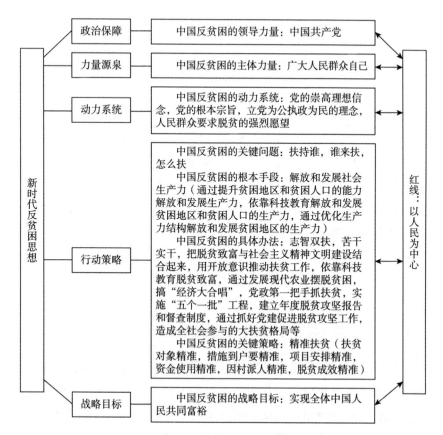

图4-1 新时代反贫困思想的逻辑结构示意图

第五章　新时代反贫困思想的时代价值

新时代反贫困思想丰富和发展了马克思主义反贫困思想，丰富和发展了中国特色社会主义理论体系，能够用于指导我国的脱贫攻坚事业，确保我国全面建成小康社会和基本实现全体人民的共同富裕，能为亚非拉第三世界国家反贫困实践提供有益借鉴，也能对构建人类命运共同体起到积极作用。因此，它有着突出的时代价值。

一　新时代反贫困思想的理论价值

（一）丰富和发展了马克思主义反贫困思想

新时代反贫困思想是在马克思主义反贫困思想的指导下，在继承中华传统优秀文化思想中的反贫困思想以及毛泽东、邓小平、江泽民、胡锦涛等前任党和国家领导人反贫困思想的基础上，结合习近平多年领导扶贫开发实践而形成、发展和丰富起来的反贫困思想体系。它是习近平新时代中国特色社会主义思想的重要组成部分，也是中国特色社会主义理论体系的重要组成部分。

在中国特色社会主义理论体系中，有着丰富的反贫困思想。这是中国共产党主要领导人在探索社会主义道路、建设中国特色社会主义过程中形成和不断丰富发展起来的反贫困思想，是对马克思主义反贫困思想的继承、丰富和发展。中国特色社会主义理论体系中的反贫困思想，是对马克思主义反贫困思想的继承和发展。马克思主义反贫困思想是在考察 19 世纪西方主要资本主义国家工人阶级生活状况的基础上深刻阐述资本主义社会里工人阶级贫困化问题所形成的反贫困理论。马克思主义反贫困思想认为，生产资料资本主义私有制是工人阶级贫困化的根源。从这个认识出发，马克思主义反贫困思想主张从根本上消除资本主义社会工人阶级贫困化问题，需要彻底消灭资本主义制度，建立社会主义和共产主义社会。按照马克思、恩格斯在《共产党宣言》中的说法，在夺取政权之后，"无产阶级将利用自己的政治统治，一步一步地夺取资产阶级的全部资本，把一切生产工具集中在国家即组织成为统治阶级的无产阶级手里，并且尽可能快地增加生产力的总量"①。换言之，无产阶级在夺取政权之后需要把土地、银行、矿山、工厂等收归国有，大力发展生产力，不断提高劳动生产率，改善民生，消除贫困，为过渡到共产主义社会创造条件。中国共产党领导全国各族人民在推翻帝国主义、封建主义和官僚资本主义，建立新中国的过程中，正是按照马克思、恩格斯的上述原则，把银行、矿山、工厂等官僚资本收归国有，并在此基础上建立起社会主义公有制，大力发展生产力，不断提高劳动生产率，改善民生和消除贫困。毛泽东、邓小平、江泽民、胡锦涛等中国共产党领导人继承了马克思主义反贫困思想，坚持走社会主义道路，坚持解放和发展社会生产力，不断改善民生，将社会主义事业不断推向前进。他们领导的中国社会主义建设实践是在马克思主义指导下的社会主义实践，本质上也是在马克思主义反贫困思想指导下的社会主义建设和反贫困实践。从这个角度来看，毛泽东、邓小平、江泽民、胡锦涛等中国共产党领导人确实继承了马克思主义的反贫困思想。

由于马克思、恩格斯、列宁等马克思主义经典作家所处的时代与毛泽东、邓小平、江泽民、胡锦涛等中国共产党领导人所处的时代环境不一样，因此，毛泽东、邓小平、江泽民、胡锦涛等中国共产党领导人的反贫困思想虽然继承了马克思主义反贫困思想，但是它们与马克思主义反贫困思想还是很不一样的。马克思主义反贫困思想着重从造成工人阶级贫困化的社会制度方面探讨工人阶级贫困的根本原因，是为全世界无产阶级谋解放的思想武器，因此在很大程度上具有世界性的指导意义。当时世界上还没有产生任何社会主义国家，因此，马克思主义反贫困思想没有涉及社会主义国家贫困问题到底怎么具体解决的问题。在马克思、恩格斯的设想里，社会主义社会与贫困应该是不相干的；他们也没有论述过社会主义的贫困问题。显然，这是历史条件制约了马克思、恩格斯对社会主义贫困问题的探索。人的思想理论是会受到历史条件制约的，

---

① 《马克思恩格斯文集》第 2 卷，人民出版社，2009，第 52 页。

正如恩格斯在批判空想社会主义者所指出的那样："不成熟的理论，是和不成熟的资本主义生产状况、不成熟的阶级状况相适应的。"① 恩格斯的意思是说，空想社会主义者的社会主义思想之所以成为空想，就在于社会历史条件制约了他们。诚然，马克思、恩格斯对社会主义贫困问题没有进行过探讨，也是受制于时代条件的结果。毛泽东、邓小平、江泽民、胡锦涛等中国共产党领导人的反贫困思想是针对新中国社会存在的贫困问题、在中国社会主义实践中产生的，因而主要适合于指导中国社会的反贫困实践。毛泽东、邓小平、江泽民、胡锦涛等中国共产党领导人的反贫困思想是中国反贫困实践的产物，它们在很多方面已经不是马克思主义经典作家的反贫困思想所能够涵盖得了的。也就是说，相比马克思、恩格斯等马克思主义经典作家的反贫困思想，毛泽东、邓小平、江泽民、胡锦涛等中国共产党领导人的反贫困思想有着特定的对象和新的时代内容。从这个意义上说，我们认为，毛泽东、邓小平、江泽民、胡锦涛等中国共产党领导人的反贫困思想丰富和发展了马克思主义反贫困思想。

诚如前文所述，中华优秀传统文化中的反贫困思想、无产阶级革命导师的反贫困思想以及新中国前任党和国家领导人的反贫困思想，是新时代反贫困思想的理论渊源。这就说明，新时代反贫困思想与上述反贫困思想是有继承关系的。事实上，新时代反贫困思想不仅继承了前任党和国家领导人的反贫困思想，重要的是，它还丰富和发展了前任党和国家领导人的反贫困思想。从这个意义上说，其实也意味着新时代反贫困思想丰富和发展了马克思主义反贫困思想。这种丰富和发展，主要体现在以下几个方面。

首先，新时代反贫困思想中有一些前任党和国家领导人没有提到的关于反贫困的新说法。这方面最典型的，莫过于习近平关于反贫困关键策略的论述，即精准扶贫。精准扶贫，是毛泽东、邓小平、江泽民和胡锦涛等前任党和国家领导人没有提到和阐述的新的反贫困思想。② 在习近平这里，精准扶贫则成了新时代反贫困思想的重要内容之一。党的十

---

① 《马克思恩格斯全集》第 20 卷，人民出版社，1971，第 283 页。
② 江泽民在论述扶贫开发时，曾经提到"必须把扶贫资金落实到贫困村、贫困户，减少一切可能消耗扶贫资金的中间环节"，这其实暗含了"扶贫资金精准"的意思。参见《江泽民文选》第 3 卷，人民出版社，2006，第 254 页。

八大以来，习近平强调得非常多和非常突出的，精准扶贫可算是其中之一。这是习近平与前任党和国家领导人在反贫困问题上的一个明显区别。习近平是将精准扶贫提到党的思想路线的高度来看待的。他说："总结各地实践和探索，好路子好机制的核心就是精准扶贫、精准脱贫，做到扶持对象精准、项目安排精准、资金使用精准、措施到户精准、因村派人精准、脱贫成效精准。这是贯彻实事求是思想路线的必然要求。"① 在这里，习近平把精准扶贫、精准脱贫提到了党的思想路线的高度。在中国，党和国家领导人的反贫困思想，实际上代表了中国共产党的反贫困思想。显然，习近平的精准扶贫思想丰富和发展了中国共产党的反贫困思想。换句话说，也就是习近平的精准扶贫论述丰富和发展了前任党和国家领导人的反贫困思想。

其次，新时代反贫困思想中有一些前任党和国家领导人涉及过的反贫困思想，但到了习近平这里，他结合中国的反贫困实践所面临的新形势丰富了其内容。这也表明，新时代反贫困思想丰富和发展了前任党和国家领导人的反贫困思想。这方面能够找到的例证是很多的。比如，早在延安时期，为了解决抗日根据地粮食供给问题，毛泽东为部队大生产运动题了词："自己动手，丰衣足食。"这其实就是一种通过自力更生摆脱贫困的思想。新中国成立后，通过自力更生摆脱贫困的思想，仍然是毛泽东的一个重要思想。1958 年 6 月中旬，毛泽东指出："自力更生为主，争取外援为辅，破除迷信，独立自主地干工业、干农业、干技术革命和文化革命，打倒奴隶思想，埋葬教条主义，认真学习外国的好经验，也一定研究外国的坏经验——引以为戒，这就是我们的路线。"② 毛泽东"自力更生为主，争取外援为辅"的思想，是指导中国革命和建设的一个基本方针，虽然并非完全是针对反贫困而言的，但是从比较宽泛的意义上说，这也是毛泽东的一个反贫困思想。习近平把通过自力更生摆脱贫困的思想表达得更为具体。他认为，贫困地区要脱贫致富，"我们要把事事求诸于人转为事事先求诸于己"。③ 如果说，毛泽东从宏观原则上论述了通过自力更生摆脱贫困的思想，那么习近平则在毛泽东关于通过自

① 《习近平关于全面建成小康社会论述摘编》，中央文献出版社，2016，第 156~157 页。
② 《毛泽东文集》第 7 卷，人民出版社，1999，第 380 页。
③ 习近平：《摆脱贫困》，福建人民出版社，1992，第 2 页。

力更生摆脱贫困思想的基础上，从中观和微观的角度阐述了如何通过自力更生去摆脱贫困。这本身就是对毛泽东关于通过自力更生摆脱贫困思想的丰富和发展。党的十八大以来，习近平多次强调要把国家的脱贫攻坚与人民群众自力更生紧密联系起来。他说："群众参与是基础，脱贫攻坚必须依靠人民群众，组织和支持贫困群众自力更生，发挥人民群众主动性。"① 他并且表示，这些经验要长期坚持。再如，关于通过抓好党建促脱贫攻坚的思想，江泽民、胡锦涛都有过这方面的论述。例如，江泽民就曾经指出："村是组织扶贫开发最基本的工作单位。村党支部要成为扶贫开发的坚强战斗堡垒，广大党员要成为扶贫开发的先锋模范。一些贫困村组织涣散、党员队伍后继乏人的状况，要尽快加以改变。"② 这其实就是通过抓好党建促脱贫攻坚的思想。江泽民的上述通过抓好党建促脱贫攻坚的思想，习近平也是反复强调的，所不同的是，习近平更早和更突出地强调和深入论述了这个方面的思想。早在 20 世纪 90 年代，习近平就结合自己扶贫开发实践已经论述了这方面的思想。1990 年 1 月，习近平写了题为《加强脱贫第一线的核心力量——建设好农村党组织》的文章，通篇都是论述通过抓好党建促脱贫攻坚的思想的。他说："党对农村的坚强领导，是使贫困的乡村走向富裕道路的最重要的保证。""如果没有一个坚强的、过得硬的农村党支部……就谈不上带领群众壮大农村经济，发展农业生产力，向贫困和落后作战。"③ 党的十八大以来，习近平更是反复强调这个思想。他强调："要加强贫困村'两委'建设。'帮钱帮物，不如帮助建个好支部'。要深入推进抓党建促脱贫攻坚工作，选好配强村'两委'班子，培养农村致富带头人，促进乡村本土人才回流，打造一支'不走的扶贫工作队'。"④ 关于习近平丰富和发展前任党和国家领导人的反贫困思想的例子还有不少。此处不再赘述。

上述论述说明，新时代反贫困思想丰富和发展了毛泽东、邓小平、江泽民、胡锦涛等党和国家领导人的反贫困思想。这其实也就意味着新时代反贫困思想丰富和发展了马克思主义反贫困思想。这种丰富和发展，

---

① 《习近平扶贫论述摘编》，中央文献出版社，2018，第 140 页。
② 《江泽民文选》第 3 卷，人民出版社，2006，第 255 页。
③ 习近平：《摆脱贫困》，福建人民出版社，1992，第 119 页。
④ 《习近平扶贫论述摘编》，中央文献出版社，2018，第 45 页。

是对马克思主义反贫困思想的重要贡献。

（二）丰富和发展了中国特色社会主义理论体系

胡锦涛在党的十七大报告中指出："中国特色社会主义理论体系，就是包括邓小平理论、'三个代表'重要思想以及科学发展观等重大战略思想在内的科学理论体系。"① 从最核心的目标来看，无论是邓小平理论、"三个代表"重要思想还是科学发展观，它们其实都是使中国摆脱贫困和发展中国的重要理论。这完全可以从它们的基本内容看出来。

邓小平理论基本内容包括马克思主义思想路线论、社会主义本质论、社会主义发展阶段论、社会主义根本任务论、社会主义发展战略论、社会主义改革论、社会主义改革开放论、社会主义市场经济论、社会主义民主政治论、社会主义精神文明建设论、社会主义建设政治保证论、社会主义领导核心论、社会主义依靠力量论、社会主义军队和国防建设论、社会主义国家外交战略论、祖国和平统一论。② 邓小平理论是一个完整的科学理论体系，是对中国改革开放和现代化建设经验的系统总结，是对社会主义建设基本规律比较全面和整体性的认识；是对社会主义根本问题的比较全面、完整的回答，是一系列新的思想、观点和概念紧密联系而构成的有机整体；既是对马列主义、毛泽东思想的继承和运用，又是对马列主义、毛泽东思想的创新和发展。③ 邓小平理论最明确的目标就是发展中国，使中国繁荣富强。而要发展中国，使中国繁荣富强，就必须使中国摆脱贫困。从这个意义上说，反贫困其实就是邓小平理论的核心内容之一。事实上，邓小平理论中的社会主义根本任务论、社会主义发展战略论、社会主义改革论、社会主义改革开放论、社会主义市场经济论，就是围绕中国如何摆脱贫困而形成的系统的发展理论。

"三个代表"是指江泽民关于中国共产党"必须始终代表中国先进生产力的发展要求，代表中国先进文化的前进方向，代表中国最广大人民的根本利益"的重要思想。它同马列主义、毛泽东思想和邓小平理论

---

① 中共中央文献研究室编《十七大以来重要文献选编》（中卷），中央文献出版社，2011，第262页。

② 参见李忠杰主编《邓小平理论全书》（上册），中共中央党校出版社，1998，第21~22页。

③ 参见李忠杰主编《邓小平理论全书》（上册），中共中央党校出版社，1998，第15~16页。

一脉相承，反映了当代世界和中国发展变化对党和国家工作的新要求，是中国共产党的立党之本、执政之基、力量之源，是加强和改进党的建设、推进中国社会主义制度自我完善和发展的强大理论武器。"三个代表"重要思想意味着党的理论、路线、纲领、方针、政策和各项工作，必须符合生产力发展的客观规律，体现推动先进生产力的发展要求，通过发展生产力不断提高人民群众的生活水平；意味着党的理论、路线、纲领、方针、政策和各项工作，必须体现发展面向现代化、面向世界、面向未来的民族的科学的大众的社会主义文化的要求，促进全民族思想道德素质和科学文化素质的不断提高，为国家经济发展和社会进步提供精神动力和智力支持；意味着党的理论、路线、纲领、方针、政策和各项工作，必须坚持把人民的根本利益作为出发点和归宿，充分发挥人民群众的积极性主动性创造性，在社会不断发展进步的基础上，使人民群众不断获得切实的经济、政治、文化利益。[①] 可见，"三个代表"重要思想是中国共产党关于如何代表和发展中国先进生产力、如何代表和发展中国先进文化以及如何代表、发展和维护最广大人民根本利益的指导思想。从本质上说，它其实就是使中国人民彻底摆脱贫困、走向富强的发展中国的理论。

科学发展观是以胡锦涛为总书记的党中央高举中国特色社会主义伟大旗帜，以马克思主义、毛泽东思想、邓小平理论和"三个代表"重要思想为指导，立足中国基本国情，总结和借鉴国内外发展实践经验，适应中国发展要求而提出的重大战略思想。它将发展作为第一要义，要求全党全国人民牢牢抓住经济建设这个中心，把握发展规律、创新发展理念、转变发展方式、破解发展难题，不断解放和发展社会生产力，实现又好又快的发展；它将以人为本作为核心，要求全党全国人民始终把实现好、维护好、发展好最广大人民的根本利益作为党和国家一切工作的出发点和落脚点，尊重人民主体地位，发挥人民首创精神，保障人民各项权益，走共同富裕道路，促进人的全面发展，做到发展为了人民、发展依靠人民、发展成果由人民共享；它将全面协调可持续作为基本要求，要求全党全国人民按照中国特色社会主义事业总体布局，全面推进经济

---

① 参见李长福主编《邓小平理论辞典》，中国文史出版社，2004，第27~29页。

建设、政治建设、文化建设、社会建设，促进现代化建设各个环节、各个方面相协调，促进生产关系与生产力、上层建筑与经济基础相协调；科学发展观将统筹兼顾作为根本方法，要求全党全国人民正确认识和妥善处理中国特色社会主义事业中的重大关系，统筹个人利益和集体利益、局部利益和整体利益、当前利益和长远利益，充分调动各方面积极性。既要总揽全局、统筹规划，又要抓住牵动全局的主要工作、事关群众利益的突出问题，着力推进、重点突破。显然，从科学发展观的内容及内涵来看，本质上也是旨在使中国人民彻底摆脱贫困、走向富强的发展中国的理论。

邓小平理论、"三个代表"重要思想和科学发展观都是中国特色社会主义理论体系的创新理论成果，它们之间既一脉相承又与时俱进，既有建设中国特色社会主义这一共同主题，又科学地回答了中国改革开放不同时期不同阶段所面临的新矛盾和新问题，因此，它们是一个相互衔接、相互贯通的、有机统一于中国特色社会主义理论体系的科学理论体系。

新时代反贫困思想是在马列主义毛泽东思想和中国特色社会主义理论体系指导下，在习近平扶贫开发实践和领导全国扶贫开发、脱贫攻坚过程中孕育并发展起来的旨在使中国摆脱贫困、实现共同富裕的反贫困思想理论。新时代反贫困思想来源于马列主义毛泽东思想和中国特色社会主义理论体系，而又从属于中国特色社会主义理论体系中的经济建设思想，因而新时代反贫困思想是中国特色社会主义理论体系的有机组成部分。新时代反贫困思想丰富和发展了毛泽东、邓小平、江泽民、胡锦涛等党和国家领导人的反贫困思想。

二　新时代反贫困思想的实践价值

（一）指导新时代我国的脱贫攻坚实践

新时代反贫困思想作为一种全面、科学、系统的反贫困理论，它产生于改革开放以来中国特色社会主义建设实践，是对中国特色社会主义建设实践的客观反映。马克思主义认为，理论来自人们的社会实践，并指导人们的社会实践；理论正确与否，要以实践作为检验的标准；理论要在实践中不断地得到修正、补充和完善，只有这样，才能更好地指导人们的社会实践。新时代反贫困思想作为新时代中国的反贫困理论，对于中国新时代的扶贫开发和脱贫攻坚实践具有重要的指导意义。这种指导意义表现在以下几个方面。

　　第一，新时代反贫困思想能够为新时代中国的扶贫开发和脱贫攻坚实践提供方向性的指导。新时代反贫困思想内容丰富而深刻，为我国全面实现小康社会指明了方向，也为我国基本实现全体人民共同富裕做了明确规划。习近平在党的十九大报告中指出："从现在到二〇二〇年，是全面建成小康社会决胜期。要按照十六大、十七大、十八大提出的全面建成小康社会各项要求，紧扣我国社会主要矛盾变化，统筹推进经济建设、政治建设、文化建设、社会建设、生态文明建设，坚定实施科教兴国战略、人才强国战略、创新驱动发展战略、乡村振兴战略、区域协调发展战略、可持续发展战略、军民融合发展战略，突出抓重点、补短板、强弱项，特别是要坚决打好防范化解重大风险、精准脱贫、污染防治的攻坚战，使全面建成小康社会得到人民认可、经得起历史检验。"[①] 全面建成小康社会，是我国反贫困的一个重要目标，但这并非我国反贫困的终极目标。中国反贫困的终极目标是实现全体人民的共同富裕。习近平指出，到本世纪中叶，要"把我国建成富强民主文明和谐美丽的社会主义现代化强国。到那时，我国物质文明、政治文明、精神文明、社会文明、生态文明将全面提升，实现国家治理体系和治理能力现代化，成为综合国力和国际影响力领先的国家，全体人民共同富裕基本实现，我国人民将享有更加幸福安康的生活，中华民族将以更加昂扬的姿态屹立于世界民族之林"。[②] 这里讲的"全体人民共同富裕基本实现"其实也仅仅是一个阶段性目标。因为中国反贫困的目的是要实现全体人民全面的共同富裕。当然，这是一个漫长的历史过程。新时代反贫困思想中的共同富裕目标，其实就是指全面的共同富裕，这是毫无疑义的。目前我国的

①　习近平：《决胜全面建成小康社会　夺取新时代中国特色社会主义伟大胜利——在中国共产党第十九次全国代表大会上的报告》，人民出版社，2017，第 27~28 页。

②　习近平：《决胜全面建成小康社会　夺取新时代中国特色社会主义伟大胜利——在中国共产党第十九次全国代表大会上的报告》，人民出版社，2017，第 29 页。

扶贫开发和脱贫攻坚正处于关键阶段，预计 2020 年在全国范围内实现全面小康，任务和压力都是非常重的。新时代反贫困思想中关于精准扶贫、精准脱贫以及实现全面小康社会和基本实现全体人民共同富裕的思想，对于当前我国的扶贫开发和脱贫攻坚实践具有特别重要的意义，因为它让我国各地的扶贫干部和贫困群众明确了扶贫开发和脱贫攻坚实践努力推进的关键策略和大方向。

第二，新时代反贫困思想能够为新时代我国的扶贫开发和脱贫攻坚实践提供针对性的指导。新时代反贫困思想是一个庞大的理论体系，其中既有宏观层面的高屋建瓴的指导性思想，又有中观和微观层面的相对具体的具有很强针对性的操作办法方面的思想。例如，新时代反贫困思想中的关于中国反贫困领导力量的思想，其实就是宏观层面的指导性思想。因为，这个思想是从大的方面或总体上指导中国反贫困实践的原则性思想。而新时代反贫困思想中的关于中国反贫困关键问题的思想和关于中国反贫困关键策略的思想，就是微观层面的反贫困思想。因为，这些思想涉及的是一些很具体、很"小"的问题，是关于如何开展反贫困实践的相对具体的思想。像关于反贫困关键问题的思想中的关于扶持谁的问题、关于谁来扶的问题以及关于怎么扶的问题的思想，关于反贫困关键策略的思想中的扶持对象精准、项目安排精准、资金使用精准、措施到户精准、因村派人精准以及脱贫成效精准的思想，涉及的都是中国反贫困实践中非常具体和非常"小"的问题，只能算是微观层面的反贫困思想。另外，像新时代反贫困思想中的关于扶贫开发要与社会主义精神文明建设有机结合起来的思想以及关于扶贫开发要搞"经济大合唱"的思想等，则大致上可以看成新时代反贫困思想里的中观层面的思想。因为这些思想就其所涉及的反贫困实践问题的具体程度和大小来说，介于"宏观"和"微观"之间，因此，把它们看成新时代反贫困思想里的中观层面的思想是比较恰当的。在新时代反贫困思想里，无论是宏观层面的、中观层面的还是微观层面的思想，都对中国的反贫困实践具有极强的针对性。为什么要这样说呢？原因在于：这些反贫困思想是中国特色社会主义反贫困实践的产物，是从这些实践中总结出来的思想，这就必然会赋予其突出的针对性；再者，从实践的角度来看，新时代反贫困思想在指导中国当前反贫困实践的过程中，以生动的事实确证了它的针对性，因为以它指导当前中国的反贫困实践，确实很有效——这就以事实证明了它的针对性。诚然，新时代反贫困思想中的宏观层面、中观层面和微观层面的思想，其针对性是不一样的。新时代反贫困思想中的宏观层面的思想，针对的是中国反贫困实践中总的、原则性的或方向性的问题；新时代反贫困思想中的微观层面的思想，针对的是中国反贫困实践中具体的操作层面的问题；而新时代反贫困思想中的中观层面的思想，针对的则是介于中国反贫困实践中总的、原则性的或方向性的问题和具体的操作层面的问题之间的问题。

（二）确保我国全面建成小康社会和基本实现全体人民的共同富裕

在我国，全面建成小康社会和基本实现全体人民的共同富裕，堪称中国有史以来最伟大的社会实践。虽然，在中国古代历史上，中国人民曾经有过小康社会和大同社会的理想，但是，在当时的社会条件和历史环境下，小康社会和大同社会的理想只不过是一厢情愿的空想而已。中国共产党在谋求中华民族和中国人民独立和解放的过程中，旗帜鲜明地将实现大同社会作为自己的奋斗目标。1949 年 6 月，毛泽东在《论人民民主专政》中指出中国的前途是："经过人民共和国到达社会主义和共产主义，到达阶级的消灭和世界的大同。"[1] 新中国成立后，中国共产党的所有路线、方针、政策，都是围绕把中国建设成为伟大的社会主义强国这个宏伟目标而展开的。虽然在探索社会主义建设过程中有过曲折，但是把中国建设成为伟大的社会主义强国这个目标，中国共产党从来就没有动摇过。关于这一点，从党和国家领导人反复强调这个伟大目标就可以看出来。例如，1954 年 6 月，毛泽东说："我们的总目标，是为建设一个伟大的社会主义国家而奋斗。"[2] 1957 年 3 月，毛泽东说："我们一定会建设一个具有现代工业、现代农业和现代科学文化的社会主义国家。"[3] 同年 12 月，毛泽东又说："建设社会主义，原来要求是工业现代化，农业现代化，科学文化现代化，现在要加上国防现代化。"[4] 毛泽东

---

[1] 《毛泽东选集》第 4 卷，人民出版社，1991，第 1471 页。
[2] 《毛泽东文集》第 6 卷，人民出版社，1999，第 329 页。
[3] 《毛泽东文集》第 7 卷，人民出版社，1999，第 268 页。
[4] 《毛泽东文集》第 8 卷，人民出版社，1999，第 116 页。

之后的历任党和国家领导人，都反复强调了这样的奋斗目标，虽然表述不一定完全相同，但实质是一样的。1979 年 3 月，邓小平说："要在本世纪内实现四个现代化，把我国建成一个社会主义强国。"[①] 1991 年 7 月 1 日，江泽民说："把我国建设成为富强、民主、文明的社会主义现代化国家。"[②] 2002 年 12 月胡锦涛在西柏坡学习考察时指出，党的奋斗目标是："要完成党的十六大提出的全面建设小康社会奋斗目标，要完成基本实现现代化、把我国建设成为富强民主文明的社会主义国家的历史任务。"[③] 把中国建设成为伟大的社会主义强国，是一项前无古人的伟大社会实践。这个伟大的社会实践，需要从摆脱贫困入手，并在此基础上把中国建成名副其实的伟大的社会主义国家。任何伟大的社会实践都需要正确思想的指导。新时代反贫困思想就是一种可以用来指导中国成为伟大的社会主义强国的正确思想。当前，全面建成小康社会，意味着中国在建设伟大的社会主义强国道路上又迈进了关键性的一步，同时也意味着，在全面建成小康社会的伟大征途中，中国人民的共同富裕在某种程度上正逐步变成实现。新时代反贫困思想正好适应了中国社会的这种需要。特别是其中的关于反贫困关键问题的思想以及关于中国反贫困关键策略的思想极具现实针对性，从指导思想层面克服了过去我国在扶贫开发过程中所存在的一些不足，如扶贫对象瞄不准，扶贫资金、扶贫项目等不精准的现象，从而有助于加快我国脱贫攻坚、实现全面小康和逐步实现共同富裕的步伐。2017 年 6 月 23 日，习近平在深度贫困地区脱贫攻坚座谈会上指出："现在，各方面都行动起来了。""脱贫攻坚成绩显著，每年农村贫困人口减少都超过 1000 万人，累计脱贫 5500 多万人；贫困发生率从 2012 年底的 10.2% 下降到 2016 年底的 4.5%，下降 5.7 个百分点；贫困地区农村居民收入增幅高于全国平均水平，贫困群众生活水平明显提高，贫困地区面貌明显改善。"[④] 这说明，新时代反贫困思想指导下的新时代中国的扶贫开发和脱贫攻坚实践是相当有效的，同时也说明，用新时代反贫困思想指导中国的反贫困实践，是能够起到确保我国全面

---

①　《邓小平文选》第 2 卷，人民出版社，1994，第 163 页。
②　《江泽民文选》第 1 卷，人民出版社，2006，第 151 页。
③　《胡锦涛文选》第 2 卷，人民出版社，2016，第 6 页。
④　习近平：《在深度贫困地区脱贫攻坚座谈会上的讲话》，人民出版社，2017，第 5 页。

建成小康社会和基本实现全体人民共同富裕的积极作用的。

（三）　为亚非拉第三世界国家反贫困实践提供有益借鉴

如果说，指导新时代我国的脱贫攻坚实践，确保我国全面建成小康社会和基本实现全体人民共同富裕，是新时代反贫困思想的国内实践价值的话，那么为亚非拉第三世界国家反贫困实践提供有益的借鉴则是其国际实践价值。

新时代反贫困思想能否为亚非拉第三世界国家反贫困实践提供有益的借鉴呢？回答是肯定的。

首先，中国与亚非拉第三世界国家有着良好的传统友谊，这种关系有利于中国和亚非拉第三世界国家交流互鉴，从而促使彼此的发展与进步。这为亚非拉第三世界国家借鉴中国党和国家领导人的反贫困思想创造了有利条件。在历史上，中国与亚非拉第三世界国家有着同样的被帝国主义侵略、掠夺和残酷剥削压迫的悲惨命运，这种同样的命运使得中国和亚非拉第三世界国家容易走到一起，从而形成相互团结、互相支持、共同反对帝国主义剥削压迫的局面。历史上，亚非拉许多国家都沦为西方列强的殖民地和附属国，备受西方列强的侵凌和欺辱，造成了它们发展迟缓和贫困落后。1917 年，俄国十月革命胜利后，世界上第一个社会主义国家幸运而生，极大地推动了国际社会主义运动的蓬勃发展，也极大地鼓舞了世界各地殖民地半殖民地国家人民的民族独立解放斗争。1949 年 10 月，占世界人口 1/5 的中国摆脱了帝国主义、封建主义和官僚资本主义的残酷统治，宣告了中华人民共和国的成立。新中国的成立，沉重地打击了国际帝国主义势力，极大地鼓舞和进一步推动了亚非拉殖民地半殖民地国家人民的民族独立解放斗争。特别是在 20 世纪五六十年代，毛泽东领导的新中国在自己极端困难的情况下给予了各大洲原殖民地国家的民族独立运动以政治上、道义上、经济上的大力支持，而亚非拉许多国家在取得独立后，中国政府发扬国际主义精神，又给予了亚非拉第三世界国家大量的无偿援助。与此同时，在国际政治斗争中，中国政府经常以发展中国家代言人的身份，代表亚非拉第三世界国家与西方发达国家进行了针锋相对的斗争，维护了亚非拉第三世界国家的根本利益。因此，众多新独立和比较贫困落后的亚非拉发展中国家，与中国的关系非常友好，同中国建立起了深厚的友谊。这种深厚友谊的建立，对于中国与这些国家交流互鉴创造了极为有利的条件。

其次，中国改革开放特别是党的十八大以来，中国共产党领导的反贫困实践成就举世瞩目，这种情况对于亚非拉第三世界国家很有吸引力，这促使亚非拉第三世界国家一些领导人有前来借鉴中国反贫困经验的意愿。事实上，早在中国改革开放不久，就有一些非洲国家领导人前来了解中国的发展经验。例如，1982 年 5 月，利比亚国家元首多伊会见中国改革开放总设计师邓小平，表示要了解中国的发展经验。邓小平对他说："你们想了解中国的经验，中国的经验第一条就是自力更生为主。""我们向第三世界朋友介绍的首要经验就是自力更生。"[①] 党的十八大以来，中国的反贫困成就更加为世界各国所关注，特别是中国共产党和中国政府"一路一带"合作、发展理念的提出和实施，表明中国政府十分乐意发展与沿线国家的经济合作伙伴关系，共同打造政治互信、经济融合、文化包容的利益共同体、命运共同体和责任共同体。这对于推进中国反贫困事业和带动沿线国家的反贫困事业有着积极的意义。新时代反贫困思想是目前我国推进扶贫开发事业的重要指导思想。尤其是其中的精准扶贫思想，目前已经在全国各地付诸实践，并取得了显著成绩。面对中国的强劲发展态势，一些发展中国家，特别是同中国有着深厚传统友谊的非洲诸国，它们非常看好中国，非常愿意学习中国成功的反贫困经验。在这个方面，一些非洲国家学者和官员表达了他们人民的真实意愿。2017 年 9 月，在马拉维首都利隆圭举办的"中非合作与非洲发展"国际研讨会上，中方学者与 11 个非洲国家的学者就中国经验对非洲发展的启示等议题进行了深入探讨和广泛交流。有非洲学者表示："非洲国家曾经在独立时和中国处于同一发展水平，但目前中国发展水平远超非洲大多数国家，我们惊讶于中国的发展模式，并希望借鉴这种模式。"[②] 这其实能够代表非洲大多数国家领导人和人民的真实想法。这说明，他们对中国的反贫困经验、发展经验是有着浓厚兴趣的。这样，他们就有可能在学习中国反贫困成功经验的同时，会接触到中国的扶贫政策以及中国最

---

① 《邓小平文选》第 2 卷，人民出版社，1994，第 406 页。

② 转引自张玉亮《非洲国家可以向中国学什么》，《新华每日电讯》2017 年 9 月 12 日。

高领导人的有关反贫困论述。从这个意义上说，新时代反贫困思想确实能够为世界第三世界国家的反贫困实践提供有益的借鉴。

再次，中国共产党和中国政府为了构建人类命运共同体的崇高目标，非常愿意主动将自己反贫困的成功经验向世界各国特别是亚非拉第三世界国家推广，期盼创造一个世界各地人民生活富足、美好祥和的世界，即和谐世界。在这个方面，中国共产党和中国政府有大量的实际行动。例如，2015 年，中国商务部和中国国际扶贫中心举办了"2015 年非洲英语国家完善精准扶贫机制与综合减贫官员研修班"，来自马拉维、莱索托、南苏丹、乌干达、津巴布韦、博茨瓦纳 6 个国家减贫与发展相关部门的 24 名代表参加了研修班，中国的专家学者向他们介绍了中国国情概况、中国农村扶贫开发政策与实践、中国完善精准扶贫的策略框架和政策体系、中国农村扶贫资金的筹集与管理、中国农村教育卫生发展政策与实践等。本次研修班分析了中国与非洲完善精准扶贫项目过程中存在的问题和面临的挑战，促进了中国与非洲在减贫与发展领域的政策交流和经验共享，推动了中国与非洲国家间的减贫交流与合作。① 其实，类似这样的研修班，在中国已经不是第一次举办。2015 年前举办过，2015 年后也在举办。例如，2012 年，国家商务部和国务院扶贫办主办、湖北省扶贫办承办过"非洲法语国家实现联合国千年发展目标官员研修班"②；2017 年，中国商务部和中国国际扶贫中心举办了"2017 年非洲法语国家开发式扶贫政策与实践官员研修班"③。近些年，类似研修班的举办没有间断过。另外，在一些相关国际会议上，中国共产党和中国国家领导人也会向世界第三世界国家介绍自己的反贫困成功经验。例如，2015 年 10 月 16 日，习近平在北京举办的"2015 减贫与发展"高层论坛上发表题为《携手消除贫困，促进共同发展》的主旨演讲，向来自世界

① 《"2015 年非洲英语国家完善精准扶贫机制与综合减贫官员研修班"在北京闭幕》，国务院扶贫开发领导小组办公室网站，http://www.cpad.gov.cn/art/2015/7/13/art_39_26334.html，最后访问日期：2019 年 12 月 1 日。

② 参见孟静、曾继斌、夏智《非洲法语国家官员来鄂考察扶贫开发》，《湖北日报》2012 年 12 月 2 日。

③ 参见《"2017 年非洲法语国家开发式扶贫政策与实践官员研修班"在北京开班》，国务院扶贫开发领导小组办公室网站，http://www.cpad.gov.cn/art/2017/5/8/art_39_62723.html，最后访问日期：2019 年 10 月 8 日。

各地的客人介绍了中国的反贫困经验。最后他呼吁："让我们携起手来，为共建一个没有贫困、共同发展的人类命运共同体而不懈奋斗！"① 这充分说明，中国共产党和中国政府在反贫困问题上非常乐于向世界发展中国家介绍自己反贫困的经验，非常希望他们在反贫困方面取得巨大成功。中国共产党和中国政府之所以不遗余力地通过各种途径向第三世界国家介绍自己反贫困成功经验，不为别的，就为构建人类命运共同体，构建美好祥和的和谐世界。而构建人类命运共同体，是中国共产党人矢志不渝的奋斗目标。

最后，中国共产党是世界上最大的执政党，中国是世界上最大的发展中国家，习近平作为中共中央总书记和中国国家主席在当今世界享有崇高威望，这种情况决定了他的治国理政思想不可避免地要受到世界各国的关注。事实上也正是如此。2018 年 1 月 29 日，《人民日报》（海外版）发表了卢泽华的题为《这本书，全世界都在学习》的文章。文章说，《习近平谈治国理政》"被秘鲁总统库琴斯基、印度共产党（马）总书记西塔拉姆·亚秋里等政要摆在案头，也被脸书首席执行官扎克伯格视为必读书目。这本书，坦桑尼亚的执政党和政府高级官员人手一册，越南国家政治出版社为所有司局级干部配送一本。法国前总理让－皮埃尔·拉法兰为它专门作了长篇笔记，柬埔寨以国家名义为它举办专题研讨会，首相洪森还希望获得其电子版，以便在手机上反复阅读……"这说明，《习近平谈治国理政》受到了一些国外政要的严重关注。文章还指出："除了各国政要和学者，在普通民众中间，《习近平谈治国理政》也刮起一阵阵学习旋风。无论是厄瓜多尔的基多国际书展、伊朗的德黑兰国际书展还是在纽约举办的美国书展，都有不少当地读者专门到中国图书展台购买《习近平谈治国理政》一书。"这充分说明，习近平治国理政思想在当今世界具有一定的世界影响。也无怪乎美国前国务卿基辛格会这样说："它为了解一位领袖、一个国家和一个几千年的文明打开了一扇清晰而深刻的窗口。"② 而《习近平谈治国理政》中，就有着丰富的反贫困思想。因此，随着《习近平谈治国理政》在世界各地热销，一定

---

① 习近平：《携手消除贫困 促进共同发展：在 2015 减贫与发展高层论坛的主旨演讲》，人民出版社，2015，第 11 页。

② 卢泽华：《这本书，全世界都在学习》，《人民日报》（海外版）2018 年 1 月 29 日。

会有更多国家（包括亚非拉第三世界国家）的人民了解新时代反贫困思想。从这个意义上说，新时代反贫困思想能够为亚非拉第三世界国家的反贫困实践提供有益的借鉴。

（四）能对构建人类命运共同体起到积极作用

人类命运共同体是指在追求本国利益的同时兼顾世界其他各国的合理关切，在谋求本国发展的过程中促进世界各国共同发展。中国共产党是以实现共产主义为最高和最终奋斗目标的先进政党，它的奋斗目标内在地包含了实现共同富裕等体现人类社会进步和人类社会公平正义价值追求等先进理念，更包含了要消除贫困、实现社会公平正义、实现共同富裕等现实实践要求。中国共产党全部理论和实践自始至终都暗含了构建人类命运共同体的神圣目标。

2011 年，中国共产党和中国政府在《中国的和平发展》白皮书中提出，要以"命运共同体"的新视角寻求人类共同利益和共同价值的新内涵。2012 年，胡锦涛在党的十八大报告中旗帜鲜明地阐述了中国共产党的主张。他说："我们主张，在国际关系中弘扬平等互信、包容互鉴、合作共赢的精神，共同维护国际公平正义。"[1] 他还进一步指出："合作共赢，就是要倡导人类命运共同体意识，在追求本国利益时兼顾他国合理关切，在谋求本国发展中促进各国共同发展，建立更加平等均衡的新型全球发展伙伴关系，同舟共济，权责共担，增进人类共同利益。"[2] 2017 年 10 月 18 日，习近平在党的十九大报告中对"坚持和平发展道路，推动构建人类命运共同体"专门做了阐述，并表示："中国人民愿同各国人民一道，推动人类命运共同体建设，共同创造人类的美好未来！"[3] 可见，构建人类命运共同体，创造和实现人类社会美好未来，是中国共产党一以贯之的奋斗目标和追求。

但是，人类命运共同体要得以构建，无论从理论上还是从实践上说，都应该是有很苛刻的条件的。首先，它需要各国人民尤其是各国政治家

---

[1] 《胡锦涛文选》第 3 卷，人民出版社，2016，第 651 页。

[2] 《胡锦涛文选》第 3 卷，人民出版社，2016，第 651 页。

[3] 习近平：《决胜全面建成小康社会 夺取新时代中国特色社会主义伟大胜利——在中国共产党第十九次全国代表大会上的报告》，人民出版社，2017，第 60 页。

们树立起正确的国际权力观、共同利益观、可持续发展观和全球治理观。只有这样，良好的国际秩序才能够建立起来并长期保持下去。否则，就会不可避免地不断重复人类社会数个世纪以来的数不清的战争和冲突，就会不断重演社会动荡、粮食危机、难民大潮以及各种灾难等表征人类社会悲惨命运的历史画卷。其次，它需要各国人民和各国政府一道身体力行，切切实实地将正确的国际权力观、共同利益观、可持续发展观和全球治理观贯彻到各自国家的治理和全球治理过程之中，消除世界各种不利于发展、不利于和谐稳定的因素。而要消除世界各种不利于发展、不利于和谐稳定的因素，工作千头万绪，但是最根本和最迫切的工作应该是消除贫困的工作。有道是：国以民为本，民以食为天。世界上没有哪个国家长期处于贫困饥饿状态而又不发生动荡的。只要有饥饿存在，这个世界就注定不太平。因此，要构建人类命运共同体，就必须严重关注贫困问题，必须把消除贫困作为事关国家发展稳定、事关世界和谐和平发展的重要工作来看待，进而扎扎实实地抓好。

新时代反贫困思想虽然主要针对的是中国社会的贫困问题，主要的价值体现在指导中国扶贫开发和脱贫攻坚实践上，但是，由于它是一种科学的反贫困思想，因此，它对于世界其他国家尤其是发展中国家的反贫困实践也是具有一定借鉴意义的。正如前文所提到的《习近平谈治国理政》在海外热销的情况那样，新时代反贫困思想也一定会得到世界一些人的某种程度的关注，这样，就为世界上一些人学习、应用或借鉴新时代反贫困思想提供了现实可能性，从而促使他们为解决本国、本地的贫困问题助力。而消除贫困本身就是构建人类命运共同体的一个基本的重要的前提条件。正是从这个意义出发，本研究认为，新时代反贫困思想能够对构建人类命运共同体起到积极的作用。

主要参考文献

一

《马克思恩格斯全集》第 2 卷，人民出版社，1957。

《马克思恩格斯全集》第 4 卷，人民出版社，1958。

《马克思恩格斯全集》第 10 卷，人民出版社，1998。

《马克思恩格斯全集》第 17 卷，人民出版社，1963。

《马克思恩格斯全集》第 20 卷，人民出版社，1971。

《马克思恩格斯全集》第 23 卷，人民出版社，1972。

《马克思恩格斯全集》第 47 卷，人民出版社，1979。

《马克思恩格斯文集》第 1 卷，人民出版社，2009。

《马克思恩格斯文集》第 2 卷，人民出版社，2009。

《马克思恩格斯文集》第 3 卷，人民出版社，2009。

《马克思恩格斯文集》第 5 卷，人民出版社，2009。

《马克思恩格斯文集》第 8 卷，人民出版社，2009。

《马克思恩格斯文集》第 9 卷，人民出版社，2009。

《列宁全集》第 1 卷，人民出版社，2013。

《列宁全集》第 4 卷，人民出版社，2013。

《列宁全集》第 7 卷，人民出版社，2013。

《列宁全集》第 13 卷，人民出版社，2017。

《列宁全集》第 20 卷，人民出版社，2017。

《列宁全集》第 22 卷，人民出版社，2017。

《列宁全集》第 24 卷，人民出版社，2017。

《列宁全集》第 28 卷，人民出版社，2017。

《列宁专题文集　论社会主义》，人民出版社，2009。

《列宁专题文集　论资本主义》，人民出版社，2009。

《列宁专题文集　论马克思主义》，人民出版社，2009。

《列宁专题文集 论无产阶级政党》，人民出版社，2009。

《斯大林选集》（上卷），人民出版社，1979。

二

《毛泽东选集》第 1～4 卷，人民出版社，1991。

《毛泽东文集》第 3 卷，人民出版社，1999。

《毛泽东文集》第 6 卷，人民出版社，1999。

《毛泽东文集》第 7 卷，人民出版社，1999。

《毛泽东文集》第 8 卷，人民出版社，1999。

《毛泽东早期文稿》，湖南人民出版社，2008。

《毛泽东军事文集》第 6 卷，军事科学出版社、中央文献出版社，1993。

《刘少奇选集》（上卷），人民出版社，1981。

《刘少奇选集》（下卷），人民出版社，1985。

《周恩来选集》（下卷），人民出版社，1984。

《邓小平文选》第 1～2 卷，人民出版社，1994。

《邓小平文选》第 3 卷，人民出版社，1993。

《江泽民文选》第 1～3 卷，人民出版社，2006。

《江泽民论有中国特色社会主义（专题摘编）》，中央文献出版社，2002。

江泽民：《论科学技术》，中央文献出版社，2001。

江泽民：《论党的建设》，中央文献出版社，2001。

《胡锦涛文选》第 1～3 卷，人民出版社，2016。

习近平：《摆脱贫困》，福建人民出版社，1992。

习近平：《之江新语》，浙江人民出版社，2007。

《习近平谈治国理政》，外文出版社，2014。

《习近平谈治国理政》第 2 卷，外文出版社，2017。

习近平：《在中央党校建校 80 周年庆祝大会暨 2013 年春季学期开学典礼上的讲话》，人民出版社，2013。

《习近平关于全面建成小康社会论述摘编》，中央文献出版社，2016。

习近平：《携手消除贫困 促进共同发展：在 2015 减贫与发展高层论坛的主旨演讲》，人民出版社，2015。

习近平：《决胜全面建成小康社会 夺取新时代中国特色社会主义伟

大胜利——在中国共产党第十九次全国代表大会上的报告》,人民出版社,2017。

《习近平关于全面建成小康社会论述摘编》,中央文献出版社,2016。

习近平:《在深度贫困地区脱贫攻坚座谈会上的讲话》,人民出版社,2017。

习近平:《干在实处　走在前列——推进浙江新发展的思考与实践》,中共中央党校出版社,2016。

习近平:《做焦裕禄式的县委书记》,中央文献出版社,2015。

《习近平关于科技创新论述摘编》,中央文献出版社,2016。

《习近平关于协调推进"四个全面"战略布局论述摘编》,中央文献出版社,2015。

《习近平扶贫论述摘编》,中央文献出版社,2018。

习近平:《知之深　爱之切》,河北人民出版社,2015。

习近平:《出席第三届核安全峰会并访问欧洲四国和联合国教科文组织总部、欧盟总部时的演讲》,人民出版社,2014。

《习近平关于社会主义经济建设论述摘编》,中央文献出版社,2017。

习近平:《在庆祝中国共产党成立95周年大会上的讲话》,人民出版社,2016。

《习近平关于全面深化改革论述摘编》,中央文献出版社,2014。

习近平:《在哲学社会科学工作座谈会上的讲话》,人民出版社,2016。

习近平:《在学习〈胡锦涛文选〉报告会上的讲话》,人民出版社,2016。

习近平:《开放共创繁荣　创新引领未来:在博鳌亚洲论坛2018年年会开幕式上的主旨演讲》,人民出版社,2018。

三

中共中央文献研究室编《建党以来重要文献选编(1921～1949)》第1册,中央文献出版社,2011。

中共中央文献研究室编《建党以来重要文献选编(1921～1949)》第15册,中央文献出版社,2011。

中共中央文献研究室编《建党以来重要文献选编(1921～1949)》

第 22 册，中央文献出版社，2011。

中共中央文献研究室编《建国以来重要文献选编》第 4 册，中央文献出版社，1993。

中共中央文献研究室编《建国以来重要文献选编》第 9 册，中央文献出版社，1994。

中共中央文献研究室编《建国以来重要文献选编》第 11 册，中央文献出版社，1995。

中共中央文献研究室编《十二大以来重要文献选编》（上卷），人民出版社，1986。

中共中央文献研究室编《十三大以来重要文献选编》（中卷），人民出版社，1991。

中共中央文献研究室编《十五大以来重要文献选编》（上卷），人民出版社，2000。

中共中央文献研究室编《十六大以来重要文献选编》（上卷），中央文献出版社，2004。

中共中央文献研究室编《十七大以来重要文献选编》（上卷），中央文献出版社，2009。

中共中央文献研究室编《十七大以来重要文献选编》（中卷），中央文献出版社，2011。

中共中央文献研究室编《十七大以来重要文献选编》（下卷），中央文献出版社，2013。

中共中央文献研究室编《十八大以来重要文献选编》（上卷），中央文献出版社，2014。

中共中央文献研究室编《十八大以来重要文献选编》（中卷），中央文献出版社，2016。

中共中央文献研究室编《十八大以来重要文献选编》（下卷），中央文献出版社，2018。

中共中央文献研究室编《改革开放三十年重要文献选编》（下卷），人民出版社，2008。

四

中共中央党史研究室：《中国共产党历史》第 2 卷（下册），中共党史出版社，2011。

张磊主编《中国扶贫开发历程（1949～2005年）》，中国财政经济出版社，2007。

〔美〕埃德加·斯诺：《西行漫记》，董乐山译，生活·读书·新知三联书店，1979。

〔美〕保罗·A.萨缪尔森、威廉·诺德豪斯：《经济学（第14版）》（上册），胡代光译，北京经济学院出版社，1995。

〔印度〕阿玛蒂亚·森：《贫困与饥荒——论权利和剥夺》，王宇、王文玉译，商务印书馆，2001。

〔印度〕阿玛蒂亚·森：《以自由看待发展》，任赜、于真译，中国人民大学出版社，2002。

《2000～2001年世界发展报告——与贫困作斗争》，中国财政经济出版社，2001。

〔美〕莫里斯·迈斯纳：《毛泽东的中国及其发展》，张瑛等译，社会科学文献出版社，1992。

张维为：《中国触动》，上海人民出版社，2012。

丁声俊、王耀鹏等：《反饥饿　反贫困——全球进行时》，中国农业出版社，2012。

黄贵荣、刘金源：《失衡的世界——20世纪人类的贫困现象》，重庆出版社，2000。

胡鞍钢主编《国情报告第十七卷·2014年》，党建读物出版社、社会科学文献出版社，2016。

乔磊：《贫富游戏：美国人的财富人生》，上海人民出版社，2011。

人民日报评论部：《习近平用典》，人民日报出版社，2015。

莫文秀、邹平、宋立英：《中华慈善事业：思想、实践与演进》，人民出版社，2010。

顾雪生等主编《资本主义概论》，上海翻译出版公司，1991。

郑杭生主编《人权新论》，中国青年出版社，1993。

文建龙：《权利贫困论》，安徽人民出版社，2010。

文建龙：《科学发展观理论与实践》，青海人民出版社，2012。

郑宝华、张兰英主编《中国农村反贫困词汇释义》，中国发展出版社，2014。

　　姜海波：《青年马克思的生产力概念》，人民出版社，2014。

　　余少波：《社会生产力新论》，人民出版社，1995。

　　《中国大百科全书（第2版）》第24册，中国大百科全书出版社，2009。

　　马清健：《系统和辩证法》，求实出版社，1989。

　　《秦牧文集》第1卷，春风文艺出版社，1983。

　　李忠杰主编《邓小平理论全书》（上册），中共中央党校出版社，1998。

　　李长福主编《邓小平理论辞典》，中国文史出版社，2004。

五

　　胡锦涛：《全面、深入、扎实、持久地推进农村基层组织建设》，《求是》1996年第24期。

　　胡锦涛：《农村基层组织建设要同发展农村经济、推进扶贫攻坚紧密结合》，《开发与致富》1998年第10期。

　　胡锦涛：《在抗震救灾先进基层党组织和优秀共产党员代表座谈会上的讲话》，《人民日报》2008年7月1日。

　　习近平：《全面贯彻落实党的十八大精神要突出抓好六个方面工作》，《求是》2013年第1期。

　　习近平：《谋求持久发展，共筑亚太梦想》，《人民日报》2014年11月10日。

　　《习近平致首届"南南人权论坛"的贺信》，《人民日报》2017年12月8日。

　　李贞、雷龚明整理《习近平谈扶贫》，《人民日报》（海外版）2016年9月1日。

　　刘永富：《打赢全面建成小康社会的扶贫攻坚战——深入学习贯彻习近平同志关于扶贫开发的重要讲话精神》，《农产品加工》2014年第5期。

　　刘永富：《确保在既定时间节点打赢脱贫攻坚战——学习贯彻习近平总书记关于扶贫开发的重要论述》，《老区建设》2015年第21期。

　　刘永富：《全面理解习近平总书记关于扶贫工作的重要论述》，《机关党建研究》2019年第5期。

黄承伟:《深化创新扶贫攻坚的"省级样板"——学习贯彻习近平总书记视察贵州重要讲话精神》,《贵州民族大学学报》(哲学社会科学版)2015年第5期。

黄承伟:《打赢脱贫攻坚战的行动指南——学习领会习近平扶贫开发战略思想》,《红旗文稿》2017年第16期。

黄承伟:《深刻理解习近平关于脱贫攻坚最新重要论述的丰富内涵》,《老区建设》2019年第5期。

郑剑:《坚定的人民立场　真挚的爱民情怀——学习习近平总书记关于扶贫开发工作的重要论述》,《党建》2016年第2期。

宋亚平:《新形势下打赢脱贫攻坚战的战略指引——深入学习贯彻习近平同志关于扶贫开发的重要论述》,《中国民政》2017年第4期。

熊若愚:《习近平扶贫开发思想初步研究》,《新东方》2015年第4期。

张占斌:《习近平同志扶贫开发思想探析》,《国家治理》2015年第36期。

缪慈潮:《指导老区脱贫致富奔小康的光辉著作——学习习近平同志〈摆脱贫困〉的几点体会》,《福建理论学习》2014年第10期。

张文彪:《从〈摆脱贫困〉中学习和领会习近平"行动至上"思想》,《福建论坛》(人文社会科学版)2015年第12期。

李先灵:《脱贫致富的政治与思想保证——学习习近平〈摆脱贫困〉的体会》,《学习月刊》2016年第4期。

文建龙、朱霞:《习近平〈摆脱贫困〉的反贫困思想》,《中共云南省委党校学报》2015年第6期。

王洪标、潘顺照:《习近平扶贫思想探析——以〈摆脱贫困〉为考察对象》,《长沙理工大学学报》(社会科学版)2017年第4期。

何辛幸:《创新机制　精准扶贫　加快脱贫致富步伐——学习习近平总书记广西代表团审议时重要讲话精神的思考》,《广西经济》2015年第4期。

黄承伟:《深化精准扶贫的路径选择——学习贯彻习近平总书记近期关于脱贫攻坚的重要论述》,《南京农业大学学报》(社会科学版)2017年第4期。

唐任伍:《习近平精准扶贫思想阐释》,《人民论坛》2015年第30期。

易棉阳：《论习近平的精准扶贫战略思想》，《贵州社会科学》2016年第5期。

宫玉涛、常良宇：《习近平精准扶贫思想初探》，《实事求是》2017年第3期。

邓义昌：《习近平精准扶贫思想的哲学意蕴》，《桂海论丛》2017年第2期。

孙晓阳：《习近平精准扶贫思想的哲学内涵探讨》，《开封教育学院学报》2017年第3期。

赖风、朱炳元：《习近平精准扶贫思想的哲学底蕴》，《阅江学刊》2017年第2期。

韩琳：《论习近平的民生观》，《大连干部学刊》2014年第7期。

刘志明：《习近平关于保障和改善民生的思想》，《中共杭州市委党校学报》2015年第6期。

张万连：《习近平关于改善民生战略思想论析》，《延边党校学报》2016年第4期。

李广斌：《保障和改善民生是实现中国梦的基础工程——学习习近平总书记关于中国梦的重要论述》，《青海师范大学学报》（哲学社会科学版）2014年第2期。

李龙强、李桂丽：《习近平"环境民生"的逻辑进路和现实应对》，《毛泽东思想研究》2017年第3期。

张永红：《习近平生态民生思想探析》，《马克思主义研究》2017年第3期。

童星、林闽钢：《我国农村贫困标准线研究》，《中国社会科学》1993年第3期。

《中华人民共和国2016年国民经济和社会发展统计公报》，《人民日报》2017年3月1日。

洪朝辉：《论社会权利的"贫困"》，〔美〕《当代中国研究》2002年第4期。

洪朝辉：《论中国农民土地财产权利的贫困》，〔美〕《当代中国研究》2004年第1期。

沙健孙：《毛泽东与新中国建设的历史性巨大成就》，《高校理论战线》2009年第6期。

〔美〕克里斯托弗·詹克斯：《美国"极端贫困"人口增长迅速》，吴学丽编译，《社会科学报》2016年8月18日。

《健全城乡发展一体化体制机制　让广大农民共享改革发展成果》，《人民日报》2015年5月2日。

朱文通：《朱德与"誓为人民服务"口号》，《光明日报》2014年6月4日。

许源源、江胜珍：《扶贫瞄准问题研究综述》，《生产力研究》2008年第17期。

《谋划好"十三五"时期扶贫开发工作　确保农村贫困人口到2020年如期脱贫》，《人民日报》2015年6月20日。

李斌、李自良：《"全面实现小康，一个民族都不能少"》，《人民日报》2015年1月23日。

《习近平对全国脱贫攻坚奖表彰活动作出重要指示强调：万众一心埋头苦干　切实把精准扶贫精准脱贫落到实处》，《新华每日电讯》2016年10月17日。

《看清形势适应趋势发挥优势　善于运用辩证思维谋划发展》，《人民日报》2015年6月19日。

蒋丰：《他耕耘在正定的原野上》，《中国青年》1985年第1期。

张玉亮：《非洲国家可以向中国学什么》，《新华每日电讯》2017年9月12日。

孟静、曾继斌、夏智：《非洲法语国家官员来鄂考察扶贫开发》，《湖北日报》2012年12月2日。

卢泽华：《这本书，全世界都在学习》，《人民日报》（海外版）2018年1月29日。

索 引

后　记

这是我主持并独立完成的第三个国家社科基金项目"新时代反贫困思想研究"的结项成果。

"新时代反贫困思想研究"立项时，五位评审专家对我交上去的书稿给予了充分的肯定，同时也提出了一些宝贵的修改意见。现在奉献大家的，就是根据评审专家的修改意见修改后的书稿。

我要衷心感谢五位评审专家。在过去的一年里，我认真阅读和反复琢磨专家们的修改意见，大体上遵循了他们所提出的修改意见和思路，对书稿做出了进一步的完善。专家们所提的修改意见，开阔了我的视野，使我能更加深入地认识和系统地把握新时代反贫困思想。对于专家们的个别意见，本人感觉还没有真正吃透，因此只好留待以后继续学习和细心体会了。

本书稿在修改过程中，得到了社会科学文献出版社曹义恒先生的大力帮助。他不仅提出了很好的修改建议，还在文字修改方面做了大量工作。在此，衷心感谢他的辛勤付出。

我要感谢我的朋友和同事们。长期以来，他们都关心、帮助和鼓励我。我在学术上的所有成绩——尽管只是微不足道的成绩，都离不开他们的关心、帮助和鼓励。

我还要感谢我的妻子和孩子。我的妻子承担了几乎所有的家务，非常辛苦。正是她的辛劳为我创造了学习和研究的条件。我的两个孩子表现很好，为我的生活带来了欢乐和希望。孩子们不制造麻烦，也就是对我的大力支持了。

最后我还得慎重地说一声，本书稿虽然经过我反复修改，但错误和不足在所难免。希望各位专家同人和广大读者批评指正。

文建龙

2019 年 12 月 1 日

图书在版编目（CIP）数据

新时代反贫困思想研究 / 文建龙著. -- 北京：社
会科学文献出版社，2020.2
国家社科基金后期资助项目
ISBN 978 - 7 - 5201 - 6149 - 7

Ⅰ.①新…　Ⅱ.①文…　Ⅲ.①扶贫 - 研究 - 中国
Ⅳ.①F126

中国版本图书馆 CIP 数据核字（2020）第 026363 号

国家社科基金后期资助项目
新时代反贫困思想研究

著　　者 / 文建龙

出 版 人 / 谢寿光
组稿编辑 / 曹义恒　吕霞云
责任编辑 / 曹义恒
文稿编辑 / 陈　静

出　　版 / 社会科学文献出版社·政法传媒分社（010）59367156
　　　　　 地址：北京市北三环中路甲 29 号院华龙大厦　邮编：100029
　　　　　 网址：www. ssap. com. cn
发　　行 / 市场营销中心（010）59367081　59367083
印　　装 / 三河市龙林印务有限公司

规　　格 / 开　本：787mm × 1092mm　1/16
　　　　　 印　张：16.75　字　数：261 千字
版　　次 / 2020 年 2 月第 1 版　2020 年 2 月第 1 次印刷
书　　号 / ISBN 978 - 7 - 5201 - 6149 - 7
定　　价 / 99.00 元